中国访书记

［日］

内藤湖南

等著

钱婉约

译

九州出版社

JIUZHOUPRESS

图书在版编目（CIP）数据

中国访书记 ／（日）内藤湖南等著 ；钱婉约译. --
北京 ：九州出版社，2018.2
    ISBN 978-7-5108-6615-9

    Ⅰ．①中… Ⅱ．①内… ②钱… Ⅲ．①中国学－文集
Ⅳ．①K207.8-53

中国版本图书馆CIP数据核字(2018)第025845号

中国访书记

作　者	（日）内藤湖南　等
译　者	钱婉约
责任编辑	李黎明
封面设计	吕彦秋
出版发行	九州出版社
地　址	北京市西城区阜外大街甲 35 号（100037）
发行电话	（010）68992190/3/5/6
网　址	www.jiuzhoupress.com
电子信箱	jiuzhou@jiuzhoupress.com
印　刷	三河市国新印装有限公司
开　本	880 毫米×1230 毫米　32 开
印　张	14
字　数	350 千字
版　次	2020 年 6 月第 1 版
印　次	2020 年 6 月第 1 次印刷
书　号	ISBN 978-7-5108-6615-9
定　价	138.00 元

出版说明

　　本书收集近代几位日本学人来中国访书的记录，再现了清末民初的图书市场与图书收藏的部分情况，具有一定的史料价值和学术价值。近代日本人来华访书，背景很复杂，所收文章的部分观点，也带有一定的偏见与局限性，我们并不赞同，为保持史料原貌，予以保留，请读者在阅读时注意辨别。

九州出版社

目　录

内藤湖南篇

i

田中庆太郎篇

武内义雄篇

神田喜一郎篇

长泽规矩也篇

吉川幸次郎篇

附录

内藤湖南篇

内藤湖南（1866—1934），本名内藤虎次郎，日本秋田县人。毕业于秋田县立师范学校。先后担任《日本人》《大阪朝日新闻》《万朝报》等明治时期重要报刊的记者和评论员，是当时日本新闻舆论界有名的"中国通"评论家。1907年，内藤湖南转任新成立的京都大学，担任京都大学东洋史学科的第一主讲，开设东洋史概论、清朝史、中国近世史等课程，成为京大中国学的学术带头人，与狩野直喜等人一起创建了名震遐迩的日本中国学"京都学派"。他一生曾先后十次来中国进行社会考察、学术访问等，与中国当时的社会名流、著名学者、报界人士等有过许多接触和交往，与文廷式、沈曾植、罗振玉、董康、郑孝胥等有较深的学谊。主要著作有《读史丛录》《中国上古史》《中国近世史》《中国史学史》《中国绘画史》《日本文化史研究》等。后编辑成《内藤湖南全集》十四卷，1969—1976年由筑摩书房出版。

京都大学教授赴清国学术考察报告

总　叙

去年（1910）9、10月间，京都帝国大学文科大学派遣小川[①]、狩野[②]、内藤三教授及富冈[③]、滨田[④]二讲师，赴北京调查学部的敦煌古书及内阁大库的古书。同时还作了如下调查：

其一，关于北京古迹的研究。根据现存城墙遗迹、地名、寺院、金石文等，研究北京的发展沿革。为此，新制作了不少的金石文拓本。

其二，关于上古文字的研究。其中有关于近年河南出土的殷代

[①] 即小川琢治（1870—1941）：日本人文地理学研究的创始人。京都帝国大学教授。主要研究地质学和自然地理学，并注重历史和区域地理的研究与教学。有地质与人文地理方面的论文多篇，著作《台湾诸岛志》《支那历史地理研究》《古代支那地理学史》《人文地理学研究》等。

[②] 即狩野直喜（1868—1947）：日本的中国哲学、文学研究家。字子温，号君山。毕业于东京帝国大学汉学科。京都大学教授。学风严谨，博学多识，精通汉诗文。著有《支那学文薮》《中国哲学史》《支那小说戏曲史》等。

[③] 即富冈谦藏（1873—1918）：日本东洋史学家、考古学家。京都大学教授。

[④] 即滨田耕作（1881—1938）：日本东洋史学家、考古学家。1905年毕业于东京帝国大学西洋史专业，1909年起执教于京都大学，1913年赴伦敦大学留学，专攻考古学，1916年在京都大学开设考古学课程，是为日本考古学之发端。主要著作有《通论考古学》《东亚文明的黎明》《东亚考古学研究》等，后结集成《滨田耕作著作集》七卷，同朋舍1987年起陆续出版。

龟卜文字的研究，还有钱范^①、秦汉古印、封泥^②等的研究。

其三，关于金石书籍的收集。尽量收集此类书的目录及精本，实在难以收求到的，就尽量就着当地收藏家的藏品阅览。此外，也尽量收集金石文中具有历史学和考古学价值的东西。其中最重要的是收集了唐太宗墓昭陵的全部石碑，还收集了一些有历史意义的金石文。

其四，关于小说、词、曲书籍的收集。此类书是以前日本所不太了解的，此行收集到一些，也就收藏家的藏品看了一些。

其五，不包括在以上几类中的具有史料价值的书籍、遗物，如古纸币、罕见地图、笔记等。

其六，此次最重大的研究之一是对于北京著名的收藏家端方^③藏品的阅览。端方的藏品有多方面，此次主要看了绘画方面。当时正好京都大学文科大学的讲师泷精一^④君带着国华社的任务，为了研究中国古代美术而来到北京，就与他一起参观研究，所以，自然就主要看了绘画藏品。此外，也涉及一些古墨迹、古金石文、铜器、铜像等。

其七，多少收集了一些关于蒙文和满文的书籍。

---

① 钱范：铸钱模型，印钱币正面的称"面范"，印背面的称"背范"。
② 封泥：亦称"泥封"。古代竹简或木札，封发时装在斗槽内，用绳捆上，在打结处，填进一块胶泥，在胶泥上打玺印，作为信验，以防私拆。封发物件也常用此法。这种钤有印章的土块称为"封泥"。主要流行于秦、汉。魏晋后，纸帛盛行，封泥之制渐废。
③ 端方（1861—1911）：满洲正白旗人，托忒克氏。字午桥，号陶斋。曾出任湖北巡抚、署理湖广总督、两江总督、直隶总督等职。光绪三十一年同载泽等出国考察宪政。次年归国任两江总督。宣统元年移督直隶，旋被革职。再起用为川汉、粤汉铁路督办大臣，入川镇压保路运动，被起义新军杀死。富收藏。著有《陶斋吉金录》《端忠敏公奏稿》等。
④ 泷精一（1873—1945）：日本东方美术史学者，敦煌学家。号拙庵，又号节庵等。曾在京都大学、东京大学任教。1901 年开始主持《国华》杂志。著有《艺术杂话》《文人画概论》《拙庵美术论集》等。

以上七项，大体是在此次北京行调查目的之外的副产品。同行人中，小川、滨田从北京又到了河南洛阳继续旅行，研究著名的龙门石窟佛像，还研究并收集该地最近发掘出土的陶俑。他们二人归途又到了满洲，在旅顺、熊岳城、抚顺等地作地理学和考古学的研究。特别是在有些地方得到了有价值的遗物。当然，此行得到了关东都督府、南满洲铁路公司的有力帮助，为此，调查进行得颇为顺利。

一、敦煌古书

调查敦煌古书的结果多少令人失望。当然，法国人伯希和①是精通东洋学的，敦煌古书中最令人瞩目的好东西都被他拿走了，这我们是知道的，但我们是抱着在众多的卷子中，总会残留一些珍稀的东西这样的希望而去的。而此次调查的结果，却几乎全部是佛经，其中杂入少数道教的书。对于这些我们拍了照片。当然，从佛教研究的角度看，此行来学部即使只阅览了古写经，也一定不是无益的。古写经全部有五六千卷，我们一行共翻阅了近八百卷，其中七百卷是一一写下了目录的。大多数当然都是世间通行的《法华经》《维摩经》《金刚经》《最胜王经》《般若经》等，但也不是没有目前《大藏经》中全已失传的东西。如以下数卷即属于此类：

《相好经》《首罗比丘经》《佛说咒魅经》《般若第分中略集义》《净名经关中疏》《冥报传》。

---

① 伯希和（Paul Pelliot，1878—1945）：法国汉学家。精通汉、满、蒙、藏、阿拉伯、伊朗及其他东方语言，研究中亚学、中外关系史、蒙元史。伯氏生前发表的著作有《郑和下西洋考》《敦煌千佛洞》和《马可波罗游记校注》（与慕阿德合著）。遗著有《元朝秘史》研究及《马可波罗游记诠释》三卷。

如果全部通览，或许还会发现更多的佚经，因为几乎全部没有整理过，所以，仅发现了以上这几卷。

另外，这些普通的写经，若从书法方面来考虑，也是十分有价值的。大多数是唐代的写经，其中甚至还有六朝的古写经。我们一行所看的卷子中，有六朝、唐人跋的，有以下几种：

《戒缘》下卷（太安四年七月三日）

《法华经》（贞观三年）

《金刚经》（景龙四年六月二十日）

特别是六朝的写经，那书体实在是不多见的。唐代的写经也十分精彩，有不少与我国东大寺的愿经等同类的东西。我们对其中最接近愿经的部分，拍了照片带回。

更有意思的是：对于其中年代稍晚的卷子，我们发现了不少与日本藤原时代或镰仓初期的写经十分相似的现象。从日本来看，从太平朝经由平安朝，到藤原、镰仓，随着时代迁移，书法风格的变迁表现为受到本国风格的影响越来越明显，特别是藤原以后，可以说已经没有了与中国的关系。现在在中国西部的敦煌发现了写经，从这些卷子上看出，其书法风格的变迁也走了同样的路子，因此，这样的变迁就不是日本所特有的，而是唐以后的一种共同趋势。这些关于艺术变迁方面的研究，也是非常有益的。

二、内阁古书

内阁的古书也是没有整理过的。我们去看的情形是：把允许我们阅览的部分，连箱子一起搬出，向我们打开。这时，包括给我们看的人和我们这些要看的人，谁都不知道将打开的箱子里面是什么内容。

　　内阁的古书，基本部分是元代伯颜①讨灭南宋时，把南宋都城临安即今杭州的所有宝物运来北京，全部保存、流传下来的。内阁的管理员告诉我们说，其中还保存着宋代皇族系谱等贵重文献。元、明变迁之际，北京未经兵乱就实现了朝代更替，所以，不仅古物得以保存，而且，元代的宝物又完好地加了上去。明、清变迁之际，虽有李自成之乱，但宫殿未遭战火，因此，文献宝物仍得以保存，所以又加上了明代的全部文献档案，直到目前的清朝的东西又渐渐地加上去。因此，可以想见其数量之多，其中极其珍贵的东西也一定不少。我们只是以如前所说的样子，依次翻检了十几箱，只是其中的一小部分，就发现了一些有意思的东西。如下各种：

宋版元印《魏书》

元版《宋史》

元版《辽史》

元版《金史》

元版《两汉诏令》

《元史》稿本

《元史》明初进呈本

明代《雁门关、宁武关边垣图》

明代《东路边垣图说》

明代《甘肃镇战守图略》

---

① 伯颜（1236—1295）：蒙古八邻部人，元朝大将。父晓古台从宗王旭烈兀西征，因留伊利汗国任职。至元元年（1264），旭烈兀命他出使大汗庭，被世祖忽必烈留为侍臣。后拜中书左丞相。十一年，与阿术沿长江水陆东下，败南宋贾似道军于丁家洲。十三年，俘谢太后及恭帝，南宋亡。

《钦定三礼义疏》稿本

《永乐大典》抄录本

《大清一统志》稿本

清汉文《甘肃图》

《浙江五府分图》

　　除上述之外，还有明朝的《直隶全图》，长宽都有二十多尺的大幅地图，以及明代《西域图》。还有康熙皇帝时使用耶稣会传教士实地测量而绘制成的《大清一统舆图》的原图，是有经纬线的用圆锥射法绘制而成的，经线一度为 32 厘米，即三十万分之一尺的地图。这地图与现在通行的"一统图"相比，地名上出入不多，而其在山岳描绘方面极其详密，与用一点一点的三角形作为山岳符号的现在的地图相比，实在有天壤之别。而且，地名以满文为基础，又将之翻译成汉语，便于读者知道其正确发音。经纬度用阿拉伯数字标出。从这些情况推测，这地图应是当年传教士亲自誊录绘制的。我们对兴安岭地区、喀尔喀地区、哈密地区三幅分图，拍照带了回来。如此准确的地图，除此之外，恐怕只有根据传教士的报告编成的杜赫德的《中华帝国全志》中的插图即唐维尔编制的《中国地方分图》了。除了最近探险家用航空测量的方法所测绘的地图外，到今天，人们还是必须参考耶稣会传教士绘制的这些原图。如今，这些原图的价值与我国伊能忠敬 [1] 氏的实测图相比，也毫不逊色。（关于我们一行所阅览的内阁古书，我另有《京师图书馆目睹书目》一文记之，在篇末的附录中。——原注）

────────

① 伊能忠敬（1745—1818）：日本江户幕府后期的地理学家。字子斋，号东河。1794 年赴江户学习地理学、历学、西洋天文学。1800 年开始测量日本全国，1816 年完成日本第一部实地测量地图《日本沿海与陆地全图》。还著有算术、测量方面的著作《求割圆八线法》《地球测远术问答》等。

三、北京城的研究

北京城是从什么时候开始出现的，这个问题饶有兴趣。燕国的首都似乎不是北京，今天北京城的正式开端被认为是自隋唐以来，隋唐时有所谓幽州，自幽州开始，就已经与今天的北京有了关系。到辽时开始有燕京这个名称，是当时五京中的南京。到金代，在辽燕京的旧址上建都，称为中都。元朝时在这里定都，称为大都。此后，明代在大都的规模上建设北京，一直延续到今天。

关于北京城的沿革，西洋人有研究，中国人也有研究，无外乎是根据北京现存的古迹和金石文来考据。我们也踏查访问了不少古迹，制作了一些金石文的拓本。一个重大收获是：认识到了对于北京外城悯忠寺即今之法源寺周围地区研究的重要性。我们对此寺中的石碑全部作了拓本。悯忠寺是唐太宗为祭吊征伐高丽的战死者亡魂而建造的，即建于当时的幽州，一直绵延保存至今。这成为今天北京研究的重点所在。

由此思路寻访考察可见，隋唐的幽州、辽的燕京城，是在今天北京城从外城西半部分到城外的一带地区。北京至今还沿用着"老城根"这样的地名，也明确表明了当时城墙遗迹的所在。另外，金城墙在辽城墙的四周向外扩建了外城，其遗迹至今多少还残留着。遗憾的是因这些地方略远，此次没有能前往踏查。元代城墙所划出的大小，约相当于今天的内城并向北再延伸大约今天内城的一半大小的范围，是按与辽、金城墙完全不同的规划建筑的，并未依照前代的规模。金代城墙的东北隅和元代城墙的西南隅有交叉。明代的城墙虽然是完全沿用了元代城墙的遗迹，但将元代城墙南北的长度削减了北方的三分之一，建起了明代的北京，然后，从明中叶开始，又建起今天的外城。

四、上古文字研究

（甲）殷龟卜文字

　　近二三年来，殷龟卜文字在日本也为许多人知晓，但见到实物的人还几乎没有。这是十年以前在河南发现的，刘铁云[①]氏收藏有不少，并出了《铁云藏龟》一书。由此，渐渐为世人所知晓。我们此行在北京得到了 200 片这样的实物带了回来。这些龟甲片是从河南省彰德府安阳县城西五华里、洹水之阳的山丘下发现的（距北京约千里）。此处是殷帝武乙的都城，也就是在《史记·项羽本纪》中所记项羽大破章邯，与章邯立约于"洹水南殷墟上"的所谓殷墟。此地还是后来曹操都城邺的附近。因此，自古以来有许多金石碑刻，武亿有《安阳县金石录》一书。

　　在这方面颇有研究的罗振玉[②]，去年出版了《殷商贞卜文字考》一书。从最近罗振玉寄赠给我的这本书的介绍文字看，他还将有《殷虚书契》前后编就要出版，这书前二十卷是拓本，后五卷是文字和解说。这书一旦面世，其意义自不待言。龟卜文字所以珍贵，第一，自古以来弄不明白的殷朝历代帝王的情况，可以根据此贞卜文字来确定。《竹书纪年》就被说成是一部奇异的书，而根据现在的实物甚至可以

[①] 刘铁云（1857—1909）：即刘鹗，字铁云，又字公约，别署洪都百炼生。通算学、医术、水利，又喜收藏金石甲骨。著有《铁云藏龟》《铁云藏陶》《老残游记》。

[②] 罗振玉（1866—1940）：字叔蕴，一字叔言，号雪堂，又号贞松老人。浙江上虞人。邃于古学，搜集和整理甲骨、铜器、简牍、明器、佚书等考古资料。辛亥革命后，举家避居日本京都有年，与京都大学的东洋史学家们多有交往。著述众多，影响较大者有《殷文存》《三代吉金文存》《殷虚书契》《殷虚书契考释》《流沙坠简》等。出版《敦煌石室遗书》《鸣沙石室佚书》《鸣沙石室古籍丛残》等。1968—1977 年台北文华出版公司、大通书局影印出版《罗雪堂先生全集》，计 140 册。

确定《竹书纪年》的伪造性。另外，在这些龟甲实物上，还出现了《史记》《竹书纪年》里没有过的帝王名字。第二，根据龟甲上文字的形态，可以订正《说文》中古文和籀文之误。《说文》中的古文和籀文是以周末的文字为标准记载下来的，与龟卜文字和钟鼎文多少有不相合处。关于这些，古人也不是没有进行研究，但没有龟卜文字这样的准确性。另外，在籀文之前古代还有一种叫蝌蚪文的文字，这是非常有疑点的。蝌蚪文也好，古文也好，籀文也好，小篆也好，实际上都是变化不大的字体，这一点，根据龟卜文字也可以得到证明。曾见过石鼓文的文字，因为与小篆相近，所以推想后世应该没有这样的文字了。根据龟卜文字的研究结果，石鼓文也就是先秦时的东西。从这次在龟骨文字中发现许多"王"的字样，可知它是殷代大卜[①]的遗物。

（乙）钱范

钱范于最近发现，主要在山东地区，有人造石和铜器两种。所谓人造石到底是自然石还是人工所造，还不能完全确定，很有可能是以沙石为原料将其坚固起来的人造产物。这是中国最古铸钱的范子。有位叫张廷济的学者写过考证文字。此后，钱范才渐渐为人们所注意，陈介祺[②]等人收藏有许多钱范，陈将其收藏命名为"千化范室"，近来，这些钱范甚至比钱的实物本身更加受到人们的珍视。这次我们陈列的是齐的吉化范。"吉"字或是"法"字的一半"去"字，还不能完全确定。"化"字是"货币"的"货"字的上半部。日本和铜[③]开

---

① 大卜：也称"太卜"，为殷代掌管占卜的官吏。
② 陈介祺（1813—1884）：山东潍县（今属潍坊）人。字寿卿，号簠斋。道光进士。曾任翰林院编修。喜好收藏古文物，对青铜器、陶器、印玺、造像等收藏甚富，尤以毛公鼎为最有名。著有《十钟山房印举》《吉金文释》《簠斋传古别录》等。讨论古文物的书信编为《簠斋尺牍》，所藏金石拓本编为《簠斋吉金录》。
③ 和铜：日本元明天皇的年号，708 年至 714 年之间使用。

宝的铸范在山城的相乐有少量出土，中国却有比和铜早千年的钱范大量出土。据此可知中国古代货币流通的状况。

（丙）古鉨

古鉨^①是近年来在归化城一带发掘出土的。有阳文^②的也有阴文^③的，据说是周秦时代的文字。这次陈列中的方形古鉨上，有"誓"字。因为要发誓"无二心"，所以，作"二心斤"。吴大澂^④说就是《周礼》中所谓"约剂"^⑤，"约剂"用今天的话说就是契约或是租借物品的证明。如果是这样，那么就是盖印表示决不改变的契约。此外，古陶器上也有"誓"字的印迹。这大约是订立盟约时歃血的器皿。总之，这些印是周朝末年的东西是确定的。

这里还有一个圆形的印，上面有"吉"字。这与周朝末年流行的空首币^⑥的形状完全相同。不清楚这是作何用的，但大致是祝贺时所用吧。

---

① 古鉨：鉨是中国最早之印章名称，一般指周秦时期之古印章，故称古鉨。秦统一后，皇帝专用之印称玺，一般官、私所用者称印。古鉨样式丰富，大小不一，大者数寸，小者仅分。材料多为铜质，间有银质、铁质、玉质。印文多属战国时期篆书，阳文恣肆奇放，多变化，不易辨识。阴文多加边栏，或中加竖线，线条挺秀，清丽苍逸，为古印中最为优美之艺术品。后世通称周秦小鉨。

② 阳文：指镌刻成凸状的印文。用阳文印章钤出的印文为朱色，故也称"朱文"。

③ 阴文：指镌刻成凹状的印文。用阴文印章钤出的印文是红地白字，故也称"白文"。

④ 吴大澂（1835—1902）：清末江苏吴县人，字清卿，号恒轩，又号愙斋。精于金石学和古文字学，著《说文古籀补》，为古文字学的重要著作。撰《字说》，考释文字，颇有创见。另有《愙斋集古录》《古玉图考》《愙斋诗存》等。

⑤《周礼·秋官·司约》："掌邦国及万民之约剂，治神之约为上，治民之约次之。"注曰："大约剂，邦国约也。……小约剂，万民约也。"

⑥ 空首币：又称"空首布"，为中国历史上发现的最早的金属铸币。以其首有穿孔，故称空首。译者按：空首币为布币形制，这里作者说与圆形的古印形状相似，似不好理解。

与汉印相比，中国最近似乎更流行钵印，模仿钵印的印章非常多。当代杨守敬①的印就是模仿钵文的印章。专门收集周秦古钵的钵印的书也已经面世了。

（丁）汉印

汉印有官印和私印两种。官印刻着官名，私印刻着个人的名字。这次陈列有"别部司马"印，在《后汉书·百官志》中，可以见到这个官名，从《三国志》可知，关羽、张飞就都做到了别部司马。根据罗振玉的说法，珍视汉印的想法从唐代开始，其根据之一是自称为"草圣三昧"的怀素，在自己得意的书法作品上，盖着"别部司马"的印章。此后，名家中盖汉印就很流行。汉印的刀法，从流传到日本的"汉委奴国王"金印的字迹上可以看出其精妙出色之处。

私印"马康"，是后汉伏波将军马援之孙的印章，是私印中非常出色的一款。此外还有二三印章，大致也是汉魏之时的东西。

把汉印的文字编成字典的是桂未谷②的《缪篆分韵》，考证汉印的书是吴云③的《二百兰亭斋古印考藏》和《两罍轩印考漫存》二书，也都陈列着。

---

① 杨守敬（1839—1915）：湖北宜都人，字惺吾，号邻苏。清同治举人。曾随黎庶昌出使日本，致力于搜集国内散佚书籍，撰有《日本访书志》等。于金石、目录、板刻、书法等皆有研究，尤长于历史地理学。编著有《历代舆地图》《水经注图》《水经注疏》《隋书地理志考证》《邻苏园帖》等。

② 桂未谷（1736—1805）：即桂馥，字冬卉，号未谷。乾隆进士。博涉群书，精通小学，以毕生精力取《说文解字》与古代诸经参校疏证，与段玉裁并称于时。著《说文义证》，自成一家之言。又著有《缪篆分韵》《札朴》《晚学集》。亦工曲，尝撰杂剧《后四声猿》。

③ 吴云（1811—1883）：清藏书家、金石学家、书法家。字少甫，号平斋。收藏有宋本《东观余论》、明刻本《王文成公全书》等。名收藏处为"二罍轩""听枫山馆"。又因收藏王羲之《兰亭序》帖二百种，又名"二百兰亭斋"。

（戊）印谱

印谱与清初以来汉印的流行同时兴盛起来，其中尤以同治、光绪年间吴云、吴式芬①、吴大澂的"三吴印谱"最为世人看重。这其中又以吴式芬的《双虞壶斋印存》最为精良。其后，有刘铁云收集千余枚古铜印，作成《铁云藏印》五种，与三吴相比也不逊色，但刘氏只印了二十部，很少在世间流行。后来，刘氏的寓所遭火灾，这些印章也大多烧掉了，因此，这些印谱就更珍贵了。这次陈列的只是他的初集，此前在日本没有流传。

（己）封泥

封泥是中国古代用于封文书的、混有胶质的泥丸，上面盖有印。根据汉代书籍，有著名的"泰山封"，就是用银的细绳和金的泥丸封上泰山颂德表。《后汉书》上说"守宫令"就是掌管封泥的职务。

汉代用的封泥在其后的两千年间不为人知，直到道光二年（文政二年）蜀人入山采药草，发掘出近百枚封泥，流入好事者手中，渐渐地出了名。当时，人们不知道这是封泥，认为它是印章的铸范，后来根据文献进行研究，才确认它是封泥。光绪三十年出版吴式芬、陈介祺所著《封泥考略》十卷，对两汉封泥856种进行一一考证，对历史研究大有裨益。

这次陈列的，一是辟阳侯相的封泥。辟阳侯即深蒙汉吕后特别宠爱的审食其，他的家族在景帝三年被灭，据此可知这封泥是景帝三年以前的东西。另一个是葘川丞相的封泥，这在《封泥考略》一书上也有著录，被鉴定为是景帝五年以前的东西。

---

① 吴式芬（1796—1856）:清山东海丰（今无棣）人,宁子苾,号诵孙。道光进士。道光十八年（1838）任江西南安知府。后历任河南按察使、贵州布政使、浙江学政等职。继授内阁学士兼礼部侍郎。同治二年（1863）升任都察院左都御史。后病免。

五、金石研究

（甲）关于金石的图书

在中国，看重写本的想法比日本更甚，因为刻本很多，因此，古写本的价值会高出数倍。这次陈列的关于金石的图书，是由于修订法律馆提调董授经①的厚意而得到的。赵明诚②的《金石录》、王象之③的《舆地碑记目》、陈思的《宝刻丛编》《宝刻类编》等，都是宋代的著作。对于研究金石的人，十分必要。例如在敦煌石室发现了唐太宗的《温泉铭》④，根据这些书籍，就可以证明这是唐太宗的宸翰⑤。现在一般出版的东西，都会存在非常严重的讹误和脱漏，必须根据写本进行校正。

---

① 董康（1867—1947）：江苏武进人，字授经，号诵芬室主人。清光绪进士。曾任北洋政府的大理院院长、法制编纂馆馆长、司法总长、财政总长等职。1926年任东吴大学法学院教授。次年，在上海当律师，并主持上海法学院。1937年后，任北平日伪政府法院院长、大理院首席法官。一生先后七次到过日本，其后四次的经历，被他写在所著《书舶庸谭》中，记载了在日本访书的情形。另编印有《诵芬室丛刊》。

② 赵明诚（1081—1129）：宋代密州诸城（今属山东）人，字德父。与妻李清照多年搜求石器、彝铭、碑刻。仿欧阳修《集古录》，将金石刻辞两千种编排成帙，名《金石录》，诠叙条理，考证精博，为金石学名著。

③ 王象之：南宋婺州金华（今属浙江）人，字仪父，一作肖父。庆元进士。博学多识，尤精史地之学，约于宝庆间，著成宋地理学名著《舆地纪胜》。

④《温泉铭》：唐太宗李世民撰并书，石碑久佚，仅有一唐拓孤本存世。1900年在敦煌鸣沙山千佛洞被发现，旋为伯希和所得，今藏法国巴黎图书馆。行书，存四十八行。末有墨书"永徽四年（653）八月围谷府果毅儿"一行，乃唐拓之明证。

⑤ 宸翰：专指帝王之书法。宸原指帝王之宫殿，引申为王位、帝王之代称。

明人不太重金石，到清朝顾炎武①，金石学兴起，自阮元②、毕沅③等有名的大官收集金石，金石学就变得更加流行起来。《两浙金石志》一书，署名是阮元，而实际是赵晋斋编辑的。赵晋斋收藏的《竹崦庵金石目录》，由于当时学者吴士鉴的帮助，得以出版。去年，蒙陈毅④相赠一部，改变了此前日本没有收藏此书的状况。

至于近来的金石收藏家，要数今北京学部图书馆长缪荃孙⑤的《艺风堂收藏金石目》十八卷最为完备，收录自古以来到元代共一万零八百余件的金石。这是缪荃孙一人历三十年的苦心收集而得。其次，要算去年出版的前山西巡抚吴重喜的父亲吴式芬的《攈古录》一书，这与《攈古录金文》是两本书，也是收集了自古至元代的金石

① 顾炎武（1613—1682）：明末清初思想家。江苏昆山人。初名绛，字宁人，学者称亭林先生。于国家典制、郡邑掌故、边疆地理、河漕兵农等实学，以及经史百家、音韵训诂、金石之学都有研究。开清代朴学风气。

② 阮元（1764—1849）：清江苏仪征人，字伯元，号芸台。授翰林院编修，累官至湖广、两广、云贵总督，体仁阁大学士。曾在杭州创立诂经精舍，在广州创立学海堂，提倡朴学。罗致学者从事编书刊印工作，主编《经籍纂诂》，校刻《十三经注疏》，汇刻《皇清经解》等。著有《畴人传》《积古斋钟鼎彝器款识》《揅经室集》等。

③ 毕沅（1730—1797）：清江苏镇洋（今太仓）人，字攘蘅，一字秋帆，自号灵岩山人。乾隆进士，官至湖广总督。通经史及小学、金石、地理。也能诗文。有《灵岩山人诗集》《灵岩山人文集》。至于《传经表》《续资治通鉴》等书，虽署毕沅名，实多成于他人之手。其他撰述收入《经训堂丛书》中。

④ 陈毅（1873—？）：湖北黄陂人，字士可，两湖书院毕业，嗜典籍，喜藏书，精通边疆舆地。历任清政府学部参事、法律馆纂修。民国后，历任大总统府秘书、蒙藏事务局参事、蒙藏院参事，1921 年 3 月被免职。晚年以著书、藏书自娱。

⑤ 缪荃孙（1844—1919）：近代藏书家，校勘、目录、版本学家。字炎之，一字筱珊，号芝风，江苏江阴人。创办江南图书馆、京师图书馆。富收藏，精版本，长于金石目录之学。生平著述丰富，有《艺风堂文集》《艺风堂藏书记》《艺风堂金石文字目》等；辑刻有《辽文存》《续碑传集》《云自在龛丛书》《藕香零拾》《对雨楼丛书》等。

一万八千一百二十八种的目录，是中国自古以来金石目录中最为完备的。其他关于金石的图书还有不少，但传来日本的则不多。

（乙）昭陵陪葬碑

昭陵位于河南^①醴泉县，是唐太宗的陵墓，由于允许当时的功臣陪葬，故建立了不少石碑。现存仅有二十六种。昭陵碑为历代史学家所珍视，宋代以来这些碑多数都遭破损，还有磨灭而不全的。近年，罗振玉辑《昭陵碑录》，把历来解读不了的碑文解读了，大大裨益于历史学家。这次陈列的，与一般世间流传的东西不同，是按原碑完整的形状印刷的，再根据《昭陵碑录》进行研究，就非常容易明白。此外，房玄龄、孔颖达^②的宋代拓本，姜遐的明代拓本的原碑照片也附在后面，可见宋代以后没有受到破损。前些年，西本愿寺法王大谷伯^③曾去昭陵调查过，发现了历来不为世人知晓的赵国大公主碑和宇文化及碑。赵国大公主的碑文大致能读通，宇文化及的碑文就只能读通少数，需要加以历史考证。这二碑罗振玉尚且不知道，去年我们一行到北京去时，将此拓本的照片送给了罗氏。据悉，罗振玉最近将增订《昭陵碑录》再版。

（丙）其他金石文

其他金石文中，重要的是《宋拓圣教序》，此为罗振玉所藏，由于罗氏的厚意借在我手中。此《圣教序》许多人都知道，是唐高宗咸亨二年由僧人怀仁集王羲之的书法，用王羲之的字迹，将唐太宗、唐

---

① 应为陕西醴泉（今礼泉）县，或为作者笔误。

② 孔颖达（574—648）：唐冀州衡水（今河北衡水西）人，字冲远。生于北朝。隋大业初，选为"明经"，授河内郡博士。入唐，历任国子博士、国子司业、国子祭酒。曾奉太宗命主编《五经正义》，唐代用为科举取士的标准。

③ 大谷伯：即大谷光瑞（1876—1948），日本京都西本愿寺门主，法号镜如。京都人。宗教家、探险家、历史学家、考古学家。曾三次率探险队赴中亚细亚考古调查。

高宗之文刻在石碑上①。世间流传的《圣教序》的拓本虽然有许多，但宋代的拓本在我国则几乎未见。此次借来的是北宋的拓本，本也是世间不多见的宝物。其文字的神韵与我国帝室的御品相仿，与冈田正之所藏王羲之尺牍之搨本②相比较，也非常有意思，总之，实在是非常精妙的东西。

此外，唐太宗时有姜行本出征高昌国，在那里的巴里坤建立了"纪功碑"。唐代灭百济国时——这原与日本的历史有关系，当时，日本援助百济，唐代则联合新罗攻取了百济，日本也就遭到失败——当时建立了刘仁愿的"纪功碑"。我们这次也得到了这两种拓本。另外，我们还得到了唐玄奘"三藏塔铭"，为晚唐时期刘轲所作，对研究唐三藏之事迹有参考价值。

此外，这次还收集到数种古代造像类的拓本，其画像对了解研究当时绘画及雕刻艺术有参考价值。其中唐代墓庐外围十二生肖造像的拓本、照片，与日本元明天皇陵墓边的俗称隼人石的石刻兽形，以及新罗、高丽古墓中存在的十二生肖神像，都有一定的关系。这有力地说明了日中韩三国都具有十二生肖神像的文化现象。

六、小说、戏曲类

（甲）《新编五代史平话》

此书是根据中国五代即梁、唐、晋、汉、周之际所发生的故事，

①《圣教序》全名《大唐三藏圣教序》，唐太宗作，叙玄奘至印度求佛经及回中土翻译传之事。时高宗为太子，又作《述三藏圣教序记》。后有褚遂良书"慈恩寺圣教序"，及这里述及的"集右军圣教序"。
② 古代拓本与搨本是不同的概念。搨本指把纸或绢覆在真迹上，向光照明，以笔双钩填墨而成的副本。宋元以后，渐不作区别，均称拓本。

用俗语写下来的小说。说到中国的小说，谁都知道《水浒传》《三国志》①等，而这些文体的小说是从什么时候开始的呢，并不十分清楚。一般认为《水浒传》是中国小说中最古老的，出现在元代，也许是元末或明初。《宣和遗事》一般被看作是《水浒传》的前身，但它也与前者一样，是元人的作品，没有比这更早的。但这次我们一行去北京时，从董授经氏那里得到了这本书。董最早得到的这书是宋版的，认为非常珍稀而有价值，就着手将之翻刻印行，因为现在还没有刻印出来，就先雇人抄录了一本送给我们。从这个写本上，不能看出原书是否为宋版，宋版有宋版的形式，不看原书是无法判断的。因为是董授经这样懂书的人的判断，我们虽然没有看到原书，也可以相信他的话。如果它是宋版，那么，可知在宋代（大约是在南宋末年）就有了与《水浒传》《三国志》属于相同范畴的小说的出现。

小说起源于宋代，虽然在明人随笔中也可见到记载，但没有特别的证据。但现在出现了这本毫无疑义的宋版书，对于中国俗文学的研究无疑有着不一般的意义。本来，把五代的事情写成小说的，有传说是明代罗贯中所作的《残唐五代史演义传》，但这不能与《五代史平话》混同。而且它作为小说的价值或许不大，但却于外在因素上有种种独特的价值。如其中涉及科举考试，记到科举及第第一名为状元，第二名为榜眼，第三名为探花，像这样的名称到底是从什么时候开始出现的，现在不是十分清楚，学者们有种种不同的意见。如果此书为宋本，而这其中有这样的记载，就可以知道，至少在这本书出现的时候就已经有了这样的名称。因此，从研究中国掌故的角度看，是非常有意义的。

---

① 日本习惯上把《三国志演义》简称为《三国志》。

（乙）《钦定曲谱》十四卷

此书为康熙五十四年敕撰，王奕清[①]领衔编撰。曲即戏曲之义，中国的戏剧有白、唱两种，其中唱特别重要。元代流行的剧（主要就唱的而言）称为北曲，但同样也不清楚这是从何时开始的，而把明代盛行起来的称为南曲。作为曲，如果没有谱，就读不通。北曲有北曲谱，南曲有南曲谱。就各宫调中的曲，有规定的四声、韵脚、句数以及每句中的字数，一看就知道是什么曲牌。

（丙）九种曲

中国的戏曲分杂剧和传奇两种。这是关于传奇的九种曲本，其中大多是明代或清初人的作品。收集一般明人传奇的著作有汲古阁《六十种曲》，那么，在这六十种之外的明人作品无疑就非常珍稀了。特别是这其中的《传奇汇考》一书（此书为写本，北京的二三学者有，把他们的合在一起，终于能凑成一部），此书在《扬州画舫录》中虽有记载，但曲本本身不易得到。其中又有一种名为《春灯谜》的传奇，这是明末有名的奸佞阮大铖所作，其曲名在清人随笔中常常出现，由于作者的关系，也可说是非常珍贵的。此外，《喜逢春》传奇，在乾隆时曾经一度是禁书，也因此稍稍更显其价值。

七、史料类

在史料类中，最值得一说的是明邸抄，这是明代的官报，是原汁原味的当时记录。这次发现了五册这样的明末邸抄，是明崇祯年间

---

① 王奕清（1664—1737）:清太仓（今属江苏）人，字幼芬，号拙园。康熙进士。编有《钦定词谱》。

的记录，是明朝对于逐渐强盛起来的清太宗进行征伐期间的记录，多少可以看出明清交替之际当时的实际情况。

另有《五边典则》得手，此书在日本内阁文库中存有一部，是关于明代与外国关系的资料，从明初到嘉靖、隆庆之际。这是关于与外国关系中很有价值的史料。

至于清朝，这次得到了满文的东北亚地图。大约是按照康熙时的写本，原封不动地精细复制而成的复写本。这是耶稣会传教士绘制中国地图之前的地图，推想是在康熙时代与俄国战争时所依据的地图。在地形绘制方面，非常粗糙，但山川名称等则非常准确，在当时是很有参考价值的。

另外，还得到一份尚善①贝勒给吴三桂的书信的复写件。这在清朝宗室王公传中也有所记录，但经过了相当的删改润色，让人无从知晓文本原来的面目。这是一封在吴三桂即将谋反清朝时，作为清朝先遣部队的大将尚善写给吴三桂的信，极具历史意义。它原本由满汉两种文字写成，今天看来，非常有意思和有价值。

另外，我们还看到了古代纸币的版木，是金代贞祐年间纸币的版木，学部侍郎宝熙藏有这版木的拓本。我们将之拍了照片。这可以看作是中国最古老纸币的标本。纸币的盛行要到元、明时代，我们得到了明洪武年间的纸币。时至近代，几乎不用纸币。这次，我们还得到了太平天国时期即咸丰年间所造的各种纸币。

---

① 尚善（1621—1678）：清宗室，爱新觉罗氏。顺治六年晋封贝勒。掌理藩院，为议政大臣。吴三桂叛清，授安远靖寇大将军，率师赴岳州讨伐，屯兵二年，逗留不进，卒于军中，追论退缩罪，削贝勒爵位。

八、端方氏的藏品

端方的藏品中有写本《说文》，此本最初为独山莫友芝[①]所藏，他是一位学者。此写本曾出过木刻本，相当有名，但其原本现在何处，我曾问过一些中国学者，他们也都不清楚，而其实是被端方所藏。此为唐代写本，应该是无疑的，因此，可以据此鉴定《说文》大徐本、小徐本[②]这两种不同本子的优劣，以及订正两个本子共同存在的讹误。但可惜的是，这本子只存有《说文》的"木部"。

另有一幅米芾的真迹，是墓志铭，黄麻纸，行书细字。没有石印本那种剑拔弩张的风格，极其秀丽温润，实在是一幅精品。

端方所藏的绘画中，据说还有六朝画家的作品，而宋画中尤其值得一看的，是郭熙的"山水图"、巨然的"长江图"等。这些画卷的手法，不仅有传入日本的中国画中所不见的风格，而且实在是惊人的杰作。至于元代以后到明清的作品，数量之多，只在日本实在是无法研究的。

另有敦煌石室发现的一幅佛像画，这就是斯坦因[③]弄回国的那种

---

① 莫友芝（1811—1871）：清贵州独山人，字子偲，号郘亭。道光举人。曾入曾国藩军营，充幕僚。喜藏书，博学多才，尤精版本目录之学。著有《郘亭诗钞》《郘亭知见传本书目》《宋元旧本书经眼录》等。

② 大徐本、小徐本：五代末宋初学者徐铉、徐锴兄弟，皆通文字学，先后校订、整理过《说文解字》，后世称徐铉本为"大徐本"，徐锴本为"小徐本"。

③ 斯坦因（Marc Aurel Stein，1862—1943）：原籍匈牙利，犹太人，1904年入英国籍。世界著名考古学家、艺术史家、语言学家、地理学家和探险家。早年研究东方语言。1900—1901年、1906—1908年、1913—1916年、1930—1931年四次到中亚细亚考察，重点是新疆和甘肃，所发现的敦煌吐鲁番文物及其他中亚文物是今天国际敦煌学研究的重要资料。著有《沙埋和阗废墟记》《古代和阗》《沙漠契丹废址记》《塞林底亚》《千佛洞》《亚洲腹地》《在中亚的古道上》等。

画像吧，画在绫绢上，画的手法比较粗糙，类似于我国东大寺里的善财童子画卷，题语上有"开宝八年"的字样，可知是宋代初年的东西。

另外，古代青铜器也是端方藏品中值得注意的，其他珍稀之品不胜枚举。其中有一尊刻有"隋开皇十三年"铭文的庄严的佛像，实在令人吃惊。

九、满蒙文书籍

满蒙文书籍中最为重要的要数满蒙对译的字典。这是根据满语字典《清文鉴》所作的系列字典，以前我们所知的《清文鉴》，（一）满汉对译及附属的满文；（二）满文、蒙文、汉文对译；（三）再加上西藏文，成为四体；（四）又加上回回文，成为五体。虽然五体本还没有出版，这次发现的只是满蒙文对译的，乾隆八年出版。此书的长处是普通的满蒙汉三体对译，只有对满语部分的用满语解释，蒙语部分的没有蒙语解释，而这本书对于蒙语部分的也有详细的蒙语解释。另外，对蒙语加上了满语风格的圈点，便于阅读。有这样的特色，加上是殿版[1]，非常精美。此外，还得到一些满语的书籍，这里就从略了。

十、河南旅行

（甲）洛阳

十月初，小川博士与滨田一起，尝试去河南洛阳附近旅行，先由京汉铁路沿太行山东麓经过邯郸、汤阴县、彰德府等地，再渡过黄河，在郑州沿汴洛铁路抵达洛阳，顺道访问了洛阳南三十里处的龙门。

---

[1] 殿版：清代官刻书。因刻印机构设在武英殿，故名。

汴洛线是古代中国最重要的交通线路之一，洛阳在北邙山脉之南，正位于到函谷关的半路上。从地理学上看，洛阳所以成为周的东都、东汉的首都，就因为它处于渭水平原通往中原的咽喉要地上。如今的洛阳城经历了历史上的几度变迁。北魏隋唐的洛阳横跨洛水的南北两岸，洛水流过城市的中央，著名的天津桥遗址还留存在现在洛阳城西南五里的地方。今天，在洛水河岸的南部竟出现这样广阔而繁华的街市，实在有点不可想象。

洛阳附近特别是北邙山一带，星星点点地存在着许多古坟，在铁路线附近的，一大半已经被挖掘。从这些古坟里发现许多作为明器①埋葬的陶制品，陶俑有各式各样的男女俑，还有马、牛、羊、骆驼、鸡、鸭等禽畜，以及房屋、器物的模型。这些大致是六朝到唐的遗物，是研究当时文化风俗的绝好资料。

（乙）龙门

龙门据传是由夏禹王开凿通过伊水的遗迹，又称伊阙。伊水横穿切断与北邙山相对东西绵延的石灰石丘陵，形成峡谷，造成两岸石灰石的断崖。虽然河宽不过约三百米，长不过八百米左右，但在两岸的断崖上，开凿着无数大大小小的石窟，石窟内塑有佛像。自从北魏景明年间，世宗下令模仿大同府灵岩寺的石窟开凿两个石窟，随后永平年间又开凿一个石窟后，接下来经隋朝到唐朝，石窟建造不断增多，而唐高宗时期的大佛是其中最为壮观的。我们看了龙门的这些佛像，更加深感到日本飞鸟时代到奈良时代的美术是受到中国北魏到隋唐的影响而发展起来的。日本石刻艺术的优秀作品不多，想来也是由于日本没有像中国这样巨大的石灰岩大崖壁存在的缘故。在巩县附近也有小规模的石窟存在。

---

① 明器：古代用竹、木、陶土做成的随葬器物。

十一、满洲调查

　　从河南回到北京，小川博士出发去满洲，拜祭了奉天的北陵，调查了抚顺、烟台、熊岳城、瓦房店等地质学上颇具意义的地方，采集了中国特有的古生层的化石。滨田则作了考古学上的调查，观看了抚顺老铁山石器时代遗迹及石冢、刁家屯古坟、芦家屯介墓的挖掘，以及抚顺的陶窑、辽阳的石棺、大连的贝冢等。这些在前几天的本报上已经有所报道，这里不再详述。刁家屯的古坟就其构造、砖瓦的形制、颜色等方面，都有独特之处，作为东汉时期的古坟，尤其具有学术研究上的价值。

奉天访书谈

一、奉天行的目的

我于本年（1912）3 月 13 日从京都出发，到 5 月 23 日回到京都，进行了为期约七十天的旅行。此次旅行的目的，是受京都大学的委托，拍摄奉天宫殿内贵重的古文书。这是一项要与中国人周旋的工作，所以，是否成功，有很大的冒险性。但居然大部分目的都达到了，实在是幸事。我所拍摄下来的照片几乎有一万张，而这项工作一共做了一个月，这样推算下来，每天要拍三百张以上，这大概是破了照相工人或摄影专家的工作纪录吧。整理这些照片也花了整整一个暑假，至于研究这些文书，并能发表研究结果，至少还需要四五年的时间。今天，先把奉天的工作及这些文书，作一简略的介绍。

如前所述，我是 3 月 13 日从京都出发的，到达奉天是 3 月 23 日，直到 5 月 17 日都在奉天工作。去的时候是与京都大学文科大学的讲师富冈谦藏一起，后来京都大学的讲师羽田亨 ① 也加入了。羽田讲师到奉天是 4 月 8 日，我在这两位讲师的帮助下，又得到那里的同文书院毕业生的帮助，才完成了这次任务。

① 羽田亨（1882—1955）：日本京都府人。东洋史学家。京都帝国大学教授。著有《西域文明史概论》《西域文化史》《羽田博士史学论文集》等。

我曾在明治三十八、三十九年，从北京到奉天，做过种种调查。三十九年，与稻叶君山等人在奉天看了许多书籍，总想有机会得到它们，并全部拿回日本，这当然好，但哪有这样的好事呢？于是，就想将它们拍摄下来。在奉天的书籍资料，想要拍摄的相当多，而这次拍摄的只不过是其中的极少部分。中国的官吏是极为靠不住的，刚刚觉得今年的机会非常好，也许明年就会突然变卦，致使什么工作也进展不了。但如果说以后也是这样，其实也不尽然，也许又能得到各种方便的机宜，正像这次我们去也不是预先得到中国官吏的照顾，实际上只是抱着撞撞运气的态度突然决定去的。当然，在什么地方有什么书籍，是事先调查好了的。但如果对方说不能出示，致使我们空手而归，那就没面子了。因此，关于这一点，平素一向乐观自在的我，也不是没有担忧的。

二、摄影目标的古文书

这次的目的有两个，一是《满文老档》和《实录战图》，二是《五体清文鉴》。只要达成这两项，就很好了。而这次完成的是第一项中的《满文老档》和第二项的《五体清文鉴》。《实录战图》由于情形不凑巧，未能完成。现在说说我以此两项为目的的原因。

三、奉天故宫和奉天书籍

在回答这个问题之前，先来简单说说奉天是个什么样的地方。提起奉天，只要稍微对中国有所了解的人，就知道那里有置放《四库全书》的文溯阁。《四库全书》自然是古代书籍的集合，但以上我所说的三种书，却都在《四库全书》之外。说到这个，就先概略地介绍一下奉天故宫的情况。请参看这张图上的位置（原文在《中央公论》上所载时，附有"奉天宫殿略图"，但不是很准确，在此省略。——编者注）左右有小门，中央的门叫大清门，入其门，右边依次有大庙和飞龙阁，左边是翔凤阁，大清门的里面是崇政殿，后面是三层楼的凤凰楼，再背后是清宁宫。中间的楼阁划分出左右两侧，右边是敬典阁，左边是崇谟阁，在其更左边的一廊，就是文溯阁。另外，在崇政殿的左边是书库，右边是瓷器库。至于书籍放在这里的什么地方，则不仅仅在人们一般想象的文溯阁，其他的书库里也有书籍。谁都知道，《四库全书》还存于北京的文渊阁、杭州的文澜阁、热河的文津阁等。敬典阁里存放着天子及皇族的系谱即玉牒，清朝惯例是每十年必编修一次系谱，奉天存一部，北京存一部，积累至今，有非常大的部头。玉牒有纵划的和横划的两种，即画出横向的线，横排出系谱；或者是相反，划出纵向的线，竖排出系谱。帝系宗室的系图用黄色的纸张，觉罗的系图用赤色的纸张。另外，崇谟阁里主要收录实录及圣训。实录是太祖、太宗以后历代的实录，当然，宣统皇帝的实录现在还没有完成。另外，实录都是用满文和汉文两种文字写成。圣训是天子的诏敕，也是历代都有，用满汉两种文字写成。此外，在崇谟阁里，还有另一类书籍，这就是我要拍摄的《满文老档》和《实录战图》。此外，还有汉文写成的旧档，叫做记录或档子，即《汉文旧档》，这书我在明治三十八年时已拍过，我手头有一份，又复印一份被东京帝国大学收藏。这是太祖时代的文书，主要内容是记录与朝鲜的交涉关系。此外还有一些奏疏，是当时由明朝投降过来的人，对太宗陈述如何取明的献策的奏疏，这些非常珍贵的材料，我已经在三十八年拍摄到了。因此，这次的拍摄目标是《满文老档》和《实录战图》。

四、关于《满文老档》

说到为什么要拍《满文老档》，以前我只是粗粗地看过这份资料，这次根据拍摄时的阅读，知道它是清太祖、清太宗——即清朝第一个太祖努尔哈赤和其次的太宗——时代用满文写成的日记。它的原本现在何处并不清楚，只知道乾隆时把原物抄录了一份。所以，现在它有两种本子，一为无圈点本，一为加圈点本。所谓满文，最早就是用蒙文的字母来记录满语，完全使用蒙文字母来记录的就是无圈点档子。到太宗时，有一位著名的学者达海①，他提出以前这样完全用蒙文字母来记录满语，实际上并不能完全对应满洲语的发音，把蒙文加上点或者圈，就像日文里ハ、ヒ、フ、ヘ、ホ加上点或圈之后变成バ、ビ、ブ、ベ、ボ或パ、ピ、プ、ペ、ポ一样，蒙文加圈点后就能较完全地记录和反映满语了。所以，《满文老档》分成一部无圈点的，一部加圈点的，但内容是一样的。全部有一百八十册，其中八十一册是太祖时的日记，太祖开始用天命的年号，在用天命年号之前的十年左右就开始记日记，天命最后一年为天命十一年，所以共有二十年的日记。太宗时的日记又分两部分，因为太宗的年号有二，一为天聪，一为崇德，天聪到十年为止，第十年改为崇德，但是，日记有的，天聪只到六年，这六年共有日记六十一册；而崇德年号的部分，只有崇德元年一年的。但崇德元年这一年正好事情非常多，如自这年起，太宗自称为皇帝，改变以前"汗"这一北狄的习惯称呼。还有其他种种事件，因此，崇德元年一年就有三十八册。合计一百八十册。分装在十六帙，七个包内。

---

① 达海（1595—1632）：清满洲正蓝旗人，觉尔察氏。通满汉文义，为努尔哈赤草拟文书。奉命译《明会典》《素书》《三略》等书。皇太极始置文馆，他为文馆领袖，制定新满文，增为十二字头，字旁加圈点。又以满文与汉字对音，补所未备。

从乾隆朝的抄本，可以看到日记原本是什么样子的。虽然抄本的纸墨都是新的，但誊抄的时候非常认真用心。如关于残缺的部分，上下文的语句原来是连贯的，遇到残缺的地方，就用黄色的标签写上"原档残缺"贴在那里，然后在下面继续书写；关于年月不明的部分，日记应该都是按年月日的顺序而写的，但很多都只有日，没有年月，或者是月份不明，遇到这样的情况，也一点不含糊地保存原貌。太祖的日记中，共有九册无年月的。太宗的日记只一册无年月。另外，我统计了页数，哪卷是到哪年哪月的，哪卷是到哪年哪月的，一一作了目录，然后再拍胶片。一共有四千一百张，加上封面等，共有四千三百张左右。原本一页七行，全部由满文写成。

五、《满文老档》的史料价值

那么，这《满文老档》到底有什么价值呢？如前所述，如果不是经过四五年的研究，把它通读一遍之后，是无法详细说明它的价值的。

但其价值只从数量上考察，也可略见一斑。太祖一代的实录，满文和汉文的同样都只有八卷，而《满文老档》太祖一代就有二十卷，八十一册，大致是十倍纸张，可以想象，其记事也应该相应更详细一些吧。我在拍胶片时，顺便看了翻开的页上的内容，发现太祖曾因一件什么事情，用满文发布了详细的诏敕，这史料在以前所见的汉文实录上，是几乎没有的。所以，关于满洲的史料，恐怕再没有比这个更详尽的了。可以说，它在清史研究中占有基本史料的地位，在历史上具有非同一般的价值。

太宗一代，有汉文满文的《太宗实录》，分别都在六十卷左右，即天聪八年、崇德八年，共十六七年的内容。而《满文老档》天聪只到六年，崇德只一年，即太宗治事的十六七年中，七年的日记就有九十九册，可以推测其记事是如何绵密。特别是崇德元年，一年就三十八册，十分丰富。此外，让太宗非常头痛的大敌明将毛文龙，避栖于朝鲜的椵岛，从背后袭击满洲，不断地让太宗犯难。关于这个称之为"毛文龙事件"的史料，就有专门的两卷。据此，也可推测这史料是如何贵重。

因此，如果对《满文老档》进行充分的研究，一定能发现许多实录所没有的史料，我热切地期待着。当然，我以前也认定它是有价值的。这次，经过实际拍摄，感到它实在是一份远比想象的更为贵重的、令人惊叹的资料。另外，我最初想象的，也就大概两千页左右吧。而实际拍摄出来竟然是四千二百页，照片的张数也大出意料之外。总之，这次是一张不剩地全部拍摄回来了。

六、关于《实录战图》

这次没有能拍摄下来的《实录战图》，与《太祖实录》一样，有八卷，有满文、蒙文、汉文的三种文体。这本书的有趣之处是，在多处插进了绘图，就像日本的插图本《太阁记》，是一本图解太祖一代历史的书。其内容大体与实录同，但是，如果因此以为与实录完全重复，没有价值，就不对了。我本来对实录就存有怀疑，日本有清初三代实录，太祖的部分也是八卷，读了日本的《太祖实录》八卷，发现其与中国流通的记录有不同的地方。我们一般所能见到的中国实录就是《东华录》，它是摘录清朝实录的主要部分而成，而《东华录》对太宗朝实录不是部分摘录，而几乎是全部抄录了。但把日本的三代实录与《东华录》对照着看，却屡屡发现不同之处。今只说最显著的一点，太祖六十八岁而亡，当时儿子中年龄大的，近四十岁的有不少，后来的太宗当时也已三十多岁。但是，太祖的夫人即皇后，却极年轻，当时是三十六岁，此人深受太祖宠幸，她的儿子就是入北京时的摄政王，著名的睿亲王。这些异腹所生的儿子们，集合起来，要求皇后殉死。由于他们几乎能够决定大局，对于年轻的皇后，他们认为太祖死了，你就应该跟着去殉死。皇后当然不接受，作了相当的抵抗，但终于抵抗不了，只好去殉死。当时，睿亲王尚小，她死前最不放心的，就是自己的儿子，她写了一份遗嘱，希望在她死后能够关照她的这个儿子。这件事在日本的三代实录里有所记载，而《东华录》里竟没有记载，现在所说的这本《实录战图》也有记载。根据这些情况逐步推论，我发现日本所传实录，是康熙时编成的，现在中国所传的实录，大概是乾隆时编成的。这一推测可以从其他方面得到证明。如谥号，太祖的谥号最初就是很长的一串字，到康熙、雍正、乾隆各代，又分别在太祖的谥号上各加上二字。而日本的实录比中国的《东华录》所见太祖的谥号要少四字，就是因为没有雍正、乾隆两朝所加的字。所以，可以推断是康熙朝的。而中国现在的实录是乾隆朝的。那时，一定是删去了太祖的孩子们强迫自己的继母去殉死的事情。而这次到奉天书库里所见，果然如我想象。《东华录》也是删去了逼母殉死的事情。于是，这个问题就清晰无疑了。因此，这《实录战图》是证明日本所传实录的很好的材料，作为史料是非常宝贵的。所以，很想拍摄下来，但未能拍成。现在它被收藏在崇谟阁内。

七、关于《五体清文鉴》

第二目标的《五体清文鉴》，在翔凤阁内。其实，翔凤阁并非藏书之处，它是放置皇帝离京行幸时所需物品的调度仓库。即在乾隆帝以后，嘉庆、道光二帝，常常从北京到奉天以及清朝的发祥地兴京离宫等地行幸。在奉天以及沿途的驻跸所，一路需要相应的随身装饰物品和用品等，翔凤阁就是放置这些东西的。因此，这里有皇帝的各种日用品和一些书籍，而《五体清文鉴》就是书籍中的一部。这本书也被我们一页不漏地复制回来了。这是清朝统治下五大民族语言的简略的辞书，五体即一满语、二西藏语、三蒙古语、四维吾尔语、五汉语五种文字。虽说是辞书，但并不是按照字母的顺序排列，而是按天文、地理等的门类编排的。我们拍摄回《五体清文鉴》的消息在报纸上登出后，有人产生了误解。在现在的水户彰考馆内也存有一部《清文鉴》，与这次拍摄的不是一样的东西吗？有人专门写了明信片质疑我。其实，这人所说之事我何尝不知道？而且，我还有以前的《清文鉴》和满、蒙、藏、汉四种文字的《清文鉴》，所以，绝不会像那位想象的那样去白费劳苦。

《清文鉴》最初是康熙年间的东西，乾隆时有增补。最早的《清文鉴》只是满文和汉文对译，在乾隆四五年前后加进了蒙古文，其后又加进了藏文，成为四种文字的《清文鉴》。这《四体清文鉴》是有刻印本的，而《五体清文鉴》没有刻本。这次拍摄回来的《五体清文鉴》，是抄写非常认真的写本，不愧是御用品。只在奉天宫殿里有这一部，此外再无其二。听说白鸟库吉[①]博士曾经在法国巴黎见过同样的本子，如果果真与我们拍摄的这本相同的话，那么，也许是英法联军侵入圆明园时掠得的。北京也许还有一部相同的东西，此外，估计再也没有了，所以才费尽周折拍了一部回来。由于这部书的外形比较大，不能两页打开同时一起照下，所以是一页一页地单拍的，书一共有二千六百页纸，拍了五千三百多张照片。

---

① 白鸟库吉(1865—1942)：日本千叶县人。东洋史学家。曾任东京帝国大学教授，东洋文库研究部长。著有《西洋历史》《西域史新究》《音译蒙文元朝秘史》《日本语的系统》《神代史的新研究》等。1971年岩波书店出版《白鸟库吉全集》十卷。

八、工作情况

这次拍摄的《满文老档》共四千三百张，《五体清文鉴》则是五千三百张，两者加起来一共是九千六百张，实际拍摄的，还要加上当时拍坏的等，一共总在一万张以上。实际拍摄工作是从 4 月 12 日开始的，到 5 月 13 日结束，正好是一个月时间。由于中国的官吏像前面说的那样，所以，当时还是十分担心事情能否像预料的那样顺利进行。

我是 3 月 22 日到达奉天的，正赶上伊集院公使来中国，领事馆在那两三天十分忙碌，等他们忙完这事后，就拜托领事馆与奉天总督先行交涉。而我与现任的总督赵尔巽正好原就相识，其手下管外交事务的姓孙的官员，我也认识。所以在领事馆交涉的同时，我先访问了孙外务官，送了相当重的厚礼。接着，又拜见了赵总督，也给了同样的厚礼，表面上，仍然是由领事馆出面申请。进行了这样一番公私夹击后，我就静等回音。果然，29 日回音来了，领事馆 28 日得到消息后，第二天来到我的住处，说赵总督的回答是：内藤是我以前的老熟人，欢迎他来奉天看书，请尽可能给予方便。我十分高兴，就立刻给京都大学打电报，要求他们尽快送来拍照的胶片，但为了计算到底需要多少胶片，我费了 30 日、1 日、2 日三天，认为总在三千五百到三千六百张之间，心想先准备三百打胶卷应该差不多，就又给京大打了电报。但是，第二天，我又去书库调查，发现这个数字不够，怎么也需要四千张以上，这还是把《实录战图》也算在里面的。于是，又打了电报，说要增加到四百五十打胶卷。一时要在京都凑齐这么多胶卷，也不容易，又到大阪去弄，好不容易才凑够了这个数。京都方面立刻让羽田君携带胶卷赶来。

这期间我就做拍照的准备事宜，请了摄影师，但不是以前认识的人，是奉天某个照相馆的老板，他手下有两个助手，就把这两个助手借给我们用。再加上赶来的羽田讲师，即使这样也大感人手不够，又加了一个人，是同文书院的毕业生，正好游学到奉天。就这些人，开始了《满文老档》的拍摄。因为是第一次如此工作，不能预算需要多少天，但我在明治三十九年曾拍摄过两三个小时，对此多少有一些经验，大约一小时能拍二三十张，这样就估算出一天大概能拍二百张。但一小时二十张，要拍到一天二百张，就意味着得一天十个小时一点休息也没有地连续工作，这多少是不可想象的。但考虑到习惯以后可能会加快速度，因此，还是按这样的速度计算，预定用二十四五天的时间拍完这五千张胶片，也就是说预定工作一个月。就这样进行着各种准备。

　　首先，必须预备一个暗室，那里正好有一间像巡警的值班室那样的活动小房子，正好用来布置成暗室，并把它搬进了宫中。当时那边的官吏都非常友好，事情进展得很顺利，开始我们还有点顾虑，将暗室放在宫殿围墙的外面，这就需要从崇谟阁一次次地往返，崇谟阁的官吏实行监督，我们也非常麻烦。他们让我们把暗室一直搬到崇谟阁的门前，这就大为方便了。这样，从 4 月 12 日开始，第一天费时做了一些准备事宜，实际只拍了一个小时，拍了四十七八张，第二天又遇到一些麻烦事，实际只工作了半天，拍了一百三四十张。由于这两天的经验，我们感到，一天二百张的预算，无论如何是胜任的。接着的 14 日是星期天，15 日再开始，15 日从 10 点左右开始工作到下午 4 点，共拍了三百余张，次日，拍了四百余张。又接着的一天，遇到一些故障，只拍了三百八九十张。但总之，一天四百张的预算可以成立。因此，以后基本上每天平均四百二三十张，有时达到四百九十张，有一天拍摄在五百张以上，其中有拍坏的，除去坏的，得四百九十六张。

就这样地往下一个劲儿地拍，冲洗大大地跟不上。从照相馆来的二人、我、羽田君，还有一个学生，一共五人一个劲儿地拍着，一分钟也不停止，一小时平均在八十张左右，来不及的是胶片的替换。这个小暗室里，只容得下一人，两个人同时进去，就非常勉强，就这样在暗室里替换胶片，是非常困难的工作，而做这项事情的是羽田君。我负责取书，另外三人负责一页一页地拍照，而胶片的替换则非羽田君莫属，但这实在是一项非常烦闷的劳役，从早到晚，眼不见日光地在一片漆黑中劳动，非常艰辛。而且这暗室是非常草率做成的，板与板之间不吻合处，贴上纸遮光，用的是有柿漆那样难闻的涂料，要在平时，从它旁边走过一定捂着鼻子，但当我们进去以后，就把这臭味忘了，只顾工作。总之，从上午 10 点到下午 4 点，关在这难闻的暗室里替换胶片的工作，是最艰苦的，这就是羽田君的工作。由于长时间在暗室里待着，眼睛十分不舒服，一到外面就直晃眼。我也在这暗室中做了一天，因为羽田君偶染感冒，不得不停止工作，我就在暗室中做了一天的胶片替换。在这样一片漆黑中工作，可以想象大概会感到一天特别漫长，但实际上，随着工作的进展，反而觉得怎么这么快就日暮了。就这样，我们在 4 月 25 日，全部拍完了《满文老档》，从最开始算起，一共用了三周时间，我们暂且大大地喘了一口气。

九、满铁总部的盛情

这时，胶片的冲洗还滞后两千多张，于是，暂时休息，等待冲洗完毕，然后再开始《实录战图》的拍摄。没想到这两三天的休息，惹出大事，为此，《实录战图》终于没有拍成。这一方面是在等待冲洗期间，我答应了大连满铁总部邀请我去讲演的预约，我虽然非常忙，觉得这是一个负担，但由于此行实在是给满铁添了麻烦，现在我们住的客舍是向满铁借的，一日三餐也是隔壁日本新闻社的《盛京时报》提供的，甚至床上的寝具及其他一切都是向满铁借的，不费多余的费用，真是万分的方便。因此，我不好拒绝他们的邀请。另一方面，由于《满文老档》意外地过早完成，在计划的《实录战图》之外，又起了拍摄《五体清文鉴》的打算。羽田君是通晓维吾尔文的，在日本，懂得维吾尔文能如羽田君的，大概没有了。所以，我交涉以后，把《五体清文鉴》借出来给羽田君先看着。羽田君非常高兴，无论白天多么疲劳，每天晚上都要抄录其中的维吾尔文部分到 12 点左右，一周下来，才抄了一册多一点，而全书一共有厚厚的三十六册，这对羽田君必将是非常繁重的劳动。他自己承认，有时伏案抄着书，就坐着睡着了，可见辛苦之甚。由此就生出把这部辞书也拍下来的打算。于是，立刻写信给京都大学报告想法，并得到了同意。但胶片一时供给不上，如果能在奉天买齐最好，如果不行，就必须赶到大连去凑齐。而如果到大连去买胶片，需要相当的费用，这钱也只能暂时向满铁借，正好满铁让我去讲演，我也就趁机去借钱，所以，在百忙之际，我于 27 日出发去了大连。

从奉天城里到车站有一里以上的距离，我 26 日休息了一天，当晚投宿在车站附近，27 日早上可赶上去大连的火车。如果是快速列车，奉天到大连需要八个小时，早上 5 点出发，到下午 1 点就应该到了。但 26 日这天晚上，满洲遇到了四五年来没有过的特大狂风，晚上睡在床上，门缝中还不断吹进风沙，半夜醒来，发现自己盖着的被子从头到尾都蒙上了一层白。由于这个大风，火车大幅度地晚点，在途中曾因风太大不能行进，停开一个小时，并把客车的车窗全部打开，使其通风良好，以免列车倾覆。由于这样的原因，列车到达奉天整整晚了一小时四十分钟，为了这晚点我非常担心。火车从奉天开出也一路晚点，到下午 3 点 20 分才到大连。当时，羽田君还没去过旅顺，本来准备一起去旅顺观光一下，由于晚了这两个多小时，去旅顺的火车也赶不上了。但我还是在下午4点开始，做了一个半小时关于《满文老档》的讲演。6点，满铁招待晚宴，酒席上有冈松理事和久保田理事在座，我就赶快谈起要拍《五体清文鉴》的事，并坦陈急需六百元周转，等京大方面钱一到就归还，对方爽快地答应了。就这样，我非常高兴地坐上当晚8点多的火车，立刻返回奉天。另一方面，给京都大学电报，告知钱已从满铁借到，拍摄的胶卷也将从大连送来，请允许开始着手拍摄吧。这本书我们是分别请了奉天的四家照相馆拍的，因为书是暂时借出来的，需要非常快地完成，结果，五千三百多张的照片，在十天内就拍完了。这就是《五体清文鉴》拍摄并尽快打包捆扎带回的经过。

十、《实录战图》没拍成的原因

从大连回来，《满文老档》的冲印也结束了，下一步就准备《实录战图》的拍摄，我们休息了三四天，再去一看，宫中的情形全部变了。对方无论如何也不答应我们的请求，我想见总督，总督对见面的事非常冷淡，我又想见外务官，外务官也不愿见面。总督有一个秘书，是留日学生，娶了日本的女子做太太，是出名的美男子，我去见了他，当然不是因为他是美男子，而是希望通过他去向总督求情。他听了这事，表示为了不致弄错，让我写个东西，我就写了个东西给他。结果，那天他来我的住处回话，正好我外出还没有回来，我们俩没能照面说上话，但其实也不用听他说什么了，总之是知道没办成。这时，外务官给我来了一封信，说不能再拍了，当然不是非常明确地拒绝说不能再拍了，而是说了种种苦衷，总之，只好请你们暂停拍摄。实际上就是不能再拍了。

不能再拍了，我们真是一筹莫展。但我们检视了已经拍好的《满文老档》，发现四千三百张中有两百张左右拍坏了，请求只把这一部分让我们重拍，对方也不愿意。我只好再三解释，你不让我补拍，岂不是要让我把错的东西带到国外，这部分是以前让我拍时拍下的，但拍错了，必须纠正重拍。如此交涉后，过了两三天，他们同意只把错的部分拿出来拍一下，其他的部分决不能取拿。但是，急急忙忙地在一天中补拍完二百多张，事后冲洗出来一看，还有二十七八张拍坏了。但已不能再这样去求他们，只好再想别的办法吧。

　　这起事变的缘由，当时我也略知一二，主管此事的长官换了人，这是其一，也就是说，我们自己错失了良机。原来宫中内务府的人我大都认识，而且，我给他们的大多数都送过礼，所以，大家都很高兴，表示出客气友好。虽然没有主动说可以给你看，但实际上都是非常配合的，因此，我感到十分方便。但后来再到内务府一看，情况就变了。我看到三个以前从不认识的官吏在里面干着什么，他们不可能没有注意到我，但只顾自己埋头写着什么，看起来他们也不像是主管的，因此，我也就放弃了与他们商量的念头。后来知道是从北京新来了大官，事到如今，我再拿了东西去求他，也怪无趣的，就任其自然了。

　　引起事变的另一个原因，是我们拍照的事情传到了北京，报纸上登了日本人在奉天故宫拍摄书籍，并议论说下一步将拿满洲怎么样。还有一个直接的原因是，与我住的客店相邻的《盛京时报》，曾经在报上说过内务府最高长官的坏话，并且不止一天，而是连续五日在通告栏上，连续披露此官员强占某人田地，如何如何，批评得非常严厉。我本人其实对这事一点也没在意，但事实上，大大伤害了那位官员的感情，因此，引起事变。

　　但是，为了重拍那拍坏的二十多张照片，我还是试着去与这个制造事变的男人打交道，我带着礼物去了。当然此前已经见过一次面，中国人往往感情再坏，表面上并不做出交恶的脸色，还是很快与我见了面。我送了他国华社出版的王羲之的书法卷轴，然后提出，我们重拍的二百多张照片中，还有二十多张又拍坏了，能否让我再重拍一次。看得出来，这个男人对书画多少有兴趣，对我的礼物很中意，听了我的请求，很快就同意了。

由于以上这样的原因，《实录战图》没有拍成，《满文老档》则是完完整整地拍回来了。此外，《五体清文鉴》是趁借出来的时间，默不作声地在十天之内偷偷拍了还掉的，对方并不知实情。

至于《满文老档》到底写了什么，是部什么书，中国的官吏们本来完全不知道，即使总督大概也不清楚，只知道是用满文写的书籍而已。但日本人却为此特地进入宫中，埋头拍摄，才知道大概是很贵重的东西，就不能再放任不管，所以，就急剧改变了态度。

十一、抄写生的联合罢工和中国人的性格

在拍摄照片的同时还安排了抄写。这就是在文溯阁内的《四库全书》，以前来奉天时曾经借出来过，这次来要求再借，立刻得到了同意。但我们雇用了中国人抄写，于是，遭到了联合罢工的事情。开始，为了联系到抄写的人，我们同《盛京时报》的人商量，他们就建议在报纸上登招募广告，我们就把这登报招募人的事宜全权委托给《盛京时报》，广告登出来后，很快就有人来应募，原只需要十人，有四五十人来应募。于是，进行了考试，从中选了较好的十人。抄写费本来打算以千字四十钱支付，因为看到应募者较多，《盛京时报》就稍稍改变了初衷，降为千字三十钱。于是，就有人提出钱太少，因为应募者有四五十人之多，就没把这种呼声放在眼里，仍然以千字三十

钱决定了工钱。开始工作后，工人们纷纷抗议：这工钱实在是太低了，在一般的机关里一天要给到七八十钱，到傍晚时，由于这不断的牢骚，雇主就提出，那么你们是否就不想干了？其中就有人说不干了，也有人迟疑不决，这时就有一个领头者出来说，我们大家都不想干了，请把今天的工钱付给我们。而雇主这边也不甘示弱，就给他们付了工钱，但想到这帮人拿了钱全走了，明天开始一个人也不来了，内心实际上还是很担忧的。但到了第二天早上8点左右，来了一个人，问你们还要抄写吗？回答说是，还要抄写，但你们昨天不都已经不干了吗？如果还按昨天的工钱，你干吗？那男人说行。就这样，就又干了起来。正当他抄着，外面又有两人探头进来，也想继续干，这边就问，那么还是按照昨天的约定，给千字三十钱，行吗？对方说行。这样，当天就有五人左右恢复了工作。后来，这五人又带来他们的朋友，最终用了十三天时间，全部抄写完毕。

这次抄写的《礼部志稿》，是关于什么的呢？是关于即位之礼、皇室之礼，还有官吏登用考试即科举考试等事宜，其中"主客司"是关于与外国关系的先例，这是《星槎胜览》《西洋朝贡典录》之类的书都没有记载的明代写本，这写本收入了《四库全书》，就再没有刊行过，所以，除了按四库本抄写，别无他法。还抄写了其他二三种本子，一个月之间，共抄写了一百七八十卷六十八册之多。抄写方面的工作，一切由富冈讲师主持。付工钱的事就很为麻烦，一般地，每五天或十天给一次工钱，其中也有从别处来的工人，每天付工钱。而且，从七八十钱到一元五十钱分别对待。随着每天兑换价格的变动，相应地兑换成中国钱给他们，真是非常麻烦。每五天或十天，就到银行去兑换。富冈君白天在他们工作的房间监督他们，傍晚到银行兑换，一点都没有自由外出的时间，回来后，几乎引起了风湿病。

十二、没有比奉天再好的地方

照片带回来后，羽田君每天到学校整理这些胶片。他的工作是把照下来的胶片冲洗出来，然后印在感光纸上，一共有九千六百多张，回来之前，在奉天冲印了大约三分之一。而等照片晾干，在奉天只需半天时间，在京都则一天半还没有完全干透，如果拿到东京，则更是没有三天绝对干不了。因此，我觉得在奉天工作非常方便。

不仅是这一件事，我实在是觉得奉天万事方便，是个再好不过的地方。我回京都后，有人对我说，怎么在那里待了那么久，到现在才回来呀？而我自己觉得在外的七十天，真是过得飞快，一点都没觉得待得很久。到处走走看看，没有日本那样没意思的地方，在奉天住着，在中国的土地上住着，虽然不能像在日本那样，在榻榻米上睡觉，吃日本的饭菜，但也能从大连运来冰冻的海鲜鱼类，在这些方面，也与生活在日本并无二致。还有比日本更好的地方是：如果自己想稍稍奢侈一点的话，那种有篷的马车或是有车厢的马车，二元钱就可以自由雇用上一次；此外，在那里坐火车，在火车内走动，感觉也比日本的火车好，而且，这次坐车是免费的，自然就更好。此外，如到朝鲜，在京城也是可以自由雇用马车的，但从京城到日本，火车就变差了，因为当时满铁的火车只修到釜山，这一段是非常好的。在釜山转换轮船，也相当方便，但从下关一登陆，火车就变差了，服务员也变得不随和，好像对任何人、任何事都不满意似的。

日本人在内地不愉快地生活着，但如果拿着手里这些不多的钱到殖民地去使用，是好是坏，我不好说，但无论如何，我觉得奉天实在是个非常好的地方。

十三、奉天的古书画

我的话到这里就要完了，但还要说说在奉天宫中发现古书画一事。这是这次才发现的，共四百五十件古书画，在翔凤阁的二楼上。翔凤阁以前我也到过，但没有上过二楼，我曾问过他们：二楼是什么？他们回答说：什么也没有。就没让我上二楼。后来，我问出来了，原来二楼有大量的古书画和金银，在义和团时，大部分散失了，特别是金银几乎都没有了。为此，守护的官吏遭到斥责，并责令他不要让外国人上二楼，所以，也就没有让我上二楼。但据说去年那里被整理了一番，因此，这次允许我上去看，还是有非常多的东西。我在那里的两天，看了这些东西，但因为当时我拍照片的工作很忙，没有时间尽情地观赏古书画，就想先看一下它的目录，他们说行，但始终没有给我看。后来，一个整理这些目录的男子主动来到我的住处，说他手里有目录，现在正出借在别人手中，等还回来后，可以给我看，但又始终没有拿来给我看。后来，也不知为什么，只拿来了一个极其简略的目录，原本的目录是附有题跋较详细的东西，而他拿来的只是写着画名的目录，而且还不是全部的，缺失最后的部分，只有四百五十件书画中的三百五六十件的目录。他拿来这些东西，说借给我看一会儿，我就用了晚上两个小时的加班，复制了这份目录，然后，立即还给了他。中国人行动缓慢，他肯定没有想到，在这么一点点时间内，就被我复制了。等我把这个目录慢慢看了，才知道我真正看到的实物只有四五十件，因此，现在还不能说得清楚。反正，这目录中，真东西当然有，假东西也有，有阎立本、戴嵩的名字，但光从目录看，并不能确定是否是真东西。有时，看目录觉得这一定是极好的东西，拿出来一看，却是一个地道的假货；有时，觉得这个不过是个一般的作品，一看之下，却惊叹是件意外的绝品。还有一向找不到的，如所看到的有阎立本的《职贡图》一卷，我想这一定是假的，我看到一幅非常大的画作，心想是什么画呀？阎立本当然没有这样的画，因为画上有宋徽宗皇帝的瘦金字，当然就不是阎立本的画了，应该是南宋的东西。情况大致就是这样，还是有不少的稀世至宝。

还有令人吃惊的是苏东坡的书法，有几幅苏东坡的书法作品，其中有后世称为《治平帖》的一封书信，写在非常好的纸上，大约有一尺五寸长，上有赵子昂、文徵明的跋，这两个跋也是极其出色的东西，确为真迹。但其中也有似真似假的东西，如看到的米芾和蔡襄的东西，就都是赝品。当然，我没有全看，有真东西，也有假东西，可谓玉石混杂。有赵子昂的《孝经图》，这也是一件十分出色的东西，是我看到过的赵子昂的东西中从没见过的绝品。此外，还有郭熙的《观碑图》，这也是一幅大画，但是否真是郭熙的东西，不好判断，但肯定是南宋以上的东西无疑。此外，文徵明的东西不少，仇英的东西也有，还有清初王麓台的画。总之，我看到的不过四五十件，肯定还有非常不错的好东西，如果有可能，用照片拍下来就好了，但可惜没能拍下来。

十四、对摄影师的夸耀

总之，对我所拍下来的书籍的研究结果，没有几年的工夫是出不来的。目前我所说的，只不过是作为一个摄影师的工作而已。我拍摄的速度，作为一个不是摄影专业、没有摄影经验的人来说，是值得夸耀的。奉天的照相馆老板也对我作为一个外行，有这样的速度表示惊叹。总之，有了这次的旅行工作经验后，也许可以对摄影师多少趾高气扬一些了。

奉天访书日记

（1912 年 3 月 13 日至 6 月 17 日）

3 月 13 日（星期三）

下午，坐上 4 点 48 分出发的火车去神户。

3 月 14 日（星期四）

上午 10 点，坐上"竹岛丸"号，由神户出发。

3 月 15 日（星期五）

在朝门司港登陆，坐电车到小仓，归途在赤阪延命寺旅社午餐，午后 3 点上船，继续航行。

3 月 16 日（星期六）①

3 月 17 日（星期日）

此日风大，船甚摇晃。

---

① 原文有日期，无记事。

3月18日（星期一）

预计日间能够到达大连港，下午3点到达，"竹岛丸"因为装载了石油，不能停靠码头。我们坐满铁的小型汽船靠码头登陆。岛村君到汽船上迎接，高桥氏、服部氏、旅顺的武藤氏等来码头迎接。

投宿在高桥氏处，遇小秋元、今二氏，他们是满铁记者。

榊原图南、恩田熊寿郎来访。

3月19日（星期二）

上午至满铁社，会面久保田理事，岛村、宫内二氏作向导，观看发掘遗物。

下午2点去旅顺，在车站遇安斋氏。

在旅顺，白须事务官来迎，到民政部，见大内、吉村二事务官，投宿大和旅社，武藤氏来谈。

3月20日（星期三）

上午，白须事务官带领，访肃亲王。

下午，参观战利品陈列场，访大岛都督，在都督府看到崔忻刻石的拓本。

当晚，大内事务官在旅社设宴，观看旅顺发掘遗物。

3月21日（星期四）

上午，在市川警部补的向导下，参观东鸡冠山、二龙山等处营垒旧址。

下午，我到工科学堂看俄文书（富冈君则去看203高地），4点半出发，大内事务官来送。6点到大连，投宿高桥氏处，晚上，高桥氏在滨之家宴请。

3 月 22 日（星期五）

上午 8 点大连出发，下午 3 点 50 分到达奉天。

来迎接者有佐佐木警视、中岛朝日通信员、满铁野村氏等。

投宿沈阳馆。

森井国雄氏来访。

3 月 23 日（星期六）

快晴。往总领事馆，落合总领事不在，会面天野领事。

往满铁公所，佐藤中佐不在，遇镰田氏，访井深氏。

晚 6 点，到奉天车站迎接伊集院公使。

此日，松本菊雄、野口多内氏等来谈。

3 月 24 日（星期日）

佐藤中佐来访。

落合总领事设午宴招待，有伊集院公使、中村满铁总裁、吉村事务官、三原、高山、三原三人佐、佐藤中佐等。

访《盛京时报》馆。

兼松矶雄氏来谈。

此日风沙甚大。

3 月 25 日（星期一）

快晴。吉村事务官、井深氏等来访。

访孙外务官。

访满铁公所。

访永清照相馆。

访落合总领事。

3月26日（星期二）

此日风沙尤甚。

正金银行[1]经理小野来访。

曹彝卿[2]来访，彝卿精通东三省舆地，古来无比，著作亦富，壬寅岁我与他在燕京结识，戊申访之吉林，不遇。今日，彝卿阅报纸知余在此，冒风沙来访，谈数时而去，真奇遇也。

晚赴正金银行经理小野宴席，落合、孙诸君同在。

3月27日（星期三）

孙外务官来报，明天午后一点约好面见赵总督之事，由于赵总督很忙，取消，改日再约。

下午，到黄寺，访喇嘛，又访黄寺后楼。

晚上，到城内日本人俱乐部演讲，富冈讲"清朝的绘画"，我讲"奉天故宫的图书"。后井深氏设宴金六亭。

3月28日（星期四）

昨晚以来，有感冒症状，此日休息一天。

3月29日（星期五）

访落合总领事官，总领事官告知：赵总督已有回信，同意看书之事，并把回函给我看了。因再访外务官，见德林布翻译官，约好明

---

① 正金银行：近代日本的专业外汇银行，1880年成立，以经营对外汇兑、贴现为主要业务，总行设在日本横滨。1893年起，陆续在中国上海、天津、汉口、北京、大连、旅顺、长春等地设分行，成为日本侵略中国的重要金融机构。
② 曹彝卿：即曹廷杰（1850—1926），熟读经书及史地书籍。曾在国史馆任职。对东北史地尤精。著有《东北边防辑要》《西伯利东偏纪要》。

天参观宫殿宝物。

到满铁公所访佐藤氏，约好移住公所宿舍。

赴豫丰栈访曹彝卿，三人同往永清照相馆，复回豫丰栈，曹氏请客。

晚至奉天车站送井深氏。

3月30日（星期六）

上午，至外务官衙门，又至宫殿，看翔凤阁内诸书，约杨文瑞霭亭（外务官，七年前之旧交）二人至一番菜馆午餐。

下午，看崇谟阁之实录、《实录战图》《满文老档》等。曹彝卿来观。归途看公所宿舍。

给松本校长发电报。

晚上，收到赵总督信，明日午后召见。

3月31日（星期日）

改变预定的北陵行计划，赴赵总督午宴，我、富冈二人，韩寿椿、周肇性、袁金铠为陪客，王孝纲为翻译。

往满铁公所访佐藤氏，约定下月2日移住公所宿舍。

孙外务官、王参事来访。

4月1日（星期一）

上午，到崇谟阁看完《满文老档》，看《太祖实录》。在一饭馆，与杨霭亭三人同用午餐。

下午，看飞龙阁的铜器、瓷器库，参观文溯阁，今景彦氏同往参观。

4月2日（星期二）

晨大雪。

上午移居满铁公所宿舍。

下午，看文溯阁，往外务官署，见德林布翻译官，面谋借书事宜。

晚上，南洞氏来访，谈拍摄事宜。

4月3日（星期三）

此日托盛京报馆佐藤氏面试抄写生。

下午，南洞氏相伴上翔凤阁楼上，观看书画。

至总督衙门，按昨日之约，提出借阅文溯阁之书事宜。

总督行署之使携书来。

4月4日（星期四）

下午，桂田二司库来访。

上午至静古斋买纸，作为抄书材料。

在关东印书所买地图，在两宜斋买古画。

得羽田氏电报，告知已从京都出发。

4月5日（星期五）

此日，抄写生十人来，提出抄费太少，至晚，领钱后散去。

田永厚来访。

4月6日（星期六）

兼松矶雄氏来访，赠沈阳发掘之陶器。

昨日之抄写生复有三人来，又新带来二人。文璞来访。

下午，至翔凤阁楼上观书画，有郭熙《观碑图》、赵子昂《孝经》并图、成化御笔墨笔画等，皆甚佳。访曹廷杰。

得羽田氏无线电通信。

4月7日（星期日）

下午，至鸣盛茶园看戏，后至平康里。

晚，得岛村氏来报，羽田氏已从大连出发。

4月8日（星期一）

早晨，往奉天车站迎接羽田氏。

上午，陪羽田氏至《盛京时报》馆、总领事馆。

下午，三人往见外务官，见德林布翻译官，谋求将暗室搬至宫殿。又至满铁公所。

晚上，南洞君来谈拍照事。

4月9日（星期二）

晚，富冈氏设宴德义楼。

4月10日（星期三）

平康里妓陈佩云来，访富冈氏。

与羽田氏一起访南洞氏，又至堂子照相。

4月11日（星期四）

此日做成暗室，下午将其运至宫殿，暂置于内务府。

晚，赴富冈氏、陈佩云之宴，我和羽田氏同去。

4 月 12 日（星期五）

此日下午将照相架运至崇谟阁，崇谟阁看守允许将暗室运至阁中，因急招木匠来，将暗室安置于崇谟阁内。此日试拍四十七张照片。

4 月 13 日（星期六）

此日上午赴内务府，与坐办英锐等就拍照事交涉。下午，杨霭亭来，又与英交谈，事始释然。拍照一百六十余张。

4 月 14 日（星期日）

上午理发。

金作枢来访。

下午参观北陵，途经长宁寺，同行富冈、羽田、佐藤三氏。

4 月 15 日（星期一）

此日开始有感冒迹象。

在宫殿拍照，此日达三百余张。

晚上，与曹彝卿共赴满铁公所的宴会。

夜，整理照片的编号。

4 月 16 日（星期二）

此日拍照达四百余张。

夜，整理照片编号。

4 月 17 日（星期三）

早晨，岩间氏来，与富冈同宿。

此日拍照三百八十余张。

上午，岩间氏也来，帮忙拍照的工作。

晚上，整理照片编号，岩间氏作辅助。此后，照片编号事交托给岩间氏。

4月18日（星期四）

此日拍照四百余张。

4月19日（星期五）

此日拍照四百九十余张。

正金银行天津分社社长小贯氏赴任途经此地，来电话，恰我不在。晚上，应其邀请，赴金六亭晚餐。

4月20日（星期六）

早晨，与富冈氏至静古斋，托印横格纸。

此日拍照四百三十余张。

正金银行泽原氏来访，赠雍正诰命卷。

晚，小贯氏来访。

我外出时，孙外务官、王参事来访。

4月21日（星期日）

上午，赴外务官署，会面杨氏、孙氏。会面中岛真雄氏。

下午，富冈、羽田诸氏赴清真寺。我未去。

4月22日（星期一）

此夜，中岛真雄设宴。

此日，将《滋溪文稿》送回外务司。

上午，赴文溯阁，昨日与外务司所提看书事宜，尚未得到回答，故再赴外务司，见德林布翻译官，和会科员魁昌相伴，再赴文溯阁。富冈、岩间二人，将看书借书之事托魁昌。

此日拍照四百余张。杨霭亭来宫殿，赠赵总督所赠书。

4 月 23 日（星期二）
鬼头玉汝氏来宫殿访问。

晚上，访大岛都督于沈阳馆，同时，会面入泽、中所两秘书官、鬼头氏。

4 月 24 日（星期三）
富冈氏赴长春。

羽田氏感冒休息。

此日拍照四百余张，我在暗室值勤。

4 月 25 日（星期四）
上午，大岛都督来宫殿参观，我向他说明工作过程。

此日拍照四百余张，《满文老档》一共四千二百张已拍完。赴仁太洋行、商务印书馆购物。

存古斋的打碑工来。

曹氏来访。

4 月 26 日（星期五）
富冈氏从长春回。

访佐藤中佐，与曹氏约好邀宴之事，赴外务司，再访曹氏。

夜宿沈阳馆，与羽田氏一起，准备明天去大连。

此夜风甚大。

4月27日（星期六）

晨起，沙尘满室内，夜来风甚大，据说为近年来所无。往大连的快速列车晚点，迟了一小时四十分钟从奉天开出，到大连晚了两小时。在大连车站，有冈松、上田、岛村、高桥诸氏来迎接，至满铁社，4点15分左右，开始讲演，约一个半小时完毕。后至滨之家晚宴。结束后，立刻坐上夜间火车返回奉天。

在滨之家宴席上，就拍照资金事向松冈、久保田、沼田各理事说了，得到同意。

4月28日（星期日）

晨，到达奉天，于沈阳馆早餐。遣沈阳馆的下人到旧车站，取回照片胶片。中午回到宿处。

4月29日（星期一）

晨，羽田氏自旅顺回。昨夜起有雨。

此日，《满文老档》的冲洗尚未完成，赴崇谟阁，拍照之事停止。

4月30日（星期二）

此日见内务府的英坐办、程会办。

为拍照事赴宫殿，杨霭亭和我一起往外务司求情，回答说：传赵总督之意，书可以拍照，画不可以拍照。我就提出不拍《实录图》，只拍文字部分。后来，我先离去，至南洞氏处，翻检照片，马上又回到外务司，但各员已经下班退衙。

晚，赴曹氏招宴，又见杨霭亭，相约与杨一起明日上午往见赵总督。

富冈氏此日未赴曹氏之宴。

5月1日（星期三）

上午未得杨氏音信，所以，又至外务司，各员均不在，无奈，往总督署访王参事，提出欲拍《实录图》文字部分之意，希望转告赵总督。

又至南洞氏处，翻检照片。

回来，知道王氏来访过。晚，德林布送来孙外务官的信，告知拍照之事全部拒绝之意，德林布解释说明拍照不得不中止。

5月2日（星期四）

杨霭亭来，谓已照部分可再照，《实录图》不允许照。故告知明日请先着手拍要再拍的部分。托杨霭亭转交孙外务官他所要的寿言题跋。

至南洞氏处翻检照片。

5月3日（星期五）

雨，此日，归还此前借出的《五体清文鉴》第一函。

此日，为准备拍照，赴宫殿，英坐办尚未来，赴他家，他家是崇谟阁管钥匙的，英不应允。余即刻赴外务司，见德、杨二人，杨去问赵总督，总督尚卧床未起。又与杨一起赴内务府。无奈，此日拍照事作罢。

5月4日（星期六）

此日又赴宫殿，与崇谟阁下人说，已有大帅批旨，下人说，则请速将批旨取来，因赴司署，魁昌出来，给赵总督批旨二通。一为允许借出《清文鉴》第二、三两函的事，一为已照照片可再照（其余不许）之事。拿去宫殿，二事均顺利办成。

此日，岩间君来观看宫殿宝物。

存古斋拿来"城隍庙元碑拓本"。

5月5日（星期日）

晨，羽田氏赴抚顺。

下午，与打碑人一起赴黄寺，又赴沈阳馆挥毫。

逢投宿沈阳馆的中桥德五郎。

5月6日（星期一）

赴南洞氏处。

5月7日（星期二）

下午，赴宫殿与英坐办谈再拍前次拍摄不成功的二十余张照片之事（为此，赠英坐办、程会办各"右军书记"一份），立刻答应，随即顺利完成。

5月8日（星期三）

押上中将来电话，说好下午为他参观宫殿作向导。下午中将来，如约去宫殿，后一起去南洞氏处，一同拍照。

5月9日（星期四）

晨，高桥本吉、相贺照卿二氏从大连来。下午，为他们导游宫殿。

此日，归还《五体清文鉴》第二、第三函，同时，借出第四、五、六函。

5月10日（星期五）

赴南洞氏处，赴外务司。又访永清氏。再访外务司，相商星期日参观宝物之事。

访金作枢，不遇。

5月11日（星期六）

与羽田氏一起，赴文溯阁看书。

此晚，富冈氏登上归途，送至奉天车站。

5月12日（星期日）

大雨。

晨，岛村、宫内、田冈、森四位从大连来。下午，为他们导游宫殿，参观宫内宝物、图籍。

5月13日（星期一）

赴外务司，见卢翻译官。

今晚羽田氏登上归途，送至奉天车站。

5月14日（星期二）

下午，赴宫殿，归还《五体清文鉴》。观看翔凤阁所藏书画，有东坡《治平帖》、阎立本《职贡图》（宋时之物），均出色。

赴永清氏照相馆，领取结算清单。

5月15日（星期三）

原计划赴辽阳，由于凌晨大雷雨，暂时作罢。

此日由满铁兑换七百元。

晚，青木民治郎、泽原氏等来访。

5月16日（星期四）

上午，归还文溯阁《四库》书。寄京都书籍两箱。与永清照相馆老板一起，访赵国铤之遗族。

下午，到南洞氏处，核算照相费用，又到永清老板处，同样谈核算事。

晚上，赴总领事馆招待，归还此公所宿舍，移居沈阳馆。

此日孙葆瑨[①]、卢翻译官来访。曹彝卿来访。（完）

---

① 孙葆瑨：即前面《奉天访书谈》中的孙外务官。字幼谷，号石叟。"瑨"字应作"璕"，内藤误记。福建福州人，举人。光绪三十一年任奉天外务司总办。民国元年任奉天外务使。在此次及1912年奉天故宫拍摄史料事件中，为内藤作种种周旋相助。内藤曾作有《书孙幼谷寿言册后》。

游清杂信：宁波、杭州访书（1903 年）

　　我从天津到上海，滞留了四天，见了我的中国老朋友罗振玉，照例我们谈了许多有关金石古书的话题，使我得到不少有用的知识，我还得赠一枚汉代的瓦当①。罗振玉告诉我，宁波的旧藏书家范氏的天一阁和卢氏的抱经楼，现在仍然还存在，罗振玉特地给我送了四本天一阁现存书目。不久前，本邦曾有在地方上设置领事分馆的计划，因此，也有往浙东一带游历考察的兴趣。我们事前问好了路程及所需时间，因为还赶得上 27 日"博爱丸"的返航轮船归国，所以，就立刻邀同宫岛农商务技师、狩野直喜君、本社的堀君，加上两个中国人向导，于 16 日晚，乘上上海"江天"号汽船，向宁波出发，第二天清晨就到了。但是，天一阁以管书人不在为由，拒绝了我们。尽管我们还有道台惠树滋（森）的介绍信，但仍然被拒绝了。我们来到抱经楼，遭遇也一样，让我们真是大失所望。狩野就从这里回了上海。我们另外三人从 18 日开始在内河航行，前往余姚，这也相当不顺。宁波、余姚间只能小轮船通行，由于我们轻信旅社主人的介绍，说坐民船一夜就可以到达，所以，就雇了民船，要求到钱塘附近的西兴，结果别说一夜，到余姚就用了两昼夜。特别是在曹娥渡，要换船，宁波

---

① 即"瓦挡"，又名"瓦头"，建筑构件，用作房屋檐头筒瓦前的遮挡，防止风雨侵蚀，其中一部分有装饰纹，可分文字、动物、兽面、植物、几何纹等五类，对建筑也起着装饰美化作用。瓦当是我国特有的一种建筑装饰，一直沿用到现在。

的船主好像是个路路通，把我们换到了一个非常糟糕的小船上，又冷又脏，实在是无话可说。浙东地方是所谓山阴道中，水送山迎，犹如日本的农村，绝不似我们一般概念中的大陆性地域，是个非常有魅力的地方。以王阳明为代表的浙东学派，与这里风土的关系也是令人寻味的。因为实在是怕冷，就日夜蛰伏在船篷之中，也未能很好地欣赏两岸的美丽风光，实在是遗憾。在余姚龙泉山，拜祭了阳明先生和严子陵祠，在绍兴，受到徐观察一家的热情招待。从到宁波以后的第六天，到了杭州，参观了文澜阁《四库全书》，以及号称浙江第一的丁氏八千卷楼①的十万卷左右的藏书。此行的成功之处，是借抄了丁氏藏书中我邦所没有的《元典章》这类书籍。八千卷楼有宋元版二百多种，其他明版古抄善本二千余种，实在是非常了不起。至于参观文澜阁《四库全书》事，我当然要另外为文详细记述，同时，也将附带涉及丁氏藏书，因为现在的丁氏与文澜阁有着相当深的关系。

---

① 八千卷楼：清钱塘（今浙江杭州）丁国典藏书楼名。清末四大藏书楼之一。国典慕其远祖藏书八千卷，故名其楼。多藏善本。其孙丙、申沿用其名。丙得文澜阁剩余藏书，并于太平天国期间大力收书，又建"小八千卷楼""后八千卷楼"，总称"嘉惠堂"。丙子立中辑有《八千卷楼书目》二十卷，可考见其藏书大概。

游清第三记：1905 年的奉天宫殿调查

8 月 24 日

上午赴宫殿，清官尚未到。因赴军政署问故，不得要领。答曰：下午三时许当开门。在军政署获得在宫殿内拜观五日的许可证，再赴宫殿。外务官杨文瑞霭亭来，与他说了在军政署交谈的事。杨乃去，找来外务司总办孙葆瑨，与之笔谈，始得要领。

此日，观宫殿翔凤阁内宝物书籍。

8 月 25 日

小越平陆氏来访。

赴宫殿，观飞龙阁及太庙内宝物。

泉濑沼来访，不遇。

8 月 26 日

泉濑沼来访。

赴宫殿，观崇政殿、凤凰楼及敬典阁中之玉牒画图。送赵国链麦酒一箱。

8 月 27 日

赴宫殿，观崇谟阁实录、战图及清宁宫等。崇谟阁中有天聪、崇德年间汉文旧档册，记着"金国汗"云云。

朝雷雨。夜，川上贞信氏来。

8月28日

观文溯阁。观毕，至军政署面见小山少佐，要求延长宫殿观览的时间三天，获准。谈话中，听说东京大学的市村（瓒次郎）[1]、伊东（忠太）[2] 诸人也来了奉天，转而赴总司令部，访古川副官询问此事。因为我已经进过宫殿，而市村他们明天将参观宫殿，因此，打电话给他们，相约来时先到我的宿舍。

8月29日

市村、伊东及其他三人来访。他们先往总司令部，我们后去宫殿。等我们到宫殿，他们已将宫殿外观参观完毕，将往翔风阁，我带他们入阁中，又看飞龙阁及其宝物。出来后，参观大政殿。毕，小憩。再赴文溯阁。市村等先行离去，我等再访古川副官，请求重填城门出入证，约好一起观看敬典阁行乐图。回到宿舍，市村氏等人又来访。遂同往观黄寺。川上贞信氏来访，相约明日同往再访宫殿。

8月30日

至宫殿，市村、伊东二氏、古川副官、川上贞信氏已先到，同

---

① 市村瓒次郎（1864—1947）：日本东洋史学家。字圭卿，号器堂。东京帝国大学教授。其代表作为《东洋史统》，还著有《中国史》《中国史研究》《中国史要》《东方史要》等。

② 伊东忠太（1867—1954）：日本建筑史学家。先后六次来华实地进行建筑考古，一生致力日本传统建筑以及亚洲建筑的研究，著有《中国建筑史》《中国建筑装饰》《东洋建筑研究》《日本建筑研究》《见学记行》等。

观敬典阁玉牒、行乐图。毕，古川副官先去。再往崇谟阁，观实录、战图及旧档册。市村、伊东二氏赴总司令部，我等赴文溯阁。市村等再来文溯阁。毕，市村氏赴军政署，我等回宿舍。大学诸人的行李运在我等房间，盖诸人明日将赴开原地方。市村氏又来辞别。

8月31日

川上氏来，同赴文溯阁。观毕，往总司令部访福岛少将，交托关于行政调查事宜。夜，雨。

9月1日

午后雨霁。夜，川上氏来。

9月2日

访深水氏，访高田少尉、有贺博士，一同往骨董铺。

往外务署，访杨霭亭于其家，其云：因病二日未进食。

9月3日

赴小南关访韦纪维，不在。赠以银票十元。又往文溯阁访田璞，赠银票十元。田固辞不受，强致之，归。访杨霭亭，不在，又赠十元，自写便条说明。给孙葆瑨幼谷赠书及笔，交托其妻，归。

购得《兜沙经墨帖》。

9月4日

韦、田二人来访。韦欲归还赠金，强予之，乃接受，相约明日请我等二人观看文庙丁祭。下午,往大北边门里访王者馨①。途中参观火神庙、财神庙。王招待晚餐。

9月5日

田璞遣车来迎,乃同往文庙。祭已毕,遂至天乐园。韦、田二人招待午餐。

访有贺博士、高田少尉,访川口大尉、鹭见大尉。归途访赵国铤。

朱成喜来访,不在未逢。朱赠我念珠及扇。

9月6日

访岛福少将,因少将事多未遇。访井深氏,也不在。

此日,市村、伊东等五人从开原归,入三贤祠借宿。夜川上氏来云,西本愿寺连枝一行前天自北方归。

9月7日

与市村、伊东诸氏前后到总司令部,面见古川少佐,又见福岛少将。少将云明日将旅行,行政调查事尚未与将军府交涉。总之,等归沈阳之后再说。与市村一起面见高田少尉,又访有贺博士,博士正在起草“休战条约”。与鸟居(龙藏)氏②一起访本愿寺宿舍,观黄寺。

---

① 王者馨,字兰亭,奉天府学教授。1902年与第二次来中国的内藤湖南相识。
② 鸟居龙藏(1870—1953):日本的民族学家、人类学家、考古学家。曾到东西伯利亚、库页岛、千岛、朝鲜,以及中国的东北、西南和台湾、内蒙古等地进行调查。先后任东京大学、上智大学、燕京大学教授,著有《苗族调查报告》《中国西南部人类学问题》等,其著作汇集为《鸟居龙藏全集》十二卷。

9月8日

与鸟居氏一起访高田少尉，助理拍摄满洲妇女的照片。后赴宫殿，与市村、伊东诸氏同观翔凤阁。归途与鸟居氏同观城隍庙元碑（孙幼谷来，有回信及所赠《奉天舆图表》）。

9月9日

又往翔凤阁观藏品。下午，与鸟居氏同往清宁宫观藏品。归途访杨霭亭。又访深水氏。晚，大谷尊由师、渡边氏来访。

9月10日

上午雨。与渡边氏等帮助鸟居氏一起，往黄寺测量喇嘛僧的头形。又赴翔凤阁。因大熊氏欲拍照，一起往崇政殿前。

9月11日

鸟居氏赴北方。与市村、伊东诸氏观御花园、昭陵、北塔。高田少尉同往。

9月12日

下午，赴黄寺，拍摄喇嘛僧跳打装束照片和鸟居氏委托拍摄的蒙古人头形照片。市村、伊东诸氏、渡边氏同往。下午，与市村、伊东诸氏同往观三清真寺。

9月13日

朱氏之子与其二少友来。不久，朱、杨二氏同来。二人劝去看戏，遂与市村氏同往长乐园看戏。夜，在市村氏舍内设宴观月。

蠹鱼谈

高楠文学博士发表在《言语学杂志》第 8 期上的短文《百年前的〈渡清纪行〉》，很有意思，是介绍乔治·马戛尔尼（George Macartney）伯爵出使清朝的旧事的。《渡清纪行》大概指的是马戛尔尼回国四年后即 1798 年出版的书籍，很遗憾，我尚未有机会通读全书，但我读过相关的中方记载。王庆云《石渠余纪》中有《纪英夷入贡》一文，从 1792 年（乾隆五十七年）到 1794 年（乾隆五十九年）的国史实录中辑出资料，颇能对此事道尽始末。相关记录还散见于王先谦的《东华续录》，书中使臣马戛尔尼指的是 Macartney，副使臣斯当东指的是 George Leonard Staunton。书中写到侍郎松筠受命护送两人回国，松筠是满人，却精通宋学且钻研地理学，颇有名。还写到马戛尔尼伯爵前往谒见乾隆帝时，皇帝正于热河避暑等，写得比较简略。此时乾隆帝交给英国使臣两道上谕，有两千六百余言，《石渠余纪》《东华录》二书皆予以详细记载。如果将博士所藏的英文原作《渡清纪行》与中文书对读，一定趣味多多，且足以鉴别当时两国记载的真伪。我期待异日再向高楠博士咨询。

此外，博士记载了此次拳匪事变使翰林院变为焦土之事，为满洲藏经的烧毁深感惋惜。据欧洲探险者所言，翰林院此事应为杜撰，余也对翰林院藏有满洲藏经一事抱有怀疑。礼亲王《啸亭续录》（写于嘉庆初年）记载了清字经馆之事：

乾隆壬辰（三十七年），上以《大藏佛经》有天竺番字、汉文、蒙古诸翻译，然其禅悟深邃，故汉经中咒偈，惟代以翻切，并未译得其秘旨，清文句意明畅，反可得其三昧。故设清字经馆于西华门内，命章嘉国师经理其事，达天、莲筏诸僧人助之，考取满誊录、纂修若干员翻译经卷。先后凡十余年，大藏告蒇，然后四体经字始备焉。初贮经板于馆中，后改为实录馆，乃移其板于五凤楼中存贮焉。

当时若有经板，余以为其刻本不止欧洲人所说的两部，而且若五凤楼指的是禁城午门的楼上，或许如今还能在那里找到经板也未可知，应托侨居北京的有志邦人去寻找。（五年后，余于奉天北塔发现《满文大藏经》，二十余年后，加地哲定才于五凤楼下发现清文经板。）

前引的清字经馆文章中，章嘉国师就是喇嘛黄教高僧。国师为甘肃西宁人，熟悉佛教经卷，受乾隆帝优待。帝尝以法司案卷令师判决，师合掌曰："此乃国之大政，皇上理应与大臣讨论，非方外人所敢预也。"又国师所住寺院与某相国（应该指的是乾隆时期的权臣和珅）相邻，师恶其为人，不与往来。蒙古番僧哲敦为成吉思汗后裔，或许当时其弟喀尔喀亲王额林沁被帝赐自缢，故积怨叛谋。章嘉作札交给白某，以谕折服。章嘉受戒甚严，晚年病目，能以手扪经典尽识其字。因为说到满文经卷之事，附记于此。

翰林院烧毁，《永乐大典》化为乌有，此事古城坦堂每日有记载。若此为坦堂目击就不应怀疑，实乃东洋文物之大厄。据《明史·艺文志》著录，《永乐大典》二万二千九百卷。永乐初，解缙等奉敕编《文献大成》既竣，帝以为未备，复敕姚广孝等重修，四历寒暑而成，更定是名，成祖制序。后以卷帙太繁，不及刊布。嘉靖中，复加缮写，册数及一万一千九十五册。虽然清康熙帝称《古今图书集成》为书城

68

巨观，实则多转引自《永乐大典》，只是未说明。乾隆帝开四库全书馆，遍搜天下遗书，得一万三千七百二十五种，然此内过半出自《永乐大典》。且明时坊刻诸本疏卤杜撰者，皆根据收入《永乐大典》的进行校勘，勘误是正者不胜枚举。可以说，《永乐大典》是古籍丛荟、掌故渊海。我曾提议，在我邦近年东洋学研究获得重大进步之际，应命在北京的文部留学生等谋划传抄。这次事变初起，我就颇担心此书存否，匪人一炬竟至此灾，端王刚毅罪恶贯盈，而此事可谓首恶。除此之外，更忧心文溯阁《四库全书》及国史、方略二馆之实录、方略这些资料。说起来近来奉天落入俄国人之手，那里的文溯阁《四库全书》三万六千卷又将如何呢？

明治三十三年（1900）十月二十九日《大阪朝日新闻》

应向中国派遣"奇籍采访使"

　　李木斋^①称《永乐大典》零本散落于中国民间，往往为藏书家珍藏。盖自明末起，翰林学者传抄各自所好之书。去年来游的文芸阁，亦抄录《元经世大典》两巨册，其中的《元圣武亲征录》上可见姚士达跋文，问之芸阁，答确实有之。因谋划借书抄录之事，芸阁诺之，然其后遭世变，芸阁不能归乡，也未能履行此约。

　　《元经世大典》八百八十卷，目录十二卷，公牍一卷，纂修通议一卷。据倪灿《补金元艺文志》和钱大昕^②《补元史艺文志》，文宗天历二年，中书平章政事赵世延、奎章阁侍书学士虞集受命为编修《经世大典》的总裁官，奎章阁承制学士李洞、授经郎揭傒斯、艺文少监欧阳原功、艺林库使王守成等预修之，至顺三年二月修成呈送。焦竑《国史经籍志》和乾隆《四库提要》上都未有记载，却在《永乐大典》

---

① 李木斋：即李盛铎（1858—1937），号木斋，江西德化（今九江）人。藏书家、版本目录学家，精于校勘。光绪十五年进士。曾任翰林院编修、江西道御史、京师大学堂总办，出使日本、比利时大臣，太常寺卿、山西巡抚。民国时任北洋政府大总统顾问、参政院参政、国政商榷会会长等职。晚年及身后藏书散出，大部分藏书现藏于北京大学图书馆。

② 钱大昕（1728—1804）：清嘉定（今属上海市）人。字及之，一字晓征，号辛楣，又号竹汀。乾隆进士。历主钟山、娄东、紫阳书院。经史百家，天算地舆，无所不通。尤精金石小学，善隶书，著述等身。辑有《潜研堂丛书》二十种、二百五十五卷。著有《潜研堂集》。

中收有。负责编修的虞、揭、欧阳三人是元代文学大家，李洞、王守成亦各有文集，费四年纂修成书，可以想象他们都是对制定元时典制有益助的人。

文芸阁说，他还收藏了蒙文《元朝秘史》。此书的汉文译本同样收于《永乐大典》内，道光中，由张穆（字石州）从中抄录出来并刊行，至今通行于世。钱大昕说：元太祖，创业之主也，而史述其事迹最疏舛，惟汉文译本《元朝秘史》叙次颇得其实，其详细更胜《元圣武亲征录》，它虽是正元史疏谬的重要材料，但将地名、人名译出汉字时，大有省略。巴拉第·卡法罗夫的《中世东亚事迹考》考证了蒙文《元朝秘史》原书，足资参订，犹不如原书更方便。据文芸阁所说，已故侍郎李文田所得之书，与他的一样，都是抄录自已故国子祭酒宗室盛昱所收藏的《元朝秘史》原本。自李文田殁后，未知其书如何。盛昱家族因为此次变乱，离开北京去往何处，下落不明，事见当时《中外日报》。文芸阁也答应借给我抄录蒙文《元朝秘史》，但此时也尚未兑现，唯有祈愿早日平镇变乱。

祭酒盛伯熙（盛昱，字伯熙）去世仅四十余岁，侍郎李仲约（李文田，字仲约）六年前殁，文芸阁将他们引为第一知己，深悼他们的去世。盛伯熙精通金石之学，收藏古铜鼎器，他所撰著的《郁华阁金文》四十卷，并未刊布。这些珍器奇籍，如今又怎么样了？想起来让人担忧，在这个变乱的时期。

文芸阁告诉我，据李木斋说，宁波的冯氏藏有宋本《修文殿御览》。余还未向木斋亲证此事，但毕竟这种事情不是没有可能，尤其是稀世珍本。当今类书最齐全且珍贵的是《太平御览》，虽然我邦存有其宋刻足本，足以藐视中国的不完整宋本，而《修文殿御览》引用了《改元部类》《元秘别录》等，现在未绝。（我推测，信西入道书目中的《御览》指的是《修文殿御览》吧，虽没有明证。）阮元为仿宋本作序说：北宋初，古籍未亡，其所引秦汉以来书约一千六百九十余种，考其书传至今日者十不足二三。然则保存了御览一书，即保存了秦汉以来的千余种佚书。南宋陈振孙的《直斋书录解题》（转引《文献通考》），以前朝《修文殿御览》《艺文类聚》《文思博要》等书为条目修纂而成，而引用《修文殿御览》处为最多。不能说国初古书尚已灭绝，特别是靠前述诸类书，根据三朝国史来考量，馆阁之书与禁中之书总计三万六千余卷，许多收入在《修文殿御览》中。就是说，《太平御览》所引用的古书，有隋唐《经籍志》《新唐书·艺文志》所没有被载入的，而《修文殿御览》所引用的古书应该更多，比起《艺文类聚》来，《修文殿御览》也是更古老且卷帙浩瀚。所以《修文殿御览》的出世，夺去了《太平御览》的一半光彩。《修文殿御览》的撰写比《太平御览》早四百年，若用锌版凸版技术来影印这些书，并不难吧。以此次变乱为契机，学术界最大急务是应该向中国派遣"奇籍采访使"。

明治三十四年（1901）三月十一日《大阪朝日新闻》

应向中国派遣"书籍采访使"

惨哉！中国兵革之祸，其人民填沟壑，野无青草，春燕归林巢等大处，自不待言。而其文献沦丧，后世无征之叹，亦为甚矣。

秦氏焚书，虽然现在如康南海者，尚认为其博士所藏，未尝焚毁，六经无一残缺者，然而焚天下之书，士庶诵习，一度断绝，康南海对此亦无异词。刘歆总览群书，著《七略》，凡三万三千九十卷，而王莽之乱，又焚烧无遗，是秦朝以后的第一次书厄。然其所焚盖中秘之书，天下之书并未与之同焚，是以光武中兴以后，兰台石室所藏充盈，皆为学者远负卷帙至此，遂于东观、仁寿阁集新书，班固、傅毅等典掌之，今虽不知其详，而据班固《汉书·艺文志》著录，也有大凡一万三千二百六十九卷，是班固在校书时，删刘歆《七略》辑要而成，可知班固是曾经亲眼见过《七略》的。

及董卓迁都之际，吏民扰乱，自辟雍、东观、兰台、石室、宣明、鸿都等处所藏典籍文章，竞共剖散。其中的缣帛图书，大的连缀成车的帷幔和顶盖，小乃制成藤箱的囊饰；及王允所收而西者，载七十余乘，道路艰远，复弃其半矣。光武帝迁还洛阳时，其经牒秘书载之二千余辆，自此以后，叁倍于前，其亡失之多可知。加之长安之乱，一时焚荡，莫不泯尽，此秦以后第二次书厄。

魏氏代汉，采掇遗亡，四部之目自此而始，唯子史次序与现在的四部相反，合二万九千九百四十五卷。然晋遭惠怀之乱，石渠文籍靡有孑遗。东晋初，渐更鸠聚，与魏《旧簿》比较之，仅存三千一十四卷，也就是仅十分之一也，此乃秦朝以后的第三次书厄。

及至宋武帝入关，收其图籍，府藏所有才四千卷，江北诸姓，兴废无常，文运衰退。元嘉八年，谢灵运作《四部目录》，大凡六万四千五百八十卷。元徽元年，王俭做目录时，大凡一万五千七百四卷。齐永明中，谢朓作目录时，大凡一万八千一十卷，盖因谢灵运目录以外，又另加收集而来。齐末兵火，延烧秘阁，经籍遗散，其烧者数量不详。梁初，任昉于文德殿内收集众书，大凡二万三千一百六卷，而释氏之书在此外，当时所作目录为《文德殿目录》，非四部目录，其术数之书，更为一部，其总数二万有余。及至阮孝绪作《七录》时，史称文物方盛，家家有文史。至元帝，最好文学，及平侯景，收集文德之书及公私经籍，归江陵时已有七万余卷，及至破魏，有"文武之道，今夜无尽"之称，焚古今图书十四万卷，此乃秦朝以后的第四次书厄。

陈天嘉中，又更鸠集，若考其篇目，遗阙尚多。至北朝，后魏道武帝闻书籍有益神志，大收书籍，孝文帝更向齐国借书并抄录，又于尔朱之乱中散落尘世。北齐后周，亦以搜集为任务，然而后周保定之始，书只八千，后稍加增，方盈万卷。及至周武平北齐，先封书府，所有旧本，才至五千。及至隋朝一统，广泛搜访异本，实则因牛弘上书。牛弘以秦朝焚书、王莽之乱、东汉之末、刘石之乱、梁元帝之焚毁为五次书厄。今御出单本，合一万五千余卷，部帙之间仍有残缺，较梁之旧目，只及其半数。及平隋陈，补续残缺，至三万余卷。隋炀帝时，最珍重书籍。唐初，撰《隋书·经籍志》，四部合一为一万四千四百六十六部、八万九千六百六十六卷，然其著录者总经传存亡，合并道佛，合计六千五百二十部，五万六千八百八十一卷。其中四部经传仅存三千一百二十七部，三万六千七百八卷。清乾隆中，章宗源著《隋书经籍志考证》，今独存其史部，《隋书经籍志考证》著录的图书，如今全存者十无二三。宋太宗敕令撰《太平御览》，引秦汉以来的书多至一千六百九十余种，但未必是当时全部的存书，当时古书之丰富可见，而今所存又十无二三。盖唐宋以后，虽然书籍丰富日益增多，也不能免除像前代一样屡遭灾厄，故唐开元间，有八万九千六百卷，而到宋庆历间，做《崇文总目》，只有三万六百六十九卷，南宋《中兴馆阁书目》，有四万四千四百八十六卷，不及唐代之数。历代亡佚书籍，大概知有几十万卷也。

及至最近，犹如《永乐大典》在咸丰中英法联合军入侵时亡失一样，此书有"古书之渊丛"之说，数年前，所存不过九百余本，而此次团匪之变，竟归灰烬，散佚殆尽。七月十二日的《中外日报》上，有文如下。

探得国史馆总裁，英法联合军入城后，已具体呈奏馆中大概情形，大约本朝国史尊藏于各处，均已不齐，惟有史馆尚无恙。按尊藏内廷的历朝实录，似亦已散失。本馆曾见一西人从京中携出《太宗实录》三套，其一套为汉文，共六册，第八卷起于崇德二年七月，至崇德三年七月止。另二套则为满文，共六册，其书皆作成册，页式为每页十八行，每行抬头相连，共十八字，书面及套面皆为大黄色的云凤纹，紫薇缎为之。闻该西人将携归本国，存诸博物馆。

以此可知，此次事变对文物是何等灾难。文渊阁《四库全书》《天禄琳琅书目》等所载古书，其存否究竟如何，消息杳无，甚是关心也。

毋庸置疑，中国书籍在东洋文物中占有最大量和最重要的部分，而其邦变乱无常，灾厄波及文物，其古籍之残缺，则往往传于我邦，

《佚存丛书》《古逸丛书》所收足证。因此，今天，为了东洋文物的保存，为了防止中国书籍的又一次散佚，还不如将副本收藏于我邦。所以，余认为，作为东洋文明事业最重要的担当者，我国政府应该向中国派遣"书籍采访使"。

乾隆《四库全书》藏于文渊阁、圆明园、奉天、热河、扬州、镇江、杭州七处。其中存放于扬州、镇江的《四库全书》焚于发贼之乱，圆明园的《四库全书》毁于英法联军，奉天的《四库全书》大概现在亦被俄军掠走，文渊阁的《四库全书》的存亡，尚不明了，只剩下热河和杭州的《四库全书》。像杭州的文澜阁，派遣我邦人去采访书籍，是最为方便的，而且杭州的藏书家，又有《永乐大典》的辑佚本，这就像武英殿聚珍版还保存了抄本数百种一样。如果到那里悉心采访，长久散失世间的珍篇奇籍，往往就能显现。据说宁波一位藏书家，就收藏有完整的《修文殿御览》。至于下及近世清朝人的著述，其可资经学、史传的考证，而未传入我邦者，在所尤多也。若再度蒙乱，其书随之亡失，亦未可知，如此东洋文献之徵实，将更加艰难矣。所以，今日书籍采访之举，实属于不得已之举。

弗里德里希·马克斯·缪勒（Friedrich Max Müller）的藏书，作为富豪寄赠，有幸收藏于东京大学。近来富豪往往有如此笃志之人，向图书馆寄赠图书、兴办学校等，如果政府当局劝导奖挹得当，让他们也资助赴中国采访书籍的事情，不是不可能的，关键在于当局对此等企划的热心重视程度如何。这与其说是对于东洋学术之贡献，不如说有更重要的意义。

明治三十四年（1901）八月《日本人》第一四四期

《元圣武亲征录》的翻刻

作为元史的参考书，《元圣武亲征录》可以与《元朝秘史》比肩。《四库全书提要》存目中记载了此书，史学大家钱大昕首次对此书进行考证，翁方纲家又出现一个版本，其后徐松、张穆等史家相传进行简略的校勘，到何秋涛时开始荟萃群书进行详细的校勘，近年李文田、沈曾植、曾桐、文廷式、朱珩等人进行校勘，由此才开始付梓出版。我所见有两种刊本，一是何秋涛本，也就是我最初从中国得到并带回的版本，一是李文田增注本，是之后湖北梁鼎芬赠送给那珂博士①的版本。比较这两个版本，李注本是较晚出的，其校勘的精细程度理所应当优于很多版本。田中文求堂分店主（地址为东京本乡四丁目，本店在京都）去年到中国带回了另一本，其在史学上极有价值且版本非常珍稀，因此最近得以翻刻面世。翻阅这本别人寄赠给我的新书，以此为据与我收藏的版本相比较，除了缺少张穆的序、姚世达的跋，以及勘误以外，首尾皆是相同的。文求堂对李注本并未校勘，其书中引用《元朝秘史》的条目中，有写作"蟒裡"这样的文字，这是因为在

---

① 那珂通世（1851—1908）：日本岩手县人，明治时期的著名东洋史学家。致力于中国、日本及朝鲜古代史研究，尤其在中国元朝史研究上成果显著。1890年那珂通世写成《支那通史》，以欧洲文明中心框架重新分析中国。1901年获得文学博士学位。1903年出版《东洋小史》《东洋史略》。1906年被派到中国研究东方史。曾翻译蒙古文《元朝秘史》等。

《秘史》的"豁"字左侧标记着小小的"虫"字，"里"字左侧标记着小小的"舌"字，本是作为发音记号的，出版者并没有详细检查，当作是一个字了，这次的翻刻本也是如此，没有来得及改订，是一个遗憾。无论如何，翻刻这样的珍稀本是对于史学的贡献，文求堂这种不以盈利为目的出版学术书籍的用心，值得赞扬。李注本去年以来，那珂博士进行了再次补注，约定由史学会印发，想来现在应该已经完成，不知它的出版能不能达到完美的地步。

明治三十四年（1901）十二月二十九日《大阪朝日新闻》

蒙文《元朝秘史》

　　钱大昕校订《元史》，多处用《元朝秘史》的资料，引起史学家对此书的重视，经过张穆校订，收入灵石的杨氏《连筠簃丛书》，近年更有石印缩印本，也有传来日本的，引起我邦东洋史家的重视。但是，连筠簃本中，仅收录汉译文而删去蒙古原文和直译汉文（用汉字填以蒙音），省略地名、人名，这种做法完全没有理由。不仅如此，书中有幸保存的元蒙古文的资料，也被此书删除了，致使读者不能对原文进行更为深入的研究，是最遗憾的地方。及至近年，顺德李文田得到了蒙文原本，据此做《元朝秘史注》，洪钧做了《元史译文证补》，陆润庠为之作序。听说去年，田中文求堂在北京得到此书并带回，归于市村瓚次郎的收藏，我还没有机会寓目。

　　文廷式（字芸阁）前年来访，我因此前已经在上海与他结识，交往最款洽，日夕相随，以笔代舌，商榷古今，说起元史时，提到芸阁藏有蒙文《元朝秘史》。也就是与李文田一起，从国子祭酒宗室盛昱的原本抄录而来的抄本。芸阁说，自己生平相交最亲、最推许的就是这二人，可惜李氏前五年去世，盛昱去年去世①。我在他回国后，求他寄来抄本。之后且持此书往见那珂通世、白鸟库吉、桑原

---

① 作者记忆有误。李文田 1895 年去世，盛昱 1899 年去世。

79

隰藏①三人。三人是当今最精通东洋史的人。那珂氏也表达了想要一读蒙文《秘史》的意愿。芸阁归国后，没过多久就遭遇了拳匪之乱。我也从东京来此地操觚（指在大阪朝日新闻社工作），以关注评论时务为急要，无暇向芸阁询问此事。这次白岩子云从上海归来时，芸阁将蒙文《秘史》抄本托他交给我，并附有一封书信。写道：

炳卿仁兄大人阁下：

　　岁月易得，别来行及二年，思忆之情无时或释。想同之也。敬维令问昭彰，起居佳胜，幸甚幸甚。时事之变无可复言。仆闭门却扫，不与世事，此白岩君所知。近问台端将入承明重讲席，为天下所钦仰，此可慰耳。蒙文《元秘史》已募人抄写一部，敬以寄上。沈子培刑部云，伊所撰《蒙古源流事证》。承君转索，甚愿请益。惜前录清本，为肤筐者取去。兹已重写，成时即当奉寄也。仆前在贵国时，见岛田君家有郎晔注《经进东坡文集事略》六十四卷，此书散邦久佚，如能影抄见寄，足传眉山老人精神，感何可言。一切抄写之费，当随寄还。渎请之至。天寒诸望为道自爱。不宣。

　　大阴历十二月朔日文廷式顿首。

　　其书六大册，有蒙文《元朝秘史》十卷、续二卷，分卷也与以前刻本的十五卷相同。芸阁在其卷首亲写题跋道：

---

① 桑原隰藏（1871—1931）：日本东洋史京都学派代表学者。1896 年毕业于东京帝国大学汉学科。先后任教于东京高等师范学校与京都帝国大学。长期致力于中国史与东西交通史方面的研究。著有《中等东洋史》《东洋史说苑》《蒲寿庚考》《东西交通史论丛》《支那法制史论丛》《考史游记》等。

此书为钱辛楣先生藏本，后归张石洲，辗转归宗室伯羲祭酒。余于乙酉冬借得，与顺德李侍郎各录写一部，于是海内始有三部。其中部落之名，同功之将帅，汉文刊落者太多，得此可补其阙。又元时蒙文今无解者，故元碑多不可读，若用此书，合陈元靓《事林广记》、陶南村《书史会要》各书，互证音译，或犹可得十之三四乎。日本内藤炳卿熟精我邦经史，却特一代尤所留意。余故特抄此册奉寄，愿与那珂通世君详稽发明，转以益我，不胜幸甚。

清光绪二十七年十二月朔日萍乡文廷式记。

以此可知此书的由来。芸阁序中所说伯羲祭酒就是指盛昱。拳匪之乱后，上海《中外日报》报道了他的家族不知所踪的消息，其遗书今天是否尚存也不得而知，同时也就意味着此书在世间的珍稀，因为芸阁的厚意将此书传入我国，不仅令我与那珂十分欣喜，实在也是史学界的一大快事。（附笔，序中的"却特"二字即《元史》的"奇渥温氏"，《蒙古源流》《三史国语解》等清朝的许多书中，皆写作"却特"。）

陈元靓《事林广记》、陶南村《书史会要》皆是芸阁的藏书。《事林广记》的丁集中有"蒙古篆文百家姓"。对于真蒙文，虽然本邦刻本的字体错误很多，但如果得到善本并精订，参照《书史会要》所载的蒙文字母，应该不难领会其缀字方法，通过它应该就能将《元秘史》翻译成真蒙文本了。《事林广记》庚集中，收录了"至元译语"一卷，是将蒙古语五百多句话对译成汉语，虽然也不是完全没有错误，然而此书和《元史》足以相互对照阐明，加上乾隆钦定的《三史国语解》等参考修订，应该有很多收获。因此，蒙文《元秘史》的研究，不仅对于《元史》来说有很大的阐明作用，而且也是研究元时蒙古语的最重要资料。刊本《秘史》中，引顾炎武《日知录之余》中"华夷译语"之一节曰：

洪武十五年正月丙戌，命编类《华夷译语》。上以前元素无文字，号令但借高昌书，制为蒙古字，以通天下语。至是乃命翰林侍讲火原洁与编修马沙亦黑等，以华言译其语，凡天文地理、人事物类、服食器用，靡不具载。复取《元秘史》参考，纽切其字，以谐其声音。既成，诏刻行之，自是使臣往来朔漠，皆能通达其情。

由此可知，从明初开始《元秘史》已经是研究蒙古语的重要资料，这种对音填字的方法也合乎音韵的原则，并不是漫然杜撰的东西。

此书开头有一序，不知何人所撰。其述书之由来一节，可补芸阁记载之未逮。因此一并录于下。

《元朝秘史》载《永乐大典》中。钱竹汀少詹家所有，即从之出，凡首尾十五卷。后少詹闻桐乡金主事德舆有残元椠本，分卷不同，属彼记出。据以著录于其《元史艺文志》者是也。残本主事尝携在吴门。予首先见之，卒卒未得写录。近复不知归何处，颇用为憾。去年授徒庐州府。晋江张太守许，见所收影元椠旧抄本，通体完善。今年至扬州，遂怂恿古余先生，借来覆影此部。仍见命校勘，乃知异于钱少詹本者。不特分《元朝秘史》十卷续集二卷一事也。即如卷首标题下分注二行，左"忙豁仑纽察"五字，右"脱察安"三字，必是所署撰书人名衔，而少詹本无之。当依此补正。其余字句行段，亦往往较胜，可称佳本矣。校勘既毕，记其颠末如此。若夫所以订明修《元史》之疏略，少詹题跋洎《考异》中见其大概。引而伸之，惟善读之君子，兹不及详论云。

至于《元史》之疏漏讹误，虽然洪钧已提出异议，然而《秘史》的价值并未因之有所减少，况且它作为语言学的资料这一点，尤其是其他书所不能及的。

正如芸阁信中所说，沈子培刑部（名曾植，嘉兴人）也有意将他的名著《蒙古源流事证》惠赠与我。子培是当今清国第一流的史学家，其学问精深渊博，超过了洪文卿（钧）与李仲约（文田）二人。近年以来，《元史译文证补》传来日本，《元圣武亲征录》已经过文求堂的重刊，那珂氏的增注本完成后，也将由史学会刊行。市村氏藏有《秘史》李注，而且现在蒙文《元秘史》已经传来，如果沈氏的《蒙古源流事证》再到来，加上我向芸阁所求得的《元经世大典》、耶律铸的《双溪醉隐集》等都能到日本的话，元史研究的资料就会更加丰富。其所记述阐明之处，庶几可与多桑（A.C.M.D'ohsson）、霍渥斯（Henry H. Howorth）、布莱脱胥乃德（Emile V. Bretschneider）等诸人抗衡了。我寄诚心于诸位先辈，同时也藉以自勉。

明治三十五年（1902）二月三日《大阪朝日新闻》

消夏录

《元朝秘史》李文田注

最近，我从京都文求堂得到李文田注《元朝秘史》一本，之前听说这书归市村瓚次郎收藏，现在我也得到了一本，这书大量传来日本，应该说是史学的一大幸事。我在写关于蒙文《元秘史》介绍一文时，曾说过其序文不知何人所作，现在看到这本书，才知道应该是顾广圻①所撰写的，收在其《思适斋集》中，题为"元朝秘史跋"。李文田的注应该根据《永乐大典》十五卷，而不采元椠本十二卷，只是在注间记注了元椠本分卷的情况。虽征引广博，备采异闻，然而史实的考证未必精确。陆润庠为《元史译文证补》作序说，李氏得蒙文而作《秘史注》，然而李注往往未能比勘"影元椠蒙文"，其史学价值不及洪氏之书。栏外文芸阁的案语，颇为切中要点，多有补充原注缺漏处。文氏曾和我言及此事，称李若农不是舆地学专家，现在读此书，才知道他说的没有错。

---

① 顾广圻：即顾千里（1766—1835），名广圻，号涧薲，别号思适居士，人称"万卷书生"。江苏元和人。清代著名藏书家、古籍版本学和校勘专家，被誉为"清代校勘第一人"。于经、史、小学、天文、算术、舆地、九流百家、诗、文、词、曲，无所不通。

蒙古文

文芸阁的序中，列举了《书史会要》《事林广记》作为蒙文的参考书。我认为《武备志》也是最有力的参考书，其《北掳考》中列举的蒙文数量比《事林广记》的《至元译语》要多得多。至于《书史会要》，它的抄本很多，想要得到优质的版本很困难，因此，蒙古字的参考，可以使用《元史类编》的八思巴传。另外，我曾提到过的《华夷译语》现在在北京内阁东大库书目中，山本北山的《日本外志》（松下见林《异称日本传》作续作）引用书目中也有这个书名，应该是有流传到日本来的，只是现在不知它在何处。

逸书谈

说到流传下来的散佚典籍的逸文，中国人往往举出裴松之《三国志注》、郦道元《水经注》、刘孝标《世说新语注》、李善《文选注》、《艺文类聚》、《初学记》、《太平御览》、《群书治要》、玄应的《众经音义》、慧琳的《一切经音义》等（其中《群书治要》和《一切经音义》完整保存在日本），直到宋以后，这样的例子也很多。

《永乐大典》中保存了数种逸书。春天的《史学杂志》上，市村瓒次郎做中国书籍散亡论的序，举出陈振孙《直斋书录解题》与晁公武《郡斋读书志》有所著录而后世失传的史籍，有赵甡之的《中兴遗史》、郑望之的《靖康奉使录》，何烈的《靖康拾遗录》，汪藻的《裔夷谋夏录》，李大谅的《征蒙记》。这些书的完全版本，尚不知今天是否存在。其中徐梦莘《三朝北盟会编》中引用的文字，今天大部分犹得以保存。《三朝北盟会编》中引用的书甚为丰富，大抵现在已散亡，根据《四库全书总目》《建炎通问录》《维扬巡幸记》《靖康小雅》等书，就是被此书引用，而抄录成书。此外《金虏图经》《正隆事迹》等，在《四库全书存目》中可以见到书名，但并不知有无传本，在此书中也全部引用，得以保存。由于此书的体制，引书大抵都是按原文的样子抄录，涉及俗语的地方也不加删除，具有极高的史料价值。

市村氏又在明《文渊阁书目》所著录的书中，列举了今天看不到的书，将《元经世大典》也加在其中。这些书现在全部没有办法获得，但其文字录存在《元文类》中，传至今日。以此对照元史的诸志，可知志的文字全部从《经世大典》中而来，略有详略出入而已。芸阁此前在翰林时，从《永乐大典》抄出《经世大典》两巨册，自己收藏。布莱脱胥乃德研究中国中世地图，也是出自这本《经世大典》，因为清朝史学家魏源从《永乐大典》将它抄录出来，刊入六十卷本的《海国图志》。除这些外，《元文类》中还收集了极有史料价值的碑传行状、诏册谥议等多种种类，如《耶律楚材神道碑》，选者宋子贞的文集今已不传，只在这本书中看到。又如欧阳玄的《高昌偰氏家传》，皆有价值，其中《圭斋集》，我国尚未听说有传本，也是以此书为根据的。（下略）

明治三十五年（1902）八月四日《大阪朝日新闻》

奉天宫殿所见图书

说到奉天的典籍，文溯阁的《四库全书》是谁都知道的，除此以外就不太知道了。当然，有人知道是关于中国清朝历史的，有实录、圣训、玉牒等，然而它们的体例如何，也未必知道。奉天的典籍，不但没有人亲眼见过，即便是那些书的书名，除了《大清一统志》《盛京典制备考》上记载到的，其他也不甚明了。在我此次实际看到之前，也是想象不到还有这许多珍贵的典籍存在。其中一些，我通过交涉局借出来，得以拍摄下来了，但大部分这次没有弄到手。

《蒙古源流》

首先，简单说一说关于拍摄《蒙古源流》一书的过程。此书的汉文本收入《四库全书》，又有坊间的刻本，也有流传到日本的。它的蒙古文的原本，见于英国和德国书店的目录上，我自己还没有收藏到①。这次，却在奉天的翔凤阁里见到了，并且是收集齐了蒙古文原本、满文本与汉文本的三种精美的宫廷本。蒙文本的题目是 Enadkek tubat mongol knad un chaghan tekuke narato togoji，满文本的题目是

---

① 原注：后来我买到了施密德氏翻译的原文和德译对照本，与清朝官本多少有些不同。根本的不同之处在于，清本在与清朝有关系的部分做了附加。

Enadkek tubat monga han sai senggyen i suduri，即《印度、西藏、蒙古帝王起源的历史》。汉文本与坊间的刻本比起来，极为精致，足以更正通行本的讹脱，我曾想将自己所藏的通行本寄过来（对校），但在离开奉天的时候并没有寄到，只好作罢。上述三种版本，只把蒙文本晒蓝图制本带了回来 ①。

《旧档》

崇谟阁所藏的《旧档》，在《盛京典制备考》及其底本《盛京通鉴》的写本中，都有记录，具体写了什么却不知道。我在崇谟阁寻找《太祖实录》之时，管理人员偶然弄错，拿出来了这部《旧档》。《旧档》共六册，由汉文记录。

一，朝鲜国来书稿（天聪元年起至八年十二月末，附南朝来书）

二，朝鲜国王来书（天聪九年正月起至崇德四年十二月）

三，朝鲜国来书簿（崇德元年起至四年）

四，朝鲜国来书（崇德五、六年部分）

五，各项稿簿（天聪二年九月初一日至五年十二月）

六，奏疏稿（天聪六年正月起至九年三月）

如上所述，二与三是有重复的，实际上仅有五册。这都是当时的文书，当时就抄录保留下作为记录，如何月何日范文程、刚林等汉人、满人的重臣上奏太宗之类等事情。其中一与五用的是毛边纸即下等的唐纸，其他用的是朝鲜纸。其中可以见到，在清朝官员撰写的实录中因忌讳而缺省的金国汗的称号。又有毛文龙如何使清太宗为难，

---

① 原注：明治三十九年，再次调查这些书籍时，拍摄满文译本的照片，与官版汉译本和文溯阁四库写本有所不同，我以官版与文溯阁本对所藏的流通本用朱、蓝两色笔进行了校对。

他的得力部下孔有德降清时，仍然器宇轩昂的样子；由明降清的人，也竟然为征伐明朝献谋献策；范文程、甯完我等人的计谋，有多少被采用了，又有多少被反对了，等等，这些一般在《实录》上看不到的事情，由此为人所知了。此书作为史料相当有价值，也费了好大力气才全部晒了蓝图纸①。

此外，东京大学的市村教授和伊东教授从《四库全书》内拍摄了《元朝典故编年考》《千顷堂书目》《营造法式》②等书，两教授还注意到了一些珍奇的文物，拍摄了铜器的照片和做了古镜的拓本。铜器存放于飞龙阁的楼下，从没有在书中记载过，这八百七十余件完好地保存着，初见之下着实震惊。古镜则收存于翔凤阁，有上百件，海兽葡萄镜有十六面。

《西清续鉴》

清乾隆帝时有一部《西清古鉴》记录古铜器，所记载的铜器皆在北京保存着，后来又得到的铜器，就作有《西清续鉴》。此书分甲乙两编，乙编所载的铜器，目前都在奉天保存着，各铜器都放在刻有"乾隆御鉴"四字的紫檀箱中。每一、二面或者三面铜镜放在一个梯形的箱子中保存，箱子上画有镜子背面的纹饰，又夹有一些当时名

---

① 原注：旧档中大部分是同类的东西,最近罗振玉将《太宗文皇帝致朝鲜国书》《招抚皮岛诸将谕帖》（史料丛刊所收）出版了，校勘补足了版本中的错误和缺漏，这个蓝图制本今日依然有重要价值。

② 原注：这些书除《营造法式》外，都在东京帝国大学的震灾中毁掉了。《元朝典故编年考》这本在伦敦的东洋语学校里，见到了完好的旧写本。《千顷堂书目》由张钧衡氏收录在《适园丛书》中出版了，我自己收藏到了黄椒升田藏的精写本。因为朱启钤氏的石印本、仿宋本的《营造法式》出版了，就变得不再珍贵了，但其图式在今天依然具有参考的价值。

家书画在里面，精美至极，这样的箱子有五十四箱。铜器固然有真赝混淆，但其作为考古学研究的资料，自是不言自明的。铜器，拍摄了七十余件的照片；古镜，除海兽葡萄镜以外的，全部作了拓本。在铜器中有铜鼓五件，我和鸟居龙藏氏做了拓本。收藏在翔凤阁的二十册写本的《西清续鉴乙编》，堪称世间独一无二，相当珍宝[①]。关于此书的成书经过，乾隆时任命彭元瑞编纂，他在《恩余堂经进稿》这本书中，收有上书的跋文，用四六文，很长，不在此赘述了。因为时间的原因，这本书的大部分没有拍摄到。此外，没有拍摄到而感到十分遗憾的，第一当属崇谟阁的《满文老档》了。

《满文老档》

《满文老档》在《盛京典制备考》里也有记载，《盛京通鉴》上说有十四包，用满文写成，全部近三百册，精抄本，实际见到时，还是被震惊了。书名满文"tongki fuka sindaha hergen i dangse"是"加圈点字档册"的意思，记事到底如何，尚不清楚，打开看到的是：

天命第一包加圈点老档（共三套二十二本，太祖丁未年起，天命六年止）

以下六包是太祖时代的记录。太宗的部分共八包，其中实际见到的是：

崇德第一包加圈老档（共三套十八本，崇德元年起至六月止）

《满文老档》大多是日记体，有相当详细的记录，所记有许多《实录》上没有的内容。原来清朝太祖时根据蒙古字制作满洲文字时，并无像现在看到的这样附有圈点，"tongki fuka akū hergen i dangse"

---

① 原注：《西清续鉴甲编》，有上海石印本。（其后乙编的影印本也出版了。）

即无圈点档案的意思。其后在太宗时期为了明确区别发音，添加了圈点，若以《满文老档》的文字为实例，就可以明白。但（我这里交稿排印时）因为印刷厂印刷不了满洲字，所以只能暂且阙如了。太祖以来用无圈点的满文所作的档案记录十分多，乾隆恐怕散佚，因而用加圈点的满文改写了一遍，就成了这部所谓"加圈点老档"。原档残缺以及漏字的地方，改写十分谨慎。我认为这实录是优秀和有力的史料，然而因为部头太大，胶卷不够，就没能得以拍摄。以后有机会的话，一定要拍摄下来，这是清史研究不可或缺的事业[①]。

《太祖实录战迹图》两套八册

《太祖实录战迹图》两套八册，也是很有趣的书。写本，有满文、蒙文、汉文三体文字，带有精美插图。可以称得上是绘图版的"太祖一代记"，其中所画的太祖、太宗以及太宗的兄大王即礼亲王代善等人的容貌，都是固定的，所以应该是有所根据的，仅把这个部分拍了照片。还有题目为《满洲实录》一书，以及《典制备考》等实录图。这些同样在崇谟阁[②]。

---

① 原注:《满文老档》一书在明治四十五年，富冈谦藏、羽田亨两先生一起精查了无圈点档子、加圈点档子两种《老档》，当时与羽田先生合作，非常辛苦地全部拍摄了照片，如今底片保存在京都大学文学部的陈列馆中。之后大正六年时，在北京的清史馆，看到了档子原版的一部分，这原本今日保存在哪里，就不知道了。

② 原注：明治四十五年时没有拍下《太祖实录》的照片，今日想来十分遗憾。大正七年到奉天时，我想此书依然保存在崇谟阁中，希望日本的学者有一天可以得到这个资料。此书与普通的实录不同，未经乾隆朝的篡改，具有很高的史料价值。

《五体清文鉴》

翔凤阁又有《五体清文鉴》写本六套三十六册。《清文鉴》最初是康熙十二年启动,费时二十年编成的,开始是满文辞典,其后是满蒙对译,还有满汉对译,是分部类的大部头辞典。后来乾隆帝时又有增订,就是如今常见的《增订清文鉴》,共四十九册,一个大部头的书。乾隆帝又把满蒙与满汉的部分合并,题名为《御制满蒙汉三合切音清文鉴》,这是乾隆四十五年的版本。此外,还有《四体清文鉴》,满蒙汉以外又加入藏文的对译,有官板与坊刻两种。翔凤阁的《五体清文鉴》是除满蒙汉藏以外,又有回回字即支那土耳其斯坦语加入,体例亦整然与《三合切音清文鉴》相同,远比《四体清文鉴》要好得多,字迹也像打了底稿一样的精致。因为是乾隆末年之事,未能最终出版就终止了,有幸的是还存在着这个精抄本,所以,我想这是无论如何要拍下来的东西。《皇朝通志》中有一本《五译合璧集要》,与这本辞书的异同如何,还不清楚①。

《皇清开国方略》

又有《皇清开国方略》四套三十二册,精抄本,同样保存在翔凤阁。当然,既然已有存于崇谟阁的《满洲实录》,是从国初到同治

① 原注:《五体清文鉴》也是在明治四十五年时,我和羽田君合作,将全部三十六册拍摄了照片,其底板在京都大学文学部保存着。因为白鸟博士在欧洲见到了此书的同本,我自己在欧洲之际,也处处注意,果然在大英博物馆看到了此书。这是圆明园的旧藏本。奉天的原本可能运往了北京,下落不明,因此现在这个影印本变得十分重要。其后又购买了《五译合璧集要》一书,主要是和佛教相关的文字,是与《清文鉴》无关的另一部书。

帝时的史料，所以，这本书作为基本史料的价值并不特别，然而作为满文的文字资料，还是十分珍贵的。

《旧清语》

翔凤阁后面有书库，楼上楼下都满满堆积着书籍，其中有《旧清语》十四册。这是《清文补汇》经常引用的一本书，其真正的名字是"yargiyan kooli ci tukiyeme tucibuhe fe manju gisun i bithe"，意为"从确实的典例中摘择出旧的满洲语"。确实的典例就是并非杂书或小说，而是正统的官文书。此书对满洲语研究的必要性毋庸置疑，我仅把开头的二、三页拍了照片，作为样本。其成书的年代并不清楚，至少是在雍正到乾隆初年①。不过满洲语的字典，我自己藏有康熙二十二年版的《大清全书》十四册，这本书按照十二字头的顺序 a ru fu wa be ci ka ru 编排。著者沈启亮，我还没有见过比这本更早的对译辞典。《旧清语》应该也不早于《大清全书》，并非对译，而是全部用满文训义的书。

《皇清职贡图》

翔凤阁又有《皇清职贡图》写本四卷，卷子本。这与版刻的《职贡图》及其画的样式大体都是相同的，彩绘的衣服等都画得十分精密，"画解"部分除了汉文以外还加上了满文。书中的苗族部分，由随同此行的法律学士大里武八郎拍摄了照片，赠与鸟居龙藏。

---

① 原注：这部《旧清语》在明治三十九年全部拍摄了照片（蓝写真）。这是研究乾隆朝满文语法改变的重要书籍，《旧语》与"新语"两书语法有明显的不同。

《玉牒》

敬典阁《玉牒》，仅取一、二也，我拍摄了满文部分的，市村教授拍摄了汉文部分的。市村据此制作了《玉牒》的仿制品。帝系是黄档，宗室觉罗等旁系为红档，顺治末年制的帝系末有"顺治十七年四月内奉旨纂修玉牒，于十八年三月内修起，于本年十二月内修完"字样的跋。可能这是最早纂修的《玉牒》了。

《实录》《圣训》

崇谟阁内的《实录》《圣训》，都有满文与汉文的两种版本，都拍摄了照片作为样本。这些书都是用红绢装，装帧方式是蝴蝶装，朱丝栏中书写得十分精美。

《蒙古律例》

翔凤阁等书库中还有许多有意思的书，《蒙古律例》这本书，我和市村君都拍摄了。这是之后《理藩院则例》的蓝本，全书仅十二卷，与《则例》的六十余卷相比，相当简单，总之，可知此书是嘉庆以前原制的。其外，《西域同文志》①《西清砚谱》《秘殿珠林》《石渠宝笈》、嘉庆帝道光帝等皇帝的文集，数量实在太多了，先择其最重要的，简述如上。

---

① 原注：《西域同文志》二十四卷，也在明治三十九年拍摄了晒蓝本。

再稍微说一说地图类的书。我亲眼看到的之中，满文的有：

《盛京图》

《长白山图》

《嘉峪关至安西镇图》

《冈底斯图》

《哈密等处图》

《噶斯哈密图》

《噶斯哈密冈底斯图》

《巴尔坤吐鲁番等处图》

《伊犁图》

《喀木图》

《盛京摺叠舆图》

等等

大部分是乾隆时期制作的。拍摄了最早的《盛京图》照片，这对历史和地理研究是十分有益的资料。最后的《盛京摺叠舆图》是满汉两文的，"摺叠"是贴在书板上叠印出来几乎一模一样的一种印刷方法①。此外，汉文的地图非常多，鸟居君应该是拍摄了《新辟苗疆图》，市村君拍摄了其中的《台湾图》。

《台湾图》

《台湾图》是康熙年间平定台湾时制作的吧，鹿耳门等地名也清楚地标明出来了。其外，汉文的地图也是康熙年间制作的吧，大部分

---

① 原注：满文《长白山图》《盛京摺叠舆图》也在明治三十九年拍摄了蓝图。《长白山图》和满文《盛京图》都是由耶稣会传教士测量而绘制成的精确的地图。

十分幼稚。乾隆时的满文地图是与耶稣会传教士共同制作的缘故，绘有明确的经纬度，山川的形势也颇为明了。

接下来大略说说敬典阁所藏的图书。敬典阁里应该存放着原来放在凤凰楼里的太祖、太宗、世祖、圣祖、世宗、高宗、仁宗、宣宗、文宗九代皇帝的圣容，即他们的画像。光绪二十六年，义和团事变之际转移到热河行宫去了，因而现在敬典阁里并没有皇帝画像了。官吏们七嘴八舌聒噪地讨论着画像被藏哪里去了，四处寻找，事实上的确不在这里了 ①。

但是，有《高宗纯皇帝行乐图》十三幅，即：

《熏貂冠皮镶边朝服图》

《御盔甲乘马图》

《清凉冠裕朝服图》

《万国朝贺图》

《元宵行乐图》

《春原阅骏图》（臣姚文翰奉敕恭绘）

《古制衣冠图》（乾隆三年十二月）

《观月行乐图》

《游戏黄庭手卷》

《岁朝行乐图》（乾隆戊午嘉平月奉敕臣郎世宁唐岱陈枚孙祐沈源丁观鹏恭画）

《威弧获鹿图卷》

《御容玻璃挂屏》

---

① 原注：其后调查的结果是，这些圣容图画被当时盛京副都统晋昌放到了端郡王之子大阿哥手里，传说他曾经被拟定为光绪帝的继嗣之人。

《圆光行乐图》

《仁宗睿皇帝春苑展书行乐图》

《宣宗成皇帝行乐图》

这十五种中，《御容玻璃挂屏》损毁了，其他的皆现存，其中《熏貂冠皮镶边朝服图》和《元宵行乐图》没有看到，其他的全都得以浏览。其中，《御盔甲乘马图》《清凉冠裕朝服图》《游戏黄庭手卷》《威弧获鹿图卷》及仁宗、宣宗的图都拍下了照片。这些画大体来说都是肖像画的性质，对前面《实录战迹图》中已有的世祖、圣祖、世宗、文宗以外的各代天子的肖像画，依次拍了照片，以期对历史研究有参考价值。

乾隆以后的画，写生颇为绵密，有一些画有类似西洋画风的阴影，却少了韵致。然而《御盔甲乘马图》画的是乾隆帝少年时代，《清凉冠裕朝服图》是老年时代肖像，从画中足以想象到其神采，《黄庭手卷》是乾隆帝临摹《黄庭经》的样子，《威弧获鹿图卷》是乾隆与其宠爱的回回、进献来的香妃两人乘马射中了鹿的画面，画出了香妃在马上拉箭意气风发的样子，秋日的花草绚烂地开放着，是这样富丽堂皇的画面。画上的题字是乾隆帝的宸翰，画纸用的是古藏的经纸。这些图画是横六七尺、近八尺长的大幅画作，画上还有画工的名字，真是大气磅礴。翔凤阁还有很多佛画，市村君拍摄了其中有乾隆帝亲笔作有画赞的佛画照片。还有绣画等很精巧的作品，山水花鸟等一般性无聊的东西也很多。另外，古镜箱里还找出了不少画。这些是书籍研究的余事，因而没有时间详细调查。我自己拍了像是明朝的有仇氏落款的小幅观音画的照片，不能确定是仇英还是他的女儿画的。对于乾隆时期的画，从美术史的角度，也可以做分析观察，但说来话长，就简单介绍到这里吧。

太庙里保存的玉册玉宝，这也是日本人首次见到，要介绍其如何制作，都需要图解，现在做不了。这些也大多拍了照片和作了拓本，之后有机会公开展示吧 ①。

此外，鞍鞯、弓箭以及其他的宝器的情况，在另一篇文章中会择要讲述。对文溯阁的《四库全书》，还有一些看法和批评，也作另文，不在这里说了。这次仅对盛京宫殿内存放的图书简单介绍到这里。

明治三十九年（1906）六月《早稻田文学》

---

① 原注：玉册玉宝以及其他鞍鞯、弓箭等东西的照片，在我自己出版的《满洲写真帖》中载有。希望读者参照《满洲写真帖》。

敦煌发掘的古书

总说

　　关于敦煌的发掘物，以往已有大致的记载，是在京师大学堂农科大学监督罗振玉氏所作《敦煌石室书目及发见之原始》一文，其后罗振玉氏又作了更加详细的目录解题《莫高窟石室秘录》并刊行。《秘录》包括其中收载的罗振玉等人拍摄的发掘物的照片，已经送至京都帝国大学的数位教授手中，现在由文科大学诸教授从事研究工作。详细的研究结果，到来年一月左右，也许就会印发书刊。这些照片，将在二十八日，在京都冈崎的京都府图书馆楼上举办的史学研究会第二回大会上展出，同时也将作粗略说明。因为涉及学术性的专业知识，如果未有准备而去听的话，可能会有很多不明白的地方，因此，我在此把从诸位教授处听来的大略信息作一个汇总介绍。

　　这次发掘的石室，在甘肃省敦煌县东南三危山的尽头鸣沙山下，在流经鸣沙山的一条小河旁，分为上寺、中寺、下寺三个寺。古时它似乎叫作三界寺。寺的左方有千余个石窟。唐代开始称它为莫高窟，民间也俗称为千佛洞。关于这些寺庙，根据《一统志》《西域水道记》等书的记载，距今百余年前就已经有一些文物发现，如《水道记》中就记载了古老石碑的发现。但其中有一个洞穴，外部绘有佛画，谁也不知道其中还藏有书籍，直到明治三十三年修缮这个石室，在挖掘墙壁时，发现有书籍从中露出来了。这之后渐渐在世间传出了名声。于是西洋方面，英国派来的奥莱尔·斯坦因把大部分发现物带回去了。这次的发掘，有一位名叫保罗·伯希和的法国人，他是法属河内远东学院考古学教授，今年仅三十一岁，但精通东洋学问，见识广博，博览中国书籍。他数年前开始就出发去往那个地方，去年冬天左右到新疆省首府迪化（今乌鲁木齐）见到将军，将军告诉了他石室中有书这件事。接下来到名叫载澜的宗室处，又会见安西州某知州，这些人都将石室的书赠与伯希和。当伯希和得知了这是唐代的写本时，急忙赶到敦煌，并购入了十几个大箱子（进行搬运）。即使如此，这也是全部石室书籍中仅仅三分之一而已。其他的被斯坦因拿走，另外还有一些残留在中国。伯希和将所得大部分运往了法国，其中一部分由他自己携带去往北京，与北京的笃学之人——董康、罗振玉等诸人会见，他们摄影了这些古卷，就是这次送来京都大学的照片。斯坦因与伯希和的发现，由法国杂志与荷兰的东洋学杂志等进行了报道。此次石窟的发掘，与数日前在本报上报道的俄罗斯人的发掘，再数月前我国西本愿寺的发掘，都有不同，应该是各地方有各自的发现。由此可知，中国西域地方藏有极丰富的学术遗物，它将成为东洋学的一大问题。

下面开始具体说明。

《尚书·顾命》残页

这是贴在竹帙的内侧的东西，只有仅仅九行，却具有极大的经学价值。在日本有许多古文尚书的唐写本和受到其系统影响的卷子本流传下来。以某人收藏的《洪范》、京都神田氏的《泰誓》《牧誓》为首，到后来伊势的宫崎、林崎两文库的书籍等，年代有先有后，无论哪种都是值得珍藏的宝物。在中国，除《开成石经》以外，唐代以前的遗经都消失殆尽了，这次出土此残页，是首次发现与日本传来的卷子本相同类的东西。这九行字当中，有古文字体十二字，与山井鼎《古文考》中的内容相同，弘安本的《孝经孔氏传》中也有同样的内容，遗憾的是不能在此用活字来展示它。经文中"天威"的"威"写作"畏"，"饗"写作"嚮"，阮文达的校勘记中遗漏了，因此，古写本都这样写了。注中也有许多异同。日本古写本中经常出现助词"也"字，残页中也是相同的。但是，与传到日本的书相比，各有长短，为此必须进行校勘。

《西州志》残卷

发现的古书中有罗振玉氏称作《西州志》的残卷。其首尾有短缺，中间数十行也有残缺。伯希和将其称为《吐鲁番地志》。现在的吐鲁番，在唐代叫作西州，所以罗振玉氏将其称作《西州志》。《西州志》在《新唐书·艺文志》和《旧唐书·经籍志》中均未有记载，只记载了程士章的《西域道里记》一书。这次所发现的《西州志》体例，与《唐书》所载贾耽《道里记》等相似，记载从西州出发到各地方的道里，因此也怀疑它是《西域道里记》的残卷。此残卷中记载的地名，在《新唐书》《旧唐书》《通典》《元和郡县志》《太平寰宇记》《舆地广记》等书中，都可以得到一一互证。把它与现今最精细的地图《亚细亚横断旅行记》的地图做对比来看，也颇为符合，而且对《旅行记》地图中未记载的道路，也有不少详细的记录，可以想象当时的道路交通已经有相当的开发。其中出现一个叫作"处月"的地名，此地是现在外蒙古库伦附近的和林，即蒙古时代的旧都所在地，阙特勤石碑就是在这里被发现的，也是《新唐书·沙陀传》中出现过的地名。对于它的考证，让学者费尽了心思，在元代有名的耶律铸的《双溪醉隐集》中，有详细的考证。现在出土的《西州志》中，很清楚地写出了"处月"（和林）的方位，十分有益。另外，据这本《西州志》来看，此地有许多石窟寺。近来英国人、法国人及我国本愿寺所发掘的石窟寺，都存有唐代流传下来的文物，最近特别是在吐鲁番，本愿寺正在进行发掘，究竟是不是这本地志中所记载的石窟寺，尚不知晓，这正是值得研究的热点所在。

《尊胜陀罗尼》

此书也叫作《加句灵验本》，是读《陀罗尼》时的节符，与法隆寺《陀罗尼》上所写的东西同类。这本《陀罗尼》是唐中期不空的翻译。开元、天宝年间，曾大规模流行，留下很多石刻，有一两件收藏于现东京博物馆和西本愿寺。然而，纸质的古版本却不多见。这次发现的这本，罗振玉氏认为是唐刻本，大概是没错的，字体是中唐时期的风格。《尊胜陀罗尼》在日本也有多种版本，现在黄檗的《一切经》中也还存有。其他，为了便于阅读而制作的经折本也很多。此外，在日本自古就有梵文的《陀罗尼》，现在秘藏于东大寺二月堂，是弘法大师的笔墨，卷成卷子，放圆筒保存。宽文七年二月堂失火，烧掉了它的一端，剩下的部分完好，实在是不可思议的事情。现在在二月堂取御水时，汲取井水所过的地方，就是当年弘法大师抄经的地方。

从敦煌出土的文物中也果然存在《陀罗尼》，但它最早就被送至法国，我没能见到。不过我想大概与二月堂的是一样的。《尊胜陀罗尼》在日本，是王朝很难得的宝物，愿海和尚作了《尊胜陀罗尼明验录》三大册书，这个本子对《尊胜陀罗尼》做了许多详细的考证。虽然这个印刷物何时付印出版的尚不能完全确定，大概是隋到唐初之间。

《陀罗尼》传到日本时，孝谦天皇将它藏入为"惠美押胜之乱"祈福所建造的百万塔中，现在还收藏于法隆寺之中。它宽约二寸，长约一尺。这部《陀罗尼》被认为是世界上最古老的印刷品。但它是用什么雕刻的，并不是很清楚，有人说是铜板，有人说是木板，也有人说是活板，学者们有许多说法。这次敦煌出土的还有《般若心经》的版木，木板的两面都有雕刻的图案，大概是像印章一样附上墨然后进行盖印。据此来看，法隆寺的《陀罗尼》也应该是木板印刷，像印章一样在纸上捺印。这种中国古老的版本在五代时结束，但宋初仍偶尔会见到。

　　这次出土的《陀罗尼》比法隆寺的《陀罗尼》应该更晚一些，大概是唐末的。现在保存在日本的中国的古老版本，有宋初太宗、真宗时的《史记集解》残本，这之后还有很多经书，无法一一列举。日本的古本在法隆寺《陀罗尼》之后，很长一段时间内都没有见到，现在所见就是正仓院保存着的宽治版《成唯识论》；到镰仓时代，《选择集》《般舟赞》及春日版《成唯识论》等大量传入日本。朝鲜有许多相当古老的版本，高丽的太安及寿昌年间，一个叫大兴王寺的地方出版的经文，现在也在奈良的戒坛院等地存有传本。另外被称作丽藏——高丽版《大藏经》，在芝的增上寺以及建仁寺等地方收藏着，虽不知确切的时代，但大概是高丽中期的东西。这些都反映东洋文明的进步发达，是值得注目的重要事情。

　　距今二十年前左右，一个叫西村兼文的人，伪造了有唐天祐二年跋文的陶渊明《归去来兮辞》，欺诈了京都的收藏家。这事一时广为传播，中国的傅云龙也被蒙骗，为它刻板付印。后来得知它是伪造品，大家不免震惊。

《金刚经》

这是只有半页七行、每行十四字的小折本。现在所存仅此一点点，所幸跋文还在，可以看到"天福十五年"的年号。天福是五代时后汉的年号，相当于日本村上天皇时的天历四年，距今千年左右。现在遗留下来的出版物中，可以明确知道其时代的，继法隆寺的《陀罗尼》后就是这个了。印行它的人，是当时居住敦煌的沙州节度使曹元忠。曹元忠此人在《五代史》中也有记载，是后晋到后周之间在此地方有势力的人，印行了许多经文。另外还有带曹元忠跋文的经文等。这本经书的字体与丽藏的有些相似，与宋版存在差别，值得做一番研究。此外，带有五代及宋初跋文的经文也大量出土，但都被送到法国，无法看到了。

《温泉铭》

它被认为是唐太宗御制御书的石碑铭文。精致的石刻，用当时的纸拓印下来，又做成剪装本流传了下来。碑现在已经不复存在。唐太宗的碑，就算还有存留下来的，像这样的唐刻唐拓原原本本地保存下来，也是十分难得的。关于它的书风，罗振玉氏认为与唐高宗御书的碑相似。如果是这样，考察它的书法系统，唐代武则天御制御书的《升仙太子碑》和睿宗御制御书的景龙观的钟铭等，都是渊源于此。

日本弘法大师的《祖像赞》等，橘逸势的《伊都内亲王愿文》等，都是由此脉络而来，也就是说唐初传到日本的书法沿革，可以由此碑得知。唐太宗非常崇拜王羲之，编撰《晋书》时，自己亲笔写了《王羲之传》的赞，平生也经常学习王羲之的书法。所以，《温泉铭》中存有王羲之的影子是不必说的。

这个《温泉铭》的意义，还可以依据它判断至今世间所传王羲之作品哪个更近于真迹。世间最著名的王羲之《兰亭集序》，有定武本、神龙本等，一般来说，说定武本较好的人更多，也有人坚持神龙本较好，依据就是如果从太宗的书法来推看，明显神龙本更得王羲之的神髓。之后又有唐代拼凑王羲之的字所造的碑文，比起有名的《怀仁集字圣教序》，还是大雅集字《兴福寺半截碑》更接近真迹。也可以得知从前传到日本的《王羲之尺牍》的双钩本，即内府本、冈田本等，最接近真迹，而京都谷氏的《真草千字文》，与王羲之相差甚远。太宗时代的虞世南的字与王羲之最为接近，在他之后，李北海的《李秀残碑》也传有其血脉。

此外，朝鲜的书法不太为世人所关注，此次京都大学购入的朝鲜《金石集帖》二百余卷中，有被称作"朝鲜古今书圣"的新罗人金生的书法，可以据此证明他应该也是由王羲之到唐太宗、李北海这一系统之内传承而来的。

综上所述，太宗的碑虽然只出现这一块，但可以作为解决书法上种种问题的资料，是非常宝贵之物。

《化度寺碑》（唐欧阳询书）

仅残留三十九字，实在是十分残缺，看起来应是唐初印刷品，字体特色十分鲜明。这化度寺的碑，在欧阳询的书法中也属于字体十分小的，与九成宫、温彦博碑等不同，宋时石碑碎裂，现在留下的是它的重刻。杨守敬从《望堂金石文字》中的宋刻取出作成双钩本，相当珍贵，这次出土的与之相比十分相似。杨守敬的字体，字角略成圆形，撇、捺的地方有点过长。这大概是因为每当再次抄写时都会更加伸长出来，才会变成这样的。罗振玉氏认为这次出土的《化度寺碑》，与距今二十年前中国发现的隋朝《苏孝慈墓志》的字体有些相似。这自是如此，隋朝的墓志铭啊碑文啊，与《化度寺碑》相似的字体很多。这是因为欧阳询和虞世南的盛年在隋朝，入唐是他们的晚年，所以会与隋朝书法有些相似。

这次发现的碑文，可以证明世间所传唐初有名书法家的字，都有一定程度的失真。此外，还有多种碑文揭本发现，因没有照片，无法研究。

《老子化胡经》

此次发现的是第一卷和第十卷两卷。此书据宋晁公武《郡斋读书志》记载，有魏明帝的序文，但这次发现的，应该不会那么古老。日本的宇多帝时，藤原佐世所作《见在书目》中也记有此书的名字，也许在日本也有传世。中国唐高宗时期引起了大议论，有人说这本经被烧毁了。元朝念常的《佛祖通载》，为化胡经造伪一事做了种种考证，记载了元世祖至元二十一年道藏伪经被烧毁的事情。这部经中，老子多次在人间转生，弘扬佛教与摩尼教等各种教旨，这是因为后汉以来外国种种宗教传入中国，道士为了传播自己的宗教，遂作这样的经书。

这次发现的经中提到了摩尼教，所以应该是唐初前后道士的作品吧。元朝时所烧毁的似乎是此经的再次伪造的版本。现在的道藏中虽然见不到此经的名字，有人说，同样的内容在其他经中见到过，需要进一步调查才能确认。这个《老子化胡经》，从书体来看，应该是唐中期到末期的写本。总之，从宗教史上它有值得研究的价值。依照道藏和其他记录展开研究，应该就会知道详细的情况了。

元时烧毁的书籍中，有《太上老君八十一化图说》的书，世间传说现在中国杭州传有覆刻的版本。此书从老子出生前开始，到无数遍变化的老子，一直记载到南宋绍兴年间，应该是宋人所作。与《化胡经》进行比较的话会非常有趣。《化胡经》的结尾有"净土寺藏经"的楷书印，与日本的古寺的藏印相似。日本连这种地方都是在模仿中国的。

《景教三威蒙度赞》

景教的详情，在此之前，只能根据明末发掘的唐碑——即唐德宗建中年间所建《大秦景教流行中国碑》及《贞元释教录》等考证。这次出现的正是景教经文之一。景教是唐朝时耶稣教的一派——聂斯托利派，以何种形式在中国传播这一部分就可以知道了。此《蒙度赞》的末尾有"三威"，即"三位"的名称，也举出了耶稣的使徒和其他圣者的名字，约翰写成瑜罕难，留可写成卢伽，马可写成摩矩辞，马太写成明泰，保罗写成宝路，其他和圣者相当的人名也都可以明确地见到。同时它还有当时汉译的经文目录，大概可以想象是《新约全书》的各篇名目。结尾有关于景教传来的简略记事，大体都与景教碑所记相符合。据此可知唐末五代时期景教还尚在此地区流传。它与下面将说到的《摩尼教残经》一样，可以说是唐代西域文明输入史上的一道光芒。

《摩尼教残经》

在中国，关于摩尼教传来的史实，宋朝赞宁的《大宋僧史略》、志磐《佛祖统纪》等中有记载，与景教时间相近，略早一些。它即是波斯的琐罗亚斯德教，从时间上看有与景教混杂在一起来到中国的可能，然而汉译经文一部也没有流传下来。也就是说摩尼教相关的根本性资料完全断绝，比景教还要更加虚幻。因此这次发现的经文残卷，虽然仅有数十行，其中有寺宇仪、出家仪等章节名，出家仪中大体记录了教义，琐罗亚斯德教的所谓光明与黑暗二元素，从教义中可见梗概。其书体是极其精致的唐写经体，可以看作是唐朝翻译书籍的残存，是研究摩尼教传入中国的重要资料。

壁画

石窟内外绘有大量壁画。西域地方的壁画，在此前奥莱尔·斯坦因在和阗发掘时，已经有多处发现。这在斯坦因的《古代和阗》或称《沙埋和阗废址记》一书里有记载，此外我国西本愿寺在库车地方也发现许多壁画，将其中一部分带走了，照片也至今保存。这次的壁画看上去果然应该是与这些属于相同的系统。这些壁画大体上，与印度阿旃陀石窟的壁画有一定关系，日本的法隆寺的金堂的壁画、此后醍醐寺的五重塔内的壁画等皆是属于同一系统，也就是说将西域的壁画放在印度的壁画与日本的壁画之间思考，就能明晓其沿革。这是从佛教壁画的角度来看，另一方面，还可以从中看到唐代风俗。关于这一点，它与我国天平时代的《绘因果经》、正仓院御物《弹弓散乐图》有相似之处，可以知晓都是属于隋唐的画法。

另一方面，喇嘛教徒传下来的西藏之都拉萨的风景图与此壁画也有相似之处，可见，西藏这样交通极其不便利的地方，唐代传入的画法，因为缺少其他影响因素的刺激，完全没有变化，一直保存流传到现在。石窟里的佛像也有这种感觉，只是壁画的证据更为明显，这种画法是东洋文明传播的极为有益的资料。

余论

此外还有《沙州志》一书，直隶总督端方拍摄了它的照片，我希望能得到它加以研究。这里的"沙州"就是本次发掘之地敦煌的旧名。埋藏这些发掘物的当时，上述《金刚经》卷子上所见曹元忠等人，割据一方，处在吐蕃、回鹘与唐的势力范围的交叉点上，关于当时的地志，我认为十分有必要参考前面提到的《西州志》。

另外，其中还有慧超的《往五天竺国传》一书。据说罗振玉氏抄录了此书。这本书的开头和结尾残缺，伯希和氏根据慧琳的《一切经音义》，确定它是《往五天竺国传》。《一切经音义》第一百卷中记载了这个书名。它具有与《大唐西域记》《佛国记》等书籍互为参考的价值，因此得到它之后定是有益的研究资料。

另外，柳公权书《金刚经》的照片也在索取的计划中。这些研究一起，加之罗振玉氏的研究成果、大学诸位教授的意见，最终应该汇总成一个研究报告。

前文提到的展览持续到翌月二十九日，史学研究会以外的有志者也可参加。

明治四十二年（1909）十一月廿四日《大阪朝日新闻》

唐写本《说文》残卷

《说文》的全称是《说文解字》，后汉许慎所著，是中国最早的字书。字形、字音、训诂三者齐备，在当时来说，堪称体裁完备的字书。

现在所通行的《说文》，版本最古的是宋版，岩崎男爵静嘉堂文库所藏便是，他藏的是足本，我也收藏有这个本子的残本。这是宋初经由南唐学者徐铉、徐锴之手而传下来的本子。徐铉的本子，就单称《说文解字》，世称大徐本。徐锴的本子，称为《说文系传》，世称小徐本。大徐、小徐都传了《说文》，各自的解释有所异同，这是一直以来存在的问题。

清朝的《说文解字》研究繁盛，学者当中，有人开始考虑二徐以前的《说文》到底是什么样的，根据其他书中引用的《说文》文句，追溯二徐以前的《说文》。特别是，在中国，发现了唐代玄应的《一切经音义》，接着，高丽版慧琳《一切经音义》也从日本传回到中国，其中所引用的《说文》文句，有二徐本中都未见载的，引起人们对于《说文》更古老版本的研究兴趣。这时正好有了新的发现，又一次引起《说文》研究的新动向，这就是唐写本《说文·木部》的发现。

唐写本《说文·木部》，同治元年（1862）由著名学者莫友芝在中国发现。这年夏天，莫友芝之弟莫祥之在安徽黟县知县张廉臣处发现，告知其兄莫友芝。莫友芝当时是安庆曾国藩的幕僚，听闻此事后，让其弟再去张知县府上摹写。张廉臣见摹写甚是麻烦，就将原本赠送了莫友芝。当时的中国，除了二三件佛经以外，唐写本几乎没有，能发现如此珍本，非常值得夸赞。尽管当时曾国藩正在为讨伐长发贼（太平军）而艰苦作战，这个发现还是给他带来了惊喜，为此作了长诗题于卷后，并写了五个大字——"唐写本说文"题于卷头。随后，以莫友芝为首，与他交往的不少学者，开始了对"唐写本说文"的研究。

关于这个本子自古以来的传承情况，是可以知道几分的。有绍兴之印，又有米友仁作鉴定的跋，说明曾藏在南宋内府；有宝庆四年俞松的跋，更有贾似道之印，可知南宋末在外有传。又有溧阳赵氏之印，这是元代有传。有李东阳之印，知道明初有传。此后情况如何，就不甚明了了。然后，突然在同治年间现世。

其字数为九十四行，一百八十八字，不足木部的一半。其体裁，不用说是用反切，至于许慎解释的地方，与二徐本多有异同，却往往与《一切经音义》所引文相同。莫友芝将此与二徐本对校，写有《唐写本说文木部笺异》，已面世。其他学者，也对它进行了重要的研究。其中刘毓崧从书中文字的缺笔推论，认为这个写本应该是唐元和十五年（820）所写。此外，张文虎、方宗诚及莫友芝之子彝孙、绳孙等的研究，也都收载在《唐写本说文木部笺异》上。没有收入其中的，还有吴云关于篆体的研究，写在原本卷子的跋上。他指出：这个写本上的篆体，是后汉曹喜以来的长脚书风，与秦李斯及王莽时代的篆体书风不同，与唐以后李阳冰以下的书风也不同，而与这个写本书风相近的篆体，是魏《三体石经》、唐《峄台铭》。另外，其上的楷书，被认为接近唐石经书风中柳公权时期的书风。不可思议的是，我国宫内省收藏的《篆楷千字文》片段，与这个写本上的篆书、楷书之风，都十分的相似。

我最初见到这个本子，是在明治四十三年（1910），当时是为了敦煌写经的研究，与狩野、小川两博士及滨田、富冈两讲师赴北京，其间访问端方，观摩他丰富的书画金石收藏，我询问莫氏所发现的说文木部，今在何处？端方说，正是我的收藏，于是，直接拿出来展示了，并请我题写跋语。亲眼见到这个唐写本，惊叹于其风韵与莫氏付梓出版的本子相比，真是不可比拟的精妙！在此之后，我也一直未能忘怀。第二年，端方因为革命军战乱，暴死于四川，我非常担心这个本子的命运。大正六年（1917）我再度赴京时，向端方的亲戚景贤氏询问这个本子，景贤说，现在正归我收藏着。

　　此后，我在外游历中，听说景贤去世了，甚是担心这个本子的散佚，就拜托北京的熟人，如果有这个唐写本的下落，一定告知于我。去年十月，熟人果然来报，这个本子要出卖。在交涉了价格之后，正要交定金之时，因为京津间的战乱，我的回信迟到了一个月才到北京，这期间，就被别的中国人买去了。熟人再度进行交涉，结果，还是得以再度转卖给我。然而，因为战乱，担心邮寄的危险，就劳烦北京公使馆，经由外务省转带而回，到我得到它，已是今年二月。如此这番，六十余年来中国著名的古写本，我十七年来梦寐难忘的、独一无二的《说文》古本，终于归我所有了。

　　今天，在中国敦煌等西域地区，有古文书出世，佛经以外的经籍，不仅仅是唐写本，甚至是六朝时代的东西，也有出现。但作为中国最古老的辞书《说文》，虽然只是九十行的残卷，能够与之匹敌的东西，目前尚无一纸面世。在日本，一直是以梁陈间（六世纪前后）顾野王所编辞书《玉篇》为最早，对于这个唐代写本的存在，学界也是非常珍重之。至于《说文》，有故平子铎岭氏发现的只有两行字的古本影写本，这个古本可以说是唐写本的同种之物，遗憾只是片段而已。所以，如今这个唐本的入手，简直可以说是品味了至味大餐。

如上所述，这个本子已经经过许多中国学者的研究，但并非没有进一步研究的余地。其一，关于此本的反切，中国学者也都注意到了，与二徐本是完全不一样的，那么，此本的反切到底是何时的用法？《说文》的反切又具有怎样的价值？这些问题，并没有明确论述。初览之下可知，此本的反切与顾野王《玉篇》也不一样。我国仅存的《玉篇》原本片段没有木部，不能直接引用对比，但高山寺所藏所谓弘法大师著《篆隶万象名义》，被认为是从《玉篇》抄出来的，原本《玉篇》所存在的部分与《万象名义》的反切完全一样，根据《万象名义》的木部，可知《玉篇》木部的反切。拿它对校唐本《说文·木部》，也是相合之处少，相异之处多。可知，这个《说文》的反切，是产生于《玉篇》之前的反切吧，而今天流通的《说文》上，完全没有这些反切。从直音的字来看，大致可以知道表示其音的古代方法的存留。特别是从其中"桓"字所附的直音"丸"来看，可以认为是汉末三国初的发音，所以，此本的直音反切，可以推测是《说文》所附最古老的东西。若对其他直音反切进行一一研究，应该还有更多的收获。追述一句，此本珂罗版影印公开面世，拜托专家学者展开研究。

以上就是唐写本《说文》之由来以及学术价值之一斑。

大正十五年（1926）七月《书物礼赞》第四册

奉天满蒙番汉文藏经解题

《金字蒙文大藏经》（附包袱夹板，写本）百余函

在实胜寺（即黄寺）的东佛殿内，在坐东朝西与坐南朝北的格架夹角靠东的一角，收藏着一部《金字蒙文大藏经》。传说此物是由内蒙古察哈儿林丹汗之母，将它与传国玺及吗哈噶喇佛一同送来的。实胜寺碑及《太宗实录》都没有记载到这佛经传来的事情，《盛京通志》中有这个传说，但多少是有些错谬的。总之，《金字经》作于明代，由蒙古传来，是无可怀疑的。原本有一百八十函及目录。光绪二十六年，土匪侵入寺中，劫掠黄缎包袱，将经书全部打乱了，如今已经无法整理，便制作了古雅的夹板，将散乱经卷保存起来。这本金字经是清朝的蒙文经出版以前的写本，又有仔细校订过的痕迹，是蒙文经中最为贵重的了。

《御制满汉蒙古西番合璧大藏全咒》（刻本）五部

每部目录一套八卷、同文韵统一套八卷、本文八套八十卷

乾隆三十八年全部刻成，第一套第一卷卷首载有乾隆二十三年御制序文及三十八年训旨，清楚地记载了此书的情况。五部中有一部的《同文韵统》缺少目录，两种本文又有破损，其他的四部大抵完整，特别是第三部最为完善。但此书保存非常散乱，此次查阅时，顺便将

之基本整理好了，储放在黄寺东佛殿坐东朝西的格架的中部上方，如左图所示（图略）。

《蒙文大藏经》（红印本无包袱，夹板不完整）一部百余函

何年刻写的并不清楚，经书顺序有些错乱，有比较多的缺损，现在在黄寺东佛殿南北两边的格架间储藏着，其目录混入在西佛殿坐西朝东的格架间，如今归还存放在东佛殿内，满蒙二目录保存完整，西番的目录脱落的很多，根据目录来看，内容与《西番文藏经》完全一致，与此同本也存在太平寺，是保存完好的。

《西番文藏经》（红印本有包袱和夹板）一部百余函

现藏于黄寺西佛殿，于康熙二十三年刻成，与宫内省所藏东京大学保管的版本相比较，其乙类本甚为相似，检视其中数函，发现页数也基本一致，唯一的差异是与宫内省残缺的版本比起来，这《西番文藏经》相对完好一些。但是，两本都仅有《甘珠尔》而无《丹珠尔》，宫内省本缺少目录、包裹和夹板。此书放在北面格架的下部，这样满汉蒙番四文就齐全了。

《西番文首楞严经》（无红印本包袱，有纸制夹板）二部

附有御制序，乾隆二十八年的译本，现藏于黄寺西佛殿西边格架的靠北的下部，此书原在《西番文藏经》中，乾隆帝命章嘉国师等人重新从汉语翻译而来，作为藏经的单行本。

以上黄寺所藏。

《蒙文大藏经》（红印本包袱夹板俱全）一百八函

另有目录一函，现藏于黄寺西邻的太平寺中，与黄寺所藏的印本《蒙文经》相同，此本最为完整，在格架间排置的十分整齐，并且都有夹板。有"光绪九年协领某敬立"的字样，应该是近年寄赠来的书，与帝室官府无关。

以上太平寺。

《西番文藏经》（红印本）一部百七函

现藏于御花园长宁寺本殿，与黄寺所藏的番文经相同，寺中好像还藏有别的写本，黑字白纸《番文经》零本数十函。

以上长宁寺。

《满文大藏经》（红印本残缺本）

原藏于北塔寺中，今春兵乱，经卷严重受损，已经非常残缺，其残本现在奉天军政署中保存。奉天各寺中，北塔寺主要的目的是培养满洲人喇嘛，所以使用满文藏经。满文藏经仅此一个寺存有，如今如此残缺，实在是痛心，这一部分能得到保存，甚幸，希望今后还是要谨慎保管才是。

《满文大藏经》是乾隆十七八年到三十七八年，翻译印刻完成的经书，其内容与藏文、蒙古文两经不完全相同，例如阿含部与藏文经的不一样，此本是由汉文藏经译出的，此残缺本的目录存佚未知，但根据阿含部等其他存在的部分可知，这是乾隆年的译本。

以上北塔。

明《北藏》全部 清康熙年间印

首页写有"大明正统五年十一月十一日御制赞"

经赞写有"申时行 六百三十七函 缮始于永乐庚子 梓成于正统庚申"云云，又"皇太后益以《华严悬谈》以下四十一函"云云。

"万历敕板敕谕"云。

"圣母慈圣宣文明肃皇太后命悉刊印旧刻六百三十七函续藏四十一函"。

又有"圣母印施佛藏经序"。

又"康熙四十五年三月十八日重修"。

在楼上东边一室收藏，那种横五个竖九个抽屉的橱柜，东面有四组，西面有两组。

清《龙藏》全部 雍正年间印

收藏在楼上西方的一室中，是装帧精美的初印本。

以上小西门外万寿寺。

明治三十八年八月十四日奉天小西边门外
练兵公所满洲军总司令部卫兵舍内作 同月廿三日订补

117

这篇解题的由来是，由于宫内大臣田中光显伯、高楠文学博士的劝进，我国希望获得《金字蒙文大藏经》，委托满洲军总司令部运作。当时我正好受外务省的嘱托，赴满洲进行各种调查，于是，发电报委托我进行具体调查。恰好我已对此事有所关注，总司令部托付福岛陆军中将与我共同谋划，调查开始，我就把写好的以上解题赠给福岛将军，以供参考。其后，在万寿寺得以浏览明清二藏，进一步订补题解稿本，收藏于藤箱中。今值《目睹书谭》，作为当年的纪念刊载于此。

解题中所载之《金字蒙文大藏经》，在满洲军总司令部撤去之时，福岛中将派翻译官中岛比多吉去黄寺，由宫内省出资五千圆，向管掌达喇嘛什尔布札木将它买下，后来保管在东京帝国大学。《满文大藏经》的残缺本，在明治三十九年奉天军政署撤去之际，也运送到了东京，一同托付于东京帝国大学保管。这满、蒙文藏经二部，在大正十二年地震火灾中烧毁了。对于此事，我曾写有文章刊登在《艺文》杂志上，可以与此题解参照。

昭和二年（1927）十月记

草不除轩饯饮内藤炳奉命之满洲

席上赋赠

西村时彦天囚

海外求书且采风，布衣衔命继欧公。

沈阳经劫典坟在，辽左飞烽冢壁空。

战阵摧坚固为烈，名山发秘足伟功。

归来进献玉阶下，我亦凭君茅塞通。

次韵赠别

矶野惟秋秋渚

载笔重观海外风，满清著撰莫如公。

尾箕析木汉津隔，长白发祥王气空。

璠笈瑶函窥宝秘，仰熙嘉荫见丰功。

行无季子秋笳感，选胜登临也博通。

次韵留别

内藤虎次郎炳卿

劫后山川孰采风，拟将铅椠报诸公。

阿麻额墨遗文在，钮勘斐兰旧俗空。

汉土生民耶律力，咸阳图籍酂侯功。

此心幸与前贤契，不愿丹墀姓字通。

藏书家的故事

　　清朝初期开始，有名的藏书家很多，钱谦益及其族孙钱曾，又有季振宜等人。顺治年间比康熙初年有名的人更多，然而藏书家最盛的时期乃是乾隆中期以后。乾隆末年经嘉庆到道光初年，苏州的黄丕烈是最为有名的，可以称得上是全清朝第一藏书家。

　　黄丕烈收藏了宋版书百余种，号称"百宋一廛"。那时的藏书家，不仅以收藏数量之多为自豪，而且努力寻求古版本，更有甚者是下功夫以古版书对通行本进行校勘。这个黄丕烈，就是在这方面最有名的人，他所刻的《士礼居丛书》，多以宋版和其他古版书翻刻而成，极为精致。清朝出版的最好的版本丛书，至今仍价值很高，无能匹敌，传到我国的，恐怕不会超过二部。

　　藏书家对藏书之事，又追求各种趣味。当时的古书校勘第一人顾广圻，作了《百宋一廛赋》，极力赞扬黄丕烈藏书之丰富，在藏书家之间很有影响。黄丕烈自嘉庆年间始，连续十年举行"祭书"活动，即在自己名为"读未见书斋"的书斋中举办祭书之事。后来也曾在"士礼居"祭书。每次祭书时，必然会作画，黄丕烈的学者朋友们，又为画作"图说"，前面提到的顾广圻，曾作《士礼居祭书诗》，流传至今。昔有唐朝贾岛，每年岁末之时，会为自己一年所作的诗进行祭诗，传为文坛佳话，祭书之事则始于黄丕烈，堪称又一文坛佳话。黄丕烈的藏书，之后辗转于今天中国、日本的藏书家手中。不用说，人死后藏书会散佚，其实不光是死后，有的人在世时藏书就有散到他人手中的。中国喜好藏书的人，多是如黄丕烈般的读书家，而且热衷于校勘，和有很多钱、搜集了很多书不读的日本人是不一样的。不论有多少财产的人，尽全力搜集书籍的结果，就是晚年大多贫困，为了维持生计，书籍就不得不卖掉。黄丕烈也是这样，五十岁以后大部分钱都用光了，把许多珍本卖给了当时（嘉庆末年）后起的藏书家汪士钟，这事可以在年谱中看到。后来，他曾不得不从汪士钟那里借出自己曾卖给他的书进行校勘。但无论如何，搜求古书之事，绝不会停止，一方卖出，一方买入，如此这般。黄丕烈晚年（道光五年）也就是六十三岁时，自己开了家书店，这年年末就去世了。

汪士钟是黄丕烈之后有名的藏书家，他所刻的《仪礼单疏》扬名于世，今日我以非常便宜的价格得到了这部书。此人本来开有一家布匹店，非常有钱，可是他的藏书不久也散佚殆尽了。他的藏书处名为"艺芸书舍"，所散的书，被常熟瞿氏与聊城杨氏收入，此二家乃今日中国现存的二大藏书家。

藏书家中遭遇最悲惨命运的是张金吾。此人也是乾隆末年出生，道光八年仅四十二岁就去世了。张氏的亲族中藏书家很多，金吾的从父张海鹏以刻书而有名，出版了《学津讨原》《墨海金壶》以及《借月山房汇钞》等大部头的书籍。张金吾作为这家族中的一员，从年少时就在增益前辈藏书的基础上，加之自己搜集到的，号称藏有八万余卷书。他的夫人同样也是有学问之人，夫妇同样爱书，研究学问，著述也相当多，却都不出版。他三十三岁那年，买入了十万余个活字，用以出版大部头的书籍。其中之一就是《续资治通鉴长编》，用了二年时间，将五百二十卷的书籍，印了二百部，直到现在依然是历史学家非常看重的书籍之一。他的藏书处名为"爱日精庐"，最初编有《藏书志》四卷，之后又有增补，最终编成《爱日精庐藏书志》四十卷，是对自己家所藏书籍中最好的书的解题。这套书也是用活字印刷的，至今仍为藏书家所重视。然而，张金吾最不走运的事是，他的《藏书志》出版时是四十一岁，而在此前一年，他失去了所有的藏书。他的侄子张涣因为曾贷款给张金吾，就将其十万四千卷藏书全部夺走了。张金吾自然是非常悲痛，他写道："何意聚之二十年，散之一日夜，云烟过眼，竟若是之速也。"还写道：

　　自来藏书家，厄于水火者有之，荡于兵戈者有之，子孙不能守、狼藉于鼠穴蠹腹者有之，从未闻有肤筐豪夺，且出自同宗子姓者！夫聚散，常也，达观者原不必以此介怀，况书目流传后世，犹予之书也。目前之在彼在此，又奚足较？惟是涣闭户读书，文章诗词有可观者，邑中推吾家为诗礼世族，涣又吾家之动循规矩者，何一旦愤愤而有此骇人听闻之举动也？岂好名之心不敌其好利之心耶？抑觊觎吾书，借端夺之，以快其心耶？将予之书数应归涣，致涣冒不韪耶？藏书尽散而书目告成，不可谓非予之厚幸也。

　　翌年，张金吾又不幸失去了爱妻，他原来有相当的财产，经此事变后，就很贫困了。丧妻之后，他日日手抄《金刚经》，半年以上日日读诵，不久，自己也与世长辞了。

　　藏书家中张金吾是晚年最不幸的一人。大体在中国的藏书家，那些自己爱好读书且又百般搜求书籍的人，几乎没有能数代相延续的，而不甚读书的藏书家，却能数代相续，这真是非常讽刺的一件事情。正如上文所言，中国人为了自己的嗜好散尽财产，晚年藏书不幸散失，但这种事情大多是先前不以为虑，尽全力收集书籍、作藏书志，又翻刻善本，与其说是为了使自己的藏书以贻后世，不如说是由于藏书家内心夙愿的驱动。这种不可思议的嗜好，是近代中国发达之处。日本人也有藏书雅好，我希望中国这种风气也能够在日本发展起来，好坏是另一个问题。就我自己目前所见，最近藏书的聚散也是十分激烈，恐怕这也是追寻中国近代轨迹所不得不考虑的事情吧。（谈话笔记）

昭和二年（1927）十一月《书籍的趣味》第一册

奉天宫殿书库书目

奉天宫殿翔凤阁后面的书库里的书籍，明治三十九年六月的《早稻田文学》上，我稍微写过一些，那里藏有八百六十二种殿板书籍，我拍摄了晒蓝本有满蒙两种文字的《蒙古源流》《西域同文志》以及《旧清语》等书，皆书库中所藏。近来奉天宫殿被改为博物馆了，金息侯梁为筹备委员长，正着手准备，金君将"博物馆陈列古物册"赠与我，其中一项是"各阁库存物总册"，又一项是"翔凤阁后七间楼，殿板书籍四百零八种，经史子集均有"。这应该就是书库中保存的书籍，其书籍部数与我当时拍摄照片书库中保存的书目相比，虽然只有一半左右，不管怎样经过最近的动乱，书库中书籍现存的状况，还是非常欣慰的。若将其发布出来，可为研究者提供便利，故决定刊载出来。尤其是这个书库与原来的文溯阁是完全不同的了，文溯阁的《四库全书》，在袁世凯时代一度运去了北京，其后张作霖有使其复归奉天之意，这应该称得上是文化上无上的功绩。原来书目中有误写之处，也有跳过号码的地方，现在订补了新的，就不再用之前的了。

（书目略）

昭和四年（1929）八月《艺文》第二十年第八号

岛田翰篇

岛田翰（1879—1915），字彦桢，日本东京都人，父亲是著名汉学家、东京大学教授岛田重礼，自小受汉学熏染，浸润于万卷汉籍、珍贵善本中，有"天才""神童""书痴""读书种子"之誉。因英语、数学等新学科目成绩不佳，未能入东京大学，毕业于东京外国语学校清语科。父亡，师从竹添井井进学，从事汉籍校勘与著述，协助竹添出版《左氏会笺》。所著《古文旧书考》，在中国享有盛誉。1905 至 1907 年间，曾数次到中国江南地区，结交藏书名家，阅览古籍善本，访问过苏州顾氏过云楼、湖州陆氏皕宋楼，杭州丁氏八千卷楼等著名藏书处，颇受礼遇。说服陆心源后人，以十万元将陆氏皕宋楼全部藏书售与日本三菱财团静嘉堂文库，并作《皕宋楼藏书源流考》记之。1901 年 10 月，岛田翰因私藏日本足利学校珍本《论语》而被起诉，开庭审理。1915 年 5 月，又因串通称名寺住持盗购日本国宝金泽文库本《文选》一事败露，再次被刑事起诉，在被拘押至刑务所前夜，于家中饮弹自毙。1921 年，田中庆太郎将其访书篇什结集印行，为《访余录》。

皕宋楼藏书源流考

附：

刻皕宋楼藏书源流考题识

皕宋楼藏书源流考题词

静嘉堂文库观书记跋

皕宋楼藏书源流考译文

道光之末，海上郁万枝松年善搜罗典籍，获其郡先辈山塘汪阆源士钟艺芸书舍所收，吴县黄荛圃丕烈士礼居及长洲周仲涟锡瓒水月亭、吴县袁又恺廷梼五研楼、元和顾抱冲之逵小读书堆之藏，更以兼金购书于仪征盐商家，又稍讨致钱受之、曹秋岳旧弄。诸老既称东南之甲，而万枝梯航访求，穷老尽气，丛书之亲抄，暴书之手校，不惜重赀以罗置邺架，用是江浙数百里之间，简籍不胫而走，杂然入沪渎矣。

先是自明季刘子威金事脄载阁、钱叔宝处士父子悬磬室、杨五川副使七桧山房、赵汝师少宰二世脉望馆四家书归于虞山绛云之藏，一传为述古、汲古，为延令、传是，再传为怡府明善、明氏穴研，汇为黄氏士礼居，为汪氏艺芸书舍，又再传为聊城杨氏海源阁、常熟瞿氏铁琴铜剑楼及郁氏宜稼堂，流为仁和朱氏结一庐、湘潭袁氏卧雪庐、吴县潘氏滂喜斋、常熟翁氏宝瓠斋。而溯流穷源，数典尊祖，则诸藩秦、晋、蜀、赵、周、宁，陂上之西亭，豫章之郁仪，家藏与天府垺；而通经学古之士，崛起白屋；抱残守缺者，后先相望。澹生、世学，雄长于会稽；小草、红雨、世善，风动于闽峤^①；南中则抱瓮、千顷；吴兴则白华、玩易；吴中则辛夷、昌安、菉竹、真赏之精洗，得月、小宛之醇正，各据坛坫，卓荦一方。

康雍乾嘉，流泽益衍，浙东西有静惕、潜采、云在、道古、小山、振绮、瓶花、开万、寿松、知不足、拜经、向山、蝶隐、汉晋、汉唐、文瑞，吴会^②有朴学、红豆、桂宦、小玲珑、来雨、陶庐、滋兰、稽瑞、爱日，河北则有沽水、梧门、万卷、笥河、宝苏、南涧，卿云轮囷，芸签缥带，足以与绛云、延令、传是、士礼掩前绝后之藏相发明。而冯空居、卢抱经、钱潜研、段经韵、孙平津、阮挈经、顾思适诸君，得因以校勘异同，裨补经术，然后天下知校勘之果足以继往开来，然后知藏书之与骨董果两途也。予故曰，校勘家当尸祝冯、卢、钱、段、孙、阮、顾，藏书之家当以钱受之、黄尧圃暨万枝为其世适，而瞀宗之祭，亦当以三君为乐祖矣。

同治初元，宜稼之书散出，其宋元旧椠、名校精抄，大半先为丰顺丁禹生中丞日昌于观察苏松太时豪夺去，归于持静斋，更有江苏候补道洪观察者多购获之，又为独山莫子偲友芝所借失者亦不鲜，而其余精帙，俱归于归安陆刚甫心源有。心源已获郁氏书，富于藏储，方是时受丧乱后，藏书之家不能守，大江南北，数百年沉埋于瑶台牛箧者，一时俱出。而心源时备兵南韶，次权总闽醝，饶于财，于是网罗坠简，搜抉缇帙，书贾奔赴，捆载无虚日。上自苕溪严氏芳椒堂、乌镇刘氏瞑琴山馆、福州陈氏带经堂，下迄归安韩子蘧、江都范石

---

① 闽峤：福建境内的山地，代指福建地方。
② 吴会：秦汉会稽郡治在吴县，郡县连称为吴会。东汉分会稽郡为吴郡、会稽郡二郡，并称吴会。唐以后，俗亦称平江府即今江苏苏州为吴会。大致概指江苏南部与浙江北部等地方。

湖、黄荛圃、仁和平甫季言二劳、长洲周谢盦、归安杨秋室、德清许周生、归安丁兆庆、乌镇温铁华，及元钱塘陈彦高等，有一无二手稿草本，从飘零之后摭拾之，尽充插架，以资著作。素标缃帙，部居类汇，遂为江南之望矣。

予之历游江南河北也，舟车所接，皆藉书卷为淹滞。而旋聚旋散，鲜有传至二三世者。就予所见，唐栖[①]朱修伯侍郎之散，吾友江建霞太史得《大金集礼》《济南集》，皆旧抄本；吴门蒋香生太守之散，于吴兴冷摊买得《宜稼堂书目》原单，有香生详注；庐陵文芸阁学士之散，于友人处见《永乐大典》录出本。夫物聚于所好，聚散之速，莫书卷甚焉！苟子孙之不悦学，举先世之缩衣节食所购置者，以致荡为荒烟野草，而前哲撰著未付枣梨，仅存于蜡车障壁者，鄙夫或为袭取攘窃。凌仲子《元遗山年谱》，翁正三署名矣；戴东原《直隶河渠书》，王履泰攘为己有矣。予于皕宋楼读荛圃《复翁所见古书录》、谢盦《群书缀拾》等书，又从钱塘丁修甫孝廉八千卷楼借劳、丁诸家遗著，且闻修甫所说，每诵而悲之。呜呼！士穷年累岁，扬榷句稽，或饥寒之不虞，竭毕世于敝纸渝墨之间，以致编简者，迨其后也，非论秤而尽，则不过供他人窃假，而其志之所存，世亦无有知之者，岂不可重为唏嘘痛叹耶？

乙巳丙午之交，予因江南之游，始破例数登陆氏皕宋楼，悉发其藏读之。太息尘封之余，继以狼藉，举凡异日之部居类汇者，用以饱蠹鱼；又叹我邦藏书家未有能及之者。顾使此书在我邦，其补益文献非鲜少。遂怂恿其子纯伯观察树藩，必欲致之于我邦。而树藩居奇，需值甚昂，始号五十万两，次称三十五万圆，后稍减退至二十五万圆，时丙午正月十八日事也。

---

① 唐栖：即塘栖，地名，今杭州市北部，江南水乡名镇。

二月返槎，归而谋诸田中青山先生，不成。先生曰："能任之者，独有岩崎氏耳。余将言之。"而予亦请诸重野成斋先生。今兹丁未三月，成斋先生有西欧之行，与树藩会沪上。四月，遂订议为十万圆。五月初二日，吾友寺田望南赴申浦，越六月，陆氏皕宋楼、十万卷楼、守先阁之书，舶载尽归于岩崎氏静嘉堂文库。

心源字刚甫，号存斋，浙江归安人。读亭林遗书喜之，以"仪顾"颜其堂。凡得书十五万卷，就月河街居分楼上构书室为"皕宋楼""十万卷楼"。皕宋楼储宋元旧椠，十万卷楼收明后秘刻、名人手校手抄，及近儒著述。别于潜园中建守先阁，藏寻常刻本，间及抄本之无异者。比予至吴兴，已纷乱不可判，惟其可知者，守先阁本卷首皆捺"守先阁奏记"图章，而二楼所收则无。盖由光绪八年壬午奏咨立案，以守先阁所储归之于公也。然守先所储异书无几，仅有《汉后书》等数种。今不奏记二楼旧刻旧抄，而奏记守先寻常抄刻，欲以垂远，其故殆不可解，岂非欲以此为市道邪？

乌成李少青宗莲序《皕宋楼藏书志》云："宋元刊及名人手抄手校者，储之皕宋楼中，若守先阁，则皆明以后刊及寻常抄帙。"是宗莲就心源未构十万卷楼以前而言，已分为二，书亦随之判矣。予至吴兴亲检之，皕宋楼中有《初／有学集》，有抄本《开国群雄事略》；十万卷楼中有《明文海》，有明仿宋《大戴礼》、旧题元刻《说苑》；守先阁中有宜稼旧藏稿本《汉后书》。后树藩以心源手抄书目原单示，亦然。依是而观，又何有统纪哉？且皕宋、十万，虽分为二，实分一室为二，楼云阁云，皆假名夸人之具，有十室斯可付十名也。而树藩赠予以《皕宋楼藏书志》稿本，其书尚作《守先阁藏书志》，乃知皕宋、十万，皆系心源四十五以后所名也。

宗莲序又举五长云："范氏所藏，本之丰学士万卷楼，承平时举而有之犹易，若皕宋则掇拾于兵火幸存，搜罗于蠹断叐朽，精粗既别，难易悬殊。"皆取比于四明范氏天一阁，抑亦非其伦。盖紫清之传，发之于元祐中清敏尚书，传至人翁倍有加。人翁晚得心疾，潦倒于书淫墨癖之中，凡宋椠与写本，为门生辈窃去者几十之六，又遭大火，所存无几。尧卿侍郎，先时从人翁抄书，至是购其幸存之余。又稍从王元美小酉馆互抄以增益之。是以甬上之藏，抄本为多。而黄太冲、徐健庵、万季野及阮伯元之伦，皆就阁中抄书，而一时好事者皆争仿效。乾隆中四库馆开，多征佚书于天一与《大典》，文渊、文溯、文源、文津及文汇、文宗、文澜七阁之成，取范于兹，甬上之惠被学术，岂可计量哉？方司马抄书，锐意搜罗，假借缮写，刓编啮简，尽供参考。而心源则捆载书于郁氏，当时所购去，今案其目，总四万八千余册，三千二百元。况丧乱之余，世家巨室之藏星散云飞，等于废纸，而心源举群有廉获之。若元本《玉海》直五十元，汴刻《唐书》直三十二元，天水蒙古且然，余可知矣。其难易轻重，果何如也。且书以佚为贵，有异同次之，心源所得宋元二刻，其佚者多有仿雕，或名人已为之点定。而天一则不然，其抄本之富，正所以多异书。而宗莲以其宋刊不过十数种、元刻仅百余种诋之，适见其无识耳。

嘉庆中黄荛圃得宋本百余种，顾南雅学士颜其室曰"百宋一廛"，海昌吴槎客明经以"千元十架"相于犄角，而绛云、延令、艺芸收宋本各不下三四百种。原丽宋所以名楼，谓储宋本二百种，今合并原目所载，分析一书为数种，以充二百种，《十三经注疏》《七书》《玉海附刻》《百川学海》之类，以检其宋元本，实不过宋本百十部，元本百五十五部，约四千余册。而更严汰其假宋版、仿本、修本，当减其三之一。宗莲序《藏书志》、俞荫甫作《心源墓志铭》，云所得宋本二百余种，元本四百余种者，夸甚矣。夫宗莲委巷小生，不足论，独怪荫甫一代名儒，乃为此诪张之言。盖荫甫据陆家所述而言，当非故为夸言也。

会国子监征求书籍，心源进旧抄旧刻百五十种，共二千四百余卷。二子皆依此获国子监学正衔。二十年十一月没，年六十一。

心源著书九百四十余卷，名曰《潜园总集》。其间言及校勘者，有《皕宋楼藏书志》并《续》《群书校补》《仪顾堂题跋》并《续》，及《仪顾堂文集》。《校补》《藏书志》为其客李宗莲所撰，《题跋》《文集》亦多有蓝本，且失考不一而足，姑举其一二：《万宝诗山》是明宣德四年书林叶景逵刻本，莆阳余性初作之序，《绛云》《延令》并为宋本，《宜稼》亦注云宋版，莫子偲著《经眼录》以为宋巾箱本。心源于《仪顾堂续跋》云："戊与酉不相值，非戊戌即己酉之讹，盖理宗淳祐末年麻沙刊本。"不知余性初是何代人。其所空缺，即"宣德四年"四字，不免为书贾所愚。而"著雍作噩"即当是"屠维作噩"①，偶然笔误。凡览旧刻旧抄，宜宿具神悟，遇辄能名，不当拘拘乎玄黄也。

昔明张天如家有《文渊》著录宋足本《御览》，分授二女作嫁装，各得五百卷，乾隆中朱氏滋兰堂合二本获之，仅有三百六十六卷。嘉庆甲子，尧翁从周氏水月亭购之，喜曰：期三百有六旬有六日，盖天三百六十五度，可备学者一日一卷之读。以宋纸贴表后，折阅售之艺芸书舍。汪书云飞，同治丁卯俞荫甫樾介绍归于心源，又佚其十五卷。平湖钱梦庐藏残宋本，其脱出于兹乎？然题云"小字本"，或与静嘉之竹添、后藤二家宋本相同欤？盖此书与秘府之书同为庆元刻本，而心源不言其渊源所自，以蔽其迹，且云刊印当在仁宗时，妄甚矣。其

---

① 著雍作噩、屠维作噩：古人天干地支的名称，分别有别称，"著雍"是戊的别称，"屠维"是己的别称，又称"徒维"，"作噩"是酉的别称，又称"作鄂"。屠维作噩，即干支纪年之己酉年。宋淳祐己酉年即淳祐九年（1249），正好明宣德四年也是己酉年。而著雍作噩，正如陆心源指出的，戊与酉是不会相配在一起的，一定是戊戌或者己酉的讹误。所以岛田说，陆氏指出这个，却没有看破假宋本，不过是"拘拘于玄黄也"，不够"神悟"。

他"宋椠《山谷黄先生大全诗注》",实即我邦旧刊覆宋小字本;"元椠《说苑》",此朝鲜覆明本。凡如此类,不可胜述。

总而论之,其可宝重者,若宋本《续仪礼经传通解》,杨信斋修定本,与今行张本、吕氏重刊张本不相同。汴刻《说文解字》,平津祖本,字画谨严,饶具颜柳笔意,纸则硬皱黄润,似高丽茧纸,审谛之更不类,当是永丰棉纸矣。宋会本《十三经注疏》二部,一足本,一残本。一通则《易》题曰《兼义》九卷、《略例》一卷,附陆氏《释文》一卷,《书》二十卷、《诗》二十卷、《周礼》四十二卷、《礼记》六十三卷、《左传》六十卷、《公羊》二十八卷、《穀梁》二十卷,则割裂《释文》分附经注各下,题曰"附释音",《论语》二十卷、《孟子》十四卷、《孝经》九卷,不附释音。以上皆半页十行,唯《仪礼》则五十卷,半页八行,《尔雅》十一卷,九行。经凡十三,宋嘉定庚辰同时刷印于建安;一通则款格长短,皆同于前本,同版异刷,独缺《尔雅》《仪礼》。《仪礼》以单经本及杨复《仪礼图》补之,比前本刷印颇后,其在咸淳之际乎?此书之版,一归元,又入明,明初尚存于福州府学,后入南雍。而大德、延祐、至治、泰定、元统、正德递有补修,所谓正德十行本之祖本也。案此书刻时非一,后凑合同刷,而《仪礼》五十卷则《南雍志》所谓"《仪礼注疏》五十卷,旧版坏失,止残版五面"者,殆指此。盖注疏会本其始皆以注附疏,分卷即依疏之卷第;其后以疏附注,其分卷则用经注之卷第。又或有妄意分合者。故秘府《论语注疏》十卷,而此本既改二十卷,三山黄刻《礼记注疏》七十卷,而通行本六十三卷,沈中宾《左传注疏》三十六卷,而此则六十卷,此《仪礼注疏》五十卷,而宋末已有十七卷本。意者注疏五十卷本,宋末残缺遂甚,于是有取单经本及杨《图》补之者,有取《注疏》十七卷本补之者,今存宋会本之于杨《图》与《注疏》十七卷本有出入,其由此。而元修明补十行本,即以杨《图》补本

133

为蓝本。《南雍志》云："新刊《仪礼注疏》十七卷，共计八百六十面完。"又云："《十三经注疏》刻于闽者，独缺《仪礼》，以杨复《图说》补之。嘉靖五年巡抚都御史陈凤梧刻于山东，以板送监。"盖宋末《注疏》五十卷本归残缺，《注疏》十七卷本又佚，明初所存仅有杨《图》补缺之版，而仁和邵位西懿辰《四库简明目》版本疏遂云：《仪礼注疏》会本，始于明陈凤梧新刊送到南雍本，独有十七卷本，而嘉靖中闻人诠、汪希周、李元阳三刻祖于兹。以梅鷟之贤，不知宋嘉定闽中已有五十卷会本，宋末又有十七卷会本，亦不思之甚也。今五十卷本厘然俱存。汪刻景德单疏所缺六卷，依此书及魏鹤山《要义》，一一可取以补全，孤文只义，赖以不泯，其为功于艺林者巨矣。宋本《白氏六帖类集》，版心有帖一至帖十二等字，证以秘府高丽仿汴刻杜氏《通典》及海虞瞿氏铁琴铜剑楼北宋本《史记》，俱分四十三册、三十册，其为北宋本确矣。元刻《金华黄先生集》四十三卷，是潏集足本，天壤更无二本矣。

　　其他足本孤本，所在皆是，其卷帙少者，丛刻发行；多异同者，载在《群书校补》；而其尤希觏者，在《四库存目》本及《道藏》与明季野史。所谓《存目》本者，案《存目》所营求，有刻本，有抄本，除《永乐大典》及他九百余种外皆有之。盖四库之书，文渊、文溯、文津、文澜、丁氏善本书室完全无恙，而《存目》所举，卒不可得也。书凡四千部，为卷二十万有奇，为册四万四千余。

　　盖海外藏书之家称四大家，近又加五，聊城杨氏、钱塘丁氏、常熟瞿氏、归安陆氏、宗室盛氏、德州徐氏、武进董氏、湘潭袁氏、常熟翁氏是也。今莒上熸矣；罟里亦求售矣；而松生明府、至堂河帅、伯熙祭酒之遗藏，俨然如故也。叔平尚书、漱六太守所积充牣，几埒四家，今皆无尺蹄片纸矣；而梧生监丞、授经比部之书，日积月累，益致多也。除此则湘淮闽粤之间，士大夫所藏可知也。

静嘉旧藏几十万册，合之今所获陆氏之书，共十五万册，连茵接屋，如访酉阳之逸典，如发委宛①之遗文，如紬金匮石室之藏，如探天禄兰台之秘，足以与丁杨二家之书，徐董盛三氏之籍，列为三统，何其盛也！

　　我足利之藏，古称之石室，然以予见之，《易》《书》《诗》《春秋》之单疏，世固存也，宋注疏会本无论矣。《礼》之单疏新出，而复翁《古书录》亦并著录，宋注疏七十卷本无论矣；至《文选》更为完全，赣州、明州、贵池、裴宅、伯颜，及崇贤原帙，五季《集注》，棋布人间，确有渊源，其可信较宋末陋版何如也。《易》《书》之旧抄，《尚书皇疏》之异体，成抄于室町末造，皆以宋元二刻为底本，无一卷一部出于隋唐遗卷者，而卷子之旧帙，古博士之经进本，犹不存乎，其可信较宋元传抄又何如也。嗟乎！野庠之珠盘已坠，邾莒不朝，秋水尽而寒潭露，方之江浙间零星捃撧者，已蔑如矣，此可谓之石室之秘乎？偃然欲以行远，难矣。

　　百年以来，屈指海内，以藏书名者，草月、留盦、求古、青归、怀仙、赐庐之流，进献折阅，零落殆尽；先君双桂，吾师井屋，新古相半；东西数千里，免于疑论者，惟秘府之书。森森琅环②，芸香日耀，诚世间之灵光也。

　　尝论以为在我则抄本贵矣，贵其出于隋唐者也；在彼则宋元本贵矣，贵其宝袭犹新也。次之者为名人手校。手校之精者，有直驾宋元本而上之，而秘府仅传冯校《张说之集》，余无所见。且我邦所传旧本，自以海外异，经部尚为完全，子部却多善本，而其所缺落在史部，尤在集部宋元遗集。盖古专门名经，重在经术，镰仓室町举文字

---

① 委宛，应是"宛委"之误。宛委，山名，在会稽县东南，传说中大禹王登宛委山，得金简玉字之书，后世代指皇室宫廷藏书处。与以下金匮石室、天禄兰台，同义。
② 琅环：应为"琅嬛福地"的"琅嬛"，传说中天帝的藏书处。

付之浮屠氏，经、子多于史、集，亦所不免也。若以皇国出于隋唐之抄本，加之以海外宋元旧椠名抄名校，及我邦所缺史、集二部，然后藏书之能事始毕。而吾平生之素望尽于此，何意当我世而见之，不亦人世之大快事乎？

昔遵义黎莼斋驻节我邦，与宜都杨君惺吾购求古本，一时为之都市一空。数穷必复，陆氏之书，虽缺其《四库》附存本、《道藏》及明季野乘，不无遗憾，而予知今之所获，倍蓰于昔日所失也。然则此举也，虽曰于国有光可矣。

丁未六月，东京岛田翰撰。

刻皕宋楼藏书源流考题识

董 康

丙午初夏，余游日本东京，获交岛田彦桢。彦桢博学强识，年弱冠，校书中秘，于隋唐遗卷、宋元旧椠之源委，洞悉靡遗。著有《古文旧书考》三辑及《群书点勘》十六巨册。《群书点勘》体例，一仿抱经，而精博过之。时余卜居小石川，彦桢频来寓所，析疑质难无虚日。秋日相与访书于西京、奈良间，纵观古刹旧家之藏，浃旬而返。岁杪回国，彦桢赠影宋抄足本《杨诚斋集》，并约余梓其《旧书考》，别以宋元版若干种相酬，复亲送至小田原而别。

今春，彦桢驰书相告，岩崎文库以日金十一万八千圆购陆氏书，有成议。余初谓陆氏为吴兴望族，刚父观察逝世未久，何致货及遗书。嗣彦桢寄示《皕宋楼藏书源流考》，并属附梓《访余录》内。（彦桢游中国，观瞿、杨、丁、陆四藏书家所记。）始信其事果实。

按陆氏《藏书志》所收，俱江浙诸名家旧本。古芬未坠，异域言归，反不如台城之炬、绛云之烬，魂魄犹长守故都也。为太息者累日。

从前日本收藏书籍，仅知宝贵唐卷子本，而四部之中，惟注意于经子。自杨星吾在日本助黎莼斋星使梓《古逸丛书》，而宋元版始重。今陆氏书籍舶载而东，而史集部始重。近年日本学者研究历史，覃思冥索，进步可骇。兹复骤增秘籍，单词只义，孤证是求，温故知新，必能为史学别生途径。

而我国浅躁之士，方且藉新学之名，以便其不学之实。拙僿者视书之存亡，淡然漠然，无与于己。其猖狂恣肆者，直欲投书一炬而后快。（沈子封丈游琉璃厂，工艺局寄售巴陵方氏书，别置一室。有某学堂学生一见，即曰："此处全是野蛮书。"不顾而去。）闻皕宋楼书既归日本，全国学子动色相告。彼此相较，同异如斯，世有贾生，能无痛哭？嗟乎！

往事已矣，目见日本书估之辈，重金来都下者，未有穷也。海内藏书家与皕宋楼埒者，如铁琴铜剑楼，如海源阁，如八千卷楼，如长白某氏某氏等，安知不为皕宋楼之续，前车可鉴，思之能勿惧与？

彦桢所著，索观者众，爰为梓行，以代抄写，并乞书衡兄长题诗简端，用作纪念。

保存国粹，匹夫有责，凡百君子，当有以教我也。

光绪丁未仲夏，武进董康识。

皕宋楼藏书源流考题词

汾阳　王仪通[①]志盦

意轻疏雨陋芳椒，宾客文章下笔骄。
割取书城归舶载，蘋风凄绝骆驼桥。

李宗莲《皕宋楼藏书志序》，盛称潜园先生求书之勤，谓乾嘉间石冢严氏芳椒堂、南浔刘氏疏雨山房，皆以藏书名。尝见二家书目，著录寥寥，岂足与先生比长絜短，虽大言，盖实录也。

仪顾堂前子弟佳，一家志趣尚难谐。
清风辉映吴兴录，晋石厂承咫进斋。

归安姚彦侍方伯，名觐元，罢官后寓苏州萧家巷，公子慰祖，字公蓼。父子皆好藏书，方伯刻《咫进斋丛书》，公蓼别刻《晋石厂丛书》。

丁董罗陈嗜好偏，书亡同损一宵眠。
重思献县违心语，泡影山河只偶然。

叔雅、授经、叔韫、士可，皆有书癖，闻信相告，束手而已。

① 王仪通（1864—1931）：又名王式通，字书衡，山西汾阳人，原籍浙江绍兴。光绪戊戌科进士，历任编书局、学务处等职。

纪文达言："赵清常殁，子孙鬻其遗书，武康山中白昼鬼哭，何所见之不达耶。大地山河，佛以为泡影，区区者复何足云。我百年后，倘图书器玩散落人间，使赏鉴家指点摩挲曰：此纪晓岚故物。是亦佳话，何所恨哉？"语最旷达，然文达又言，常见媒媪携玉佩数事，云某公家求售，外裹残纸，乃北宋椠《公羊传》四叶，为惆怅久之，则仍未能达观也。故叶缘裘太史诗云："山河泡影谈何易，一见公羊涕不禁。"

翁潘大雅今销歇，江费风流并寂寥。
坐使静嘉腾宝气，人生快事让君骄。

陆氏皕宋楼、十万卷楼、守先阁之书，尽归岩崎氏静嘉堂文库，日本藏书向阙史集部，今骤得此，宜彦桢称为人世大快事。

疏草重寻一涕洟，藏书初愿总参差。
雷塘弟子思前梦，亲见虚怀讨论时。

长沙张文达师拟奏设图书馆，疏稿已具，事不果行，师于今春二月薨于位，回忆便坐雅谭，光景在目，不觉涕泪之何从也。

调停头白范纯仁，俯仰千秋独怆神。
有客为书曾乞命，湘滨宿草已三春。

首用广雅相国诗句，光绪癸卯年，相国在京，湘乡李亦元刑部名希圣，曾进建馆藏书之议，相国有意提倡，会以出京中止，而亦元不久下世，嗣无议及此事者。

巴陵方与归安陆，一样书林厄运过。
雁影斋空题跋在，流传精椠已无多。

亦元遗著，有《雁影斋题跋》，所见多巴陵方氏藏书，庚子后大半散失。

海外琳琅亚汉京，客探秘笈品题精。
微闻东士传新语，翻案来朝畏后生。

客秋九月二十八日，在日本东京偕仲弢、子培两提学，至鞠町御料理地官内省所辖之图书寮，观内府藏书，典守者罗列精本，请定甲乙，意殊诚恳。培老谓东游以来，惟兹事差强人意。仲老戏曰：君勿憙，防岛田明日翻案。

欧化东行汉籍摧，书生有志力能回。
竹添余论篁村教，家学师承造此才。

彦桢所师为竹添君，名光鸿，字井井，著有《左传会笺》《论语会笺》《栈云峡雨日记》。其尊人篁村先生，名重礼，学兼汉宋，平生无他嗜好，但爱书籍，藏弄二万余卷。见盐谷时敏所作篁村岛田先生墓碑铭。

未窥旧籍谈新理，不读西书恃译编。
亚椠欧铅同一映，千元百宋更懵然。

侯官严几道先生每教人以浏览古书，熟精西文，为研究新学之根柢。客冬晤先生于上海，语及近年国文之寝衰，科学之无实，太息不已。时先生新从京师襄校归。

三岛于今有酉山，海涛东去待西还。
愁闻白发谈天宝，望赎文姬返汉关。

如海王城大隐深，遗经独抱几沉吟。
白云苍狗看无定，难遣墙东避世心。

（根据古典文学出版社 1957 年版标点整理录出）

静嘉堂文库观书记跋

傅增湘

前录既竟，有以陆氏藏书源委见询者，余入世差晚，于存斋未及承教，然其长君纯伯，固三十余年雅故也。庭闻熏习，颇事丹铅。辛亥以后，余频频南游，恒访君吴下，其聚散之故，常耳闻而心识之。故君晚岁连蹇，意兴颓然，间及旧事，辄怅惘不能竟其词。虽欲录而存之，而其详终不可得而见也。

忆光绪丁未之秋，岩崎氏购书议成，连舶而东。岛田翰曾著《皕宋楼源流考》一篇，于存斋平生搜访之勤，古籍流传绪次，述之綦详。并历举某书得诸谁氏，其为值几何，穷源竟委，推波助澜，泛滥至七千余言。其文盛自矜诩，于前辈多致讥弹。武进董君绶金闻而伤之，刊成小记，遍贻知交。有"古芬未坠，异域言归，反不如台城之炬、绛云之烬，魂魄犹长守故都"一语。汾阳王君书衡，复题诗十二章，以咏其事。今检点敝箧，短册犹存，取付卷末，既免余覼缕之烦，且藉知彼时士夫悼叹之情，亦足为后来之殷鉴也。至岛田氏所述，是非得失，观者当自得之。无待余之辨质矣。（下略。）

庚午三月二十有五日（1930）沅叔津门客邸书。

皕宋楼藏书源流考 ^① 译文

　　道光末年，上海郁松年善于收藏图书，获得吴郡先辈山塘人汪士钟艺芸书舍的藏书，这个艺芸书舍，收拢了吴县黄丕烈士礼居、长洲周锡瓒水月亭、吴县袁廷梼五研楼、元和顾之逵小读书堆的藏书，又用银两向仪征盐商买得部分钱谦益、曹溶的藏书。以上诸老之藏书，既在东南地方称甲，而郁松年设法访求，至老不懈，又亲抄丛书，校勘各种书籍，不惜重金购买收藏，致使江浙数百里间的书籍，不胫而走，相继纷纷流入了上海。

　　追溯来看，明代末年，虞山绛云楼继承了刘凤的胐载阁、钱谷允治父子的悬磬室、杨仪的七桧山房、赵用贤赵琦美的脉望馆等四家的藏书，一传为述古堂、汲古阁，为延令、传是楼，再传为怡王府明善堂、明氏穴研斋，汇集而为黄氏士礼居，为汪氏艺芸书舍，又再传为聊城杨氏海源阁、常熟瞿氏铁琴铜剑楼，以及郁氏宜稼堂，分流为仁和朱氏结一庐、湘潭袁氏卧雪楼、吴县潘氏滂喜斋、常熟翁氏宝瓠斋（蛹翼居）。若再追溯源头，推崇收藏这些典籍的始祖，则明代有秦、晋、蜀、赵、周、宁各藩王，陂上有西亭先生，豫章有朱郁仪，家藏图书可与皇宫内府相比；而通经研古之人，崛起于贫寒之家；保守古籍、存亡继绝之人，前后相望。澹生堂、世学楼，在会稽称雄；小草斋、红雨楼、世善堂，在福建兴起；南中则有抱瓮轩、千顷堂；吴兴则有白华楼、玩易楼；吴中则有辛夷馆、昌安堂、菉竹堂、真赏

────────────────

① 岛田翰《皕宋楼藏书源流考》，原古汉语写成，为便于当代阅读，这里约略译成现代汉语。翻译过程中，参考了王余光主编《藏书四记》（湖北辞书出版社1998年版）一书所收此文的标点注译整理，对原译文作了部分调整修订。特此鸣谢。

斋的精粹洗练，得月楼、小宛堂的醇正，各据一方，卓荦不群。

到康熙、雍正、乾隆、嘉庆年间，传播得更加广泛。浙东浙西有静惕堂、潜采堂、云在楼、道古楼、小山堂、振绮堂、瓶花斋、开万楼、寿松堂、知不足斋、拜经楼、向山阁、蝶隐园、汉唐斋、文瑞楼等，江浙一带有朴学斋、红豆书屋、桂宦室、小玲珑山馆、来雨楼、陶庐、滋兰堂、稽瑞楼、爱日精庐，黄河以北有沽水草堂、梧门书屋、万卷楼、朱筠、宝苏斋、李文藻，景云环绕，书签垂挂，足以同绛云楼、延令、传是楼这些著名的收藏互相辉映，而冯舒、卢文弨、钱大昕、段玉裁、孙星衍、阮元、顾广圻等人，因而得以校勘异同，补益经学。从此，天下人都知道校勘可以继往开来，也知道藏书与古董确为二途。所以我说：搞校勘的人要立起冯、卢、钱、段、孙、阮、顾等人的神位来祝祷，藏书之家要把钱谦益、黄丕烈和郁松年当作世祖，像瞽宗祭奉乐祖一样祭奉他们。

同治初年，宜稼堂的藏书散出，其中的宋元旧椠本、名人手校精抄本，大半被丰顺丁日昌中丞在任苏松太道时恃势夺去，归藏于他的持静斋，更有一位江苏候补道洪观察买走了很多，又被独山人莫友芝借走丢失的也不少，而其余的精良卷帙，都被归安的陆心源得去。陆心源获得郁家的藏书之后，收藏一下子丰富了起来。当时正是丧乱之后，藏书之家不能保有自己的图书，大江南北，那些几百年来一直深藏在华贵屋宇精美书柜里的图书，一时之间都流传了出来。其时陆心源正驻守广东南雄韶州兵备道，执掌福建盐政，经济丰饶，于是残编断简、良函精帙，尽力搜求，书商们纷纷捆载图书而来，无日有闲。上自苕溪严氏芳椒堂、乌镇刘氏眠琴山馆、福州陈氏带经堂，下到归安韩纯玉、江都范石湖、黄丕烈、仁和的劳平甫与劳季言、长洲的周锡瓒、归安的杨凤苞、德清的许宗彦、归安的丁兆庆、乌镇的温铁华，以及元代钱塘的陈世隆等，世间有一无二的手稿草本，在散佚于世之后，得以被寻访搜求，成为他书架上的收藏，以资著作参考。在浅黄色的封套上用白绢题写书名，将图书分门别类，一番整理之后，成为江南人景仰之所在。

我到中国游历，无论江南华北，车船所到之处，都因遇到书籍经卷而驻足。图书之聚散，很少有传至二三代以上的。就我所看到的来说，塘栖朱修伯侍郎藏书散出时，吾友江标太史获得其《大金集礼》《济南集》，都是旧抄本；吴门蒋凤藻太守藏书散出时，我在吴兴的一处冷僻书摊上买得了《宜稼堂书目》原稿，有蒋凤藻所作的详细附注；庐陵（萍乡）文廷式芸阁学士藏书散时，我在友人处见到《永乐大典》的抄录本。事物聚集于喜好它的人那里，而聚散之快，莫过于书卷之甚。如果子孙后代不喜欢学问，就会把先辈节衣缩食所购藏的书籍，弄得荡然无存。而前贤哲人撰写了未及刻印、只保存在蜡车障壁一类隐秘地方的著作，往往就被鄙夫小人窃取攘夺。凌廷堪的《元遗山年谱》，翁方纲署上了自己的名字；戴震的《直隶河渠书》，王履泰据为己有。我在皕宋楼读黄丕烈《复翁所见古书录》、周锡瓒《群书缀拾》等书，又从钱塘丁立诚孝廉八千卷楼借阅劳、丁等人的遗著，而且闻听了丁立诚所言，每每感到悲伤。唉！读书人穷年累月，字斟句酌，征讨搜寻，忘却饥饿冷暖，将一生心血花费在故纸陈墨之上，编撰文稿，等到他们的后代，不是称斤论两地卖掉，就是供他人窃取，而他们曾经的志向，世上也就没有人知道了，这岂不令人深重感叹而哀痛吗？

乙巳丙午年之交，我因为游历江南，破例几次登上陆氏皕宋楼，阅读其全部藏书，令人感叹的是书籍已尽是灰尘，且胡乱摆放着，那些往日分门别类摆好的书籍，现在成了蠹虫饱餐的食物；又感叹我们日本的藏书家没有能够赶得上的，要是让这些书在我们国家，那么它们对文献的补益定不在少。于是我就怂恿陆心源的儿子陆树藩观察

146

（卖书），一定要把它们弄到我国。而陆树藩居为奇货，开价甚高，先是叫价五十万两，接着开价三十五万元，以后又稍降至二十五万元。这是丙午年（1906）正月十八日的事。

二月我返回日本，与田中青山先生商议，没有成功。田中先生说："能够促成此事的，只有岩崎氏（岩崎弥之助）了。我将去跟他谈谈。"而我也请重野安绎先生帮忙。今年三月，重野先生有西欧之行，途经上海，与陆树藩相会。四月，就订下协议为十万元。五月初二日，我的朋友寺田望南赴上海。六月，陆氏皕宋楼、十万卷楼、守先阁的藏书，就全部装船运归，藏于岩崎家的静嘉堂文库。

心源字刚甫，号存斋，浙江归安人。他在读顾炎武遗留下来的著作时非常喜爱，就用"仪顾"来题名他的厅堂。大凡购得图书十五万卷，就在月河街居宅分楼上构建藏书室，取名"皕宋楼""十万卷楼"。皕宋楼收藏宋元旧椠本；十万卷楼收藏明以后秘刻、名人手校手抄本，以及近儒著述。另外在潜园中建成守先阁，收藏寻常刻本，偶尔也收一些无甚特异的手抄本。及至我到吴兴的时候，已经纷乱杂陈，难以判别了。可以知道的是，守先阁藏本卷首都盖有"守先阁奏记"图章，而皕宋楼、十万卷楼两处收藏的书籍则没有图章。这大概是由于光绪八年（1882）奏请立案，把守先阁的藏书归于公家的缘故。然而，守先阁没有收藏多少罕见书，只有《汉后书》等几种。现在不奏请立案两间楼的旧刻旧抄本，而把守先阁的寻常抄刻本奏请立案归公，想使它们传之久远，原因固难理解，莫非是想借此来为买卖逐利之道吗？

乌戍的李宗莲在《皕宋楼藏书志》序中说，"宋元刊本及名人手抄手校本，收藏在皕宋楼中；像守先阁，则收藏的都是明代以后刊本及寻常抄本。"这是李宗莲在陆心源未建十万卷楼以前所写的，那时已经分为皕宋楼、守先阁两部分，书籍也随之分藏。我到吴兴，亲自到皕宋楼中检看，有《初学集》《有学集》，有抄本《开国群雄事略》；十万卷楼中有《明文海》，有明代仿宋刻本《大戴礼记》，旧题元刻本《说苑》；守先阁中有宜稼堂旧藏手稿本《汉后书》。后来陆树藩把陆心源手抄书目原单给我看，也是这样。由此看来，又哪有什么准则呢？而且皕宋楼、十万卷楼，虽名为二楼，实际上是把一间房分为两部分，称楼称阁，不过是借室名雅号夸耀于人而已，有十间房就可取十个名字。陆树藩把《皕宋楼藏书志》稿本赠送给我，这部书又题为《守先阁藏书志》，可知，皕宋楼、十万卷楼，都是陆心源四十五岁以后所取的名字。

李宗莲序文又列举皕宋楼（与天一阁相比）的第五个优点，说："范氏天一阁的收藏，以丰坊学士的万卷楼为基础，在天下承平时一举买下，比较容易；而皕宋楼则是在兵火焚烧之后收拾其幸存，在虫蛀朽蚀后搜罗其残佚。精与粗，难与易，差别是极大的。"这样拿四明范氏天一阁来对比，也许并不恰当。因为丰翰林家的典籍收藏，发端于宋代元祐年间的丰稷尚书，传到丰坊时增加了不止一倍。丰坊晚年得了心疾，潦倒自遣，对典籍翰墨表现出"书淫""墨癖"的痴迷。他收藏的宋椠本和写本，被门生们偷去了差不多十分之六，又遭受大火，没有几本书存留下来。范钦侍郎先是在丰坊那里抄书，随后把丰家幸存的书买了下来。又从王世贞的小酉馆借抄书籍以增益所藏，因而，宁波范氏收藏，抄本为多数。而黄宗羲、徐乾学、万斯同以及阮元等人，都到天一阁去抄书，一时之间，一些好事之人也都争相仿效。乾隆年间开《四库全书》馆，多向天一阁及《永乐大典》征集佚书，文渊阁、文溯阁、文源阁、文津阁，以及文汇阁、文宗阁、文澜阁七阁的建筑形式，也是以天一阁为范本的。宁波天一阁对学术的贡献，岂可计量？当范钦司马抄录图书的时候，锐意搜求，借书缮写，那些残编断简，也是参考对象。而陆心源则把郁家的藏书成捆地运走，当时所买得的，现在查检其目录，总共有四万八千多册，花了三千二百元。况且丧乱之后，世族大家的收藏，星散云飞，如同废纸一般，而陆心源只用很低廉的价格就把它们都买下了。像元刻本《玉海》只花了五十元，汴梁刻本《唐书》只花了三十二元。天水刻本、蒙古刻本都是这样，其余的可推想而知。范氏与陆氏两者的难易轻重，终究怎么样呢？而且图书以亡佚本为可贵，有异本、复本者次之。李宗莲因为天一阁的宋刊本只有十多种、元刻本只有一百多种而加诋毁，只可见他的见识短缺。

嘉庆年间黄丕烈获得宋本书一百多种，顾莼学士为他题写藏书处为"百宋一廛"，海昌的吴骞明经以"千元十架"与黄对峙。而绛云楼、延令、艺芸书舍收藏宋本每一家都不少于三四百种。考察皕宋楼之所以这样命名，是说收藏有宋本书二百种。现从原书目所载录的来看，发现它把一种书分作了数种书，以充作二百种，如《十三经注疏》《七书》《玉海附刻》《百川学海》之类，把它们合并起来，再来看其所收藏的宋元本图书，实际上只有宋本一百十部，元本一百五十五部，约四千多册。如果更严格地汰除其假冒宋版、仿宋刻本、重修本，应当要减掉三分之一。李宗莲为《皕宋楼藏书志》作序，俞樾为陆心源作《墓志铭》，说陆心源所获有宋本书二百种、元本书四百种，这是极为夸大的话。李宗莲只是个陋巷小生，他的话无足多论，令人奇怪的是像俞樾这样的一代名儒，也作如此夸张之语，大概是因为俞樾是根据陆家人的叙述写的，应当不是故意夸大其词。

正好国子监征求书籍，陆心源进献旧抄本旧刻本一百五十种，共二千四百多卷。两个儿子都靠此获得了国子监学正的官衔。陆心源在光绪二十年（1894）十一月去世，终年六十一岁。

陆心源撰写的著作有九百四十多卷，取名《潜园总集》。其中谈到校勘方面的有《皕宋楼藏书志》及其《续志》《群书校补》《仪顾堂题跋》及其《续跋》，以及《仪顾堂文集》。《群书校补》《皕宋楼藏书志》是由他的门客李宗莲撰写的，《仪顾堂题跋》和《仪顾堂文集》也多有所本，而且考据错误的地方很多，不可尽举，姑且举一二个例子：《万宝诗山》是明宣德四年书林叶景逵所刻，余性初为它写了序；《绛云楼书目》《延令宋板书目》都以为是宋本，《宜稼堂书目》也注明说是宋版，莫子偲撰写《宋元旧本书经眼录》认为是宋巾箱本。陆心源在《仪顾堂续跋》中说："戊与酉不能相遇成为干支纪年，它一定是戊戌或者己酉之讹误。应当是宋理宗淳祐末年麻沙刊本。"不知道余性初是什么时候的人。书上所空缺的，是宣德四年四个字，未免被书商的伎俩所愚弄了。而"著雍作噩（戊酉）"确实应当是"屠维作噩（己酉）"，是书上偶然写错了。大凡翻阅旧刻本旧抄本，应当有一种天赐的神妙悟性，遇上了就能够明辨是非真伪，而不应当拘泥于如"戊酉""己酉"这样的外在细节上。

从前明代的张溥家里有《文渊阁书目》著录的宋刊足本《太平御览》，分开来给两个女儿作嫁妆，两人各得五百卷。乾隆年间，朱奂滋兰堂将两人所藏一起购获，但只剩下三百六十六卷。嘉庆九年，黄荛翁从周锡瓒水月亭买得，高兴地说：一年有三百六十六天，因为一周天有三百六十五度，正好让求学的人一天读一卷。他用宋代的旧纸予以粘贴装裱，后来降价卖给了汪家艺芸书舍。汪家的藏书云散，同治六年，《太平御览》由俞樾介绍卖给了陆心源，又亡佚了十五卷。平湖人钱天树收藏有宋刊《太平御览》残本，莫非是从这当中脱出来的？然而题写作"小字本"，或者与静嘉堂所藏的竹添、后藤二家宋本相同？大概这本书与秘府所收藏的书都是庆元年间（1195—1200）的刻本，而陆心源不叙述它的渊源来历，以遮掩它的传承轨迹，而且说它的刊印应当在宋仁宗之时（1010—1063），错误太大了。其他像题为"宋椠《山谷黄先生大全诗注》"的，实际上是我国以前的翻宋刻小字本；题为"元椠《说苑》"的，是朝鲜的翻刻明本。像这样的例子很多，不可胜述。

总的来说，皕宋楼收藏的可作为宝物的，有像宋本《续仪礼经传通解》，是杨复修定本，与现在通行的张氏刊本、吕氏重刊张本不相同。像汴京刻本《说文解字》，是《平津馆丛书》所依据的版本，字体笔画谨伤严密，很有些颜真卿柳公权的笔法意韵，纸显得硬皱黄润，好像是高丽茧纸，仔细看又不是，应当是永丰棉纸。像宋会本《十三经注疏》，有二部，一部是足本，一部是残本。一部著录《周易》为《兼义》九卷、《略例》一卷、附陆德明《经典释文》一卷，《书》二十卷，《诗》二十卷，《周礼》四十二卷，《礼记》六十三卷，《左传》六十卷，《公羊》二十八卷，《穀梁》二十卷，则把《经典释文》割裂开来，附于各经注之下，题作"附释音"，《论语》二十卷，《孟子》十四卷，《孝经》九卷，不附释音，以上都是每半页十行字，只有《仪礼》五十卷，则为每半页八行字，《尔雅》十一卷，每半页九行字。经书共十三种，宋嘉定十三年在建安同时印刷。一部款式栏格长短，都与前一种相同，是同一版本的不同印刷本，却缺《尔雅》《仪礼》。《仪礼》用单经本和杨复《仪礼图》来补缺，它们比前本的印刷时间晚很多，或是在咸淳年间？这部书的刻板，曾归于元，又为明所得，明代初年还保存在福州府学里，后来存放到南雍，而在大德、延祐、至治、泰定、元统、正德各代都有补刻修正，是所谓正德十行本的祖本。案这部书雕刻的时间不一致，后来凑在一起印刷，而《仪礼》五十卷，则《南雍志》所说的"《仪礼注疏》五十卷，旧版毁坏失落，只有残版五面"，大概就是指的它。大约注与疏的会刻本一开始都把注附在疏的后面，分卷也就根据疏的卷次；以后把疏附在注的后面，分卷也就根据经注的卷次。或者还有一些随便分合注疏的，所以秘府所藏《论语注疏》为十卷，而这个版本则改作二十卷；三山黄唐所刻《礼记注疏》有七十卷，而通行本则为六十三卷；沈中宾刻《左传注疏》为三十六卷，而这个版本则为六十卷；这个版本的《仪礼注疏》为五十卷，而在宋代末年就有十七卷本。或者是因为《仪礼注疏》五十卷本在宋代末年过于残缺，于是有人拿《仪礼》单经本和杨氏《仪礼图》来补缺，有人拿《仪礼注疏》十七卷本来补缺。现存宋会本之所以跟杨复《仪礼图》和《仪礼注疏》十七卷本有出入，原因就在这，而元代修订明代补改的十行本，就是以杨复《仪礼图》补缺本为蓝本。《南雍志》说："新刊《仪礼注疏》十七卷，从头到尾共计八百六十面。"又说："《十三经注疏》在福建刻版的，唯独缺《仪礼》，用杨复的《仪礼图》来补缺。嘉靖五年，巡抚都御史陈凤梧在山东刊刻，把雕版送至（南京）国子监。"大概在宋末《仪礼注疏》五十卷本变得残缺不堪，《仪礼注疏》十七卷本又亡佚了，在明代初年保存下来的只有用于补缺的杨复《仪礼图》刻版，因而仁和人邵懿辰在《四库全书简明目录》版本疏中就说：《仪礼注疏》会本，始于明陈凤梧新刊送到南雍本，唯独只有十七卷本，而嘉靖中闻人诠、汪文盛、李元阳三人刻本以它作为祖本。像梅鷟这样的聪明人，都不知道宋代嘉定年间福建已有五十卷会本，宋末又有十七卷会本，也未免太粗心了。现在的五十卷本，每一个字都保存了下来。汪氏所刻宋景德单疏本所缺的六卷，依据这本书和魏了翁的《礼记要义》，可一一取以补全。一字一句，都因有它而不至于被埋没，可见它对于典籍文教功绩之大了。宋本《白氏六帖类集》，版心刻有"帖一"至"帖十二"等字，秘府所藏高丽仿汴刻杜佑《通典》和海虞瞿家铁琴铜剑楼藏北宋本《史记》，各分作四十三册、三十册，拿它们来相对证，可知它确实是北宋刻本。元代所刻《金华黄先生集》四十三卷，是黄溍文集的足本，天地间无第二本。

其他足本孤本，还有很多，其中一些卷帙比较少的著作，编刻丛书发行；内容有较大差异的版本，收载在《群书校补》中；而那些尤其难以见到的书，在四库存目本和道藏、与明季野史中。所谓"存目本"，是按照四库存目来经营搜求的图书，有刻本，有抄本，除《永乐大典》及其他九百多种外都搜集到了。大致上，《四库全书》所收录的图书，文渊阁、文溯阁、文津阁、文澜阁、丁氏善本书室都收藏齐备，没有受损，而四库存目所列举的图书，却很难搜罗到。全部藏书总共四千部，二十万卷余，四万四千多册。

海外藏书家著名的有四大家，近来又增多了五位，即聊城杨以增、钱塘丁丙兄弟、常熟瞿镛、归安陆心源、宗室盛昱、德州徐坊、武进董康、湘潭袁芳瑛、常熟翁同龢。现在苕上陆心源家衰落了，罟里瞿镛家也在求售藏书；不过，丁丙、杨以增、盛昱遗留下来的藏书却依然如旧；翁同龢、袁芳瑛收藏极富，几乎赶上了四大家，到如今却连马蹄大小的纸片都没有留下一张；然而徐坊、董康的藏书，日积月累，越来越多。除此之外，像湖南、安徽、江苏、福建之间一些士大夫家的藏书就可以推知了。

静嘉堂以前收藏有书籍几十万册，加上现在所购获的陆氏藏书共十五万册，屋子里摆得到处都是，好似探访酉阳山的散失图书，好似发看宛委山的遗存文典，好似紬引金匮石室的藏品，好似探寻天禄阁兰台苑的秘籍，足以与丁杨二家的藏书、徐董盛三家的书籍，并列为三个系统，这是怎样的一件盛举啊！

我国足利学校的收藏，古代称为"石室"，然而在我看来，像《周易》《尚书》《诗经》《春秋》的单疏本，世上本来就还保存着，宋刻注疏会本就不用说了；《礼记》的单疏本新被发现，而黄丕烈《所见古书录》也著录过了，宋刻《礼记注疏》七十卷本就不用说了；至于《文选》，留传下来的就更为完全，赣州本、明州本、贵池本、裴宅本、伯颜本，以及李善原本、五代的《文选集注》，像棋子一样散布人间，确有渊源来历，它们的可信度比足利收藏的宋末刻的鄙陋版本如何呢？旧抄本《周易》《尚书》，不同字体的《尚书皇疏》(《论语皇疏》)，抄成于室町末年，都是以宋元两代的刻本为底本，没有一卷一部是出自于隋唐遗留下来的卷子，而那些卷子旧本、五经博士的进呈本，不是还保存着吗？它们的可信度比之宋元传抄本又如何呢？可叹啊！地方学校的珠玉已然坠地，像邾、莒这样的小国也都不去朝拜周天子了，秋水退尽而寒潭显露，足利所藏比之江浙间这些不成系统的收藏，已然不如，还可以称得上是石室珍秘吗？躺着却想行远，难啊。

百年以来，屈指可数，海内收藏图书著名的人，像草月、留蠹、求古、青归、怀仙、赐庐一类人，或进献皇室，或损折售卖，差不多都零落散尽了；我的亡父岛田重礼双桂，我的老师竹添井井，新书古书各半；全国东西数千里，不为人疑议的，只有秘府收藏的图书。这个森然耸立的琅嬛福地，芸香日耀，实在是人间的灵光宝藏。

我曾经著论以为在我国是手抄本宝贵，贵在它们源出于隋唐；在中国则是宋元本宝贵，贵在它们收藏得好，还像新书一般。其次是名人手校本。手校本中的精良者，有些比宋元刻本还要好，但秘府流传下来的却只有冯已苍校《张说之集》，其他的没有见到。而且我国所流传下来的旧本，自然与海外不一样，经部还称得上完全，子部的善本较多，收藏得不完备的是史部，尤其是集部中的宋元人文集。大概古代把经书当作专门学问，人们注重钻研经学，欲以之称名于世；在镰仓室町时代，又把文化事业全都交付佛教徒，这样，经部子部书籍比史部集部多，也就在所难免了。如果把我国源出于隋唐的抄本，加上海外的宋元旧椠本、名人抄本、名人校本，以及我国所缺少的史部集部图书，全都收集起来，那么，收藏图书所能做到的事才算完毕。而我一生一直希望能够做到这点，哪里想到在我活着的时候能亲眼看到它成为现实，这不是人世间的极令人愉快的事情吗？

之前遵义的黎庶昌出任大使驻节我国，与宜都的杨守敬购买搜求古本图书，一时之间都市上书籍被他们购买一空。事物发展到极点就会有反复，陆氏的藏书，虽然缺少其四库附存本、道藏和明季野乘，不无遗憾，但我知道，今天我们所获得的，是倍增于过去所失去的。因此，此举说它是为国增光，也是可以的吧。

丁未六月（1907），东京岛田翰撰。

访余录

江南河北《访余录》叙

昔南人有言：南学简约，得其英华；北学深芜，穷其枝叶。后儒论之曰：安知简约非蹈空而深芜无非严守？然以予观之，南学有短，北学亦不为无长也。六朝以上详矣。浩在史官，不可得而尽也。至唐太宗世民，振历世之余烈，收旷古之鸿图，其计守成也。以总揽学士

156

之心为第一义，于是诏儒臣撰定本、修正义，混一南北之分学，而归之于宦学。欲使民之耳目出于一是，非唯禁其争端，又将赖以移诸侯王降臣耳目。一志专意，勿顾其他也。呜呼！传经之竞长也，南北争是，同异纷纭，国家为之移运，宗祐因之为革。其势沸鼎，遽有底止耶？太宗之一之，混分学也，移耳目也，有二善焉。后之为宋、为元、为明清者，皆取范于此，则太宗之图不亦明主之心乎！自时厥后，经宋元至明氏二派，分学虽存，无复昔态，融和贯通，各师其所敢而莫有所讳。依是观之，南北分学谓六朝以上也。如其割南北为鸿沟，盖非事情矣。然则今则何如？分而言之，南人长于考据，北人雄于词章。语有之：南俞北张。察张、俞二家之学，则盖有思过半者矣。寸有所长，尺有所短。予将经江浙乱泯江以讨寻其英华，更又游邹鲁燕云而穷北人之深芜矣。是为叙。明治三十八年冬十月，岛田翰识于姑苏驻苏领事府。

刻宋本《寒山诗集》序

苏峰德富氏既刻我《古文旧书考》，又将表章遗经，询目于予。予谓之曰："将以表章经本，则如《古文尚书诂训传》《大唐书仪》及《道藏》中诸书，皆卓卓可传者。唯其卷帙浩瀚，未易锓梓耳。震发旧本之异同，参辨佚存古佚之妄改，是亦一道，然已有我《群书点勘》在。如《玉烛宝典》卷第九亦收在其中矣，无已则有一于斯。予昔奉青山相公命编校内府之书，旧抄、旧刻皆有校本，佚篇则有传录，而其新收本中所储寒山一集，独鲜卷帙，又夥异同；而世所传永和本《萨天锡杂诗》是明清所佚，荟之梓之，以永其传，其可乎？"于是出其校本，并为之序曰：

寒山没千有二百余年，遗集寥寥希传，虽以南北释藏之博，犹未采辑之，而《高丽藏》亦未收。其见于《读书敏求记》者，殆几乎断种。《四库总目》所著录，则不过明新安吴明春刻本。而黄荛圃所获精抄本及外洋刻本者，亦今不知其已归于何人之手。虽元有高丽刻本，明有闽刻，而近时亦有金陵刻本，实多讹误，而宋本竟无一存者。盖非必其书之未足传后也。清淡冲朕，唐人所不好，而宋元两代又视之蔑如，不肯数动枣梓，何怪乎其日就湮灭也？则及今为之表章，亦吾侪之责也。顾僧诗之流传于今者，唐有皎然、齐己，宋有九僧（剑南希昼、金华保暹、南越文兆、天台行肇、沃州简长、青城惟凤、江东宇昭、峨眉怀古、淮南惠崇九人）、契嵩、道显、道潜、惠洪、居简、无文，而其《吴兴昼上人集》《白莲集》《九僧诗》《镡津文集》《雪窦祖英集》《参寥子集》《石门文字禅》《北礀集》《无文印》诸集，今皆存宋元本与旧刊覆宋本。而寒山之诗机趣横溢，韵度自高，在皎然上、道显下，是木铎者所潜心，其失传为尤可叹。

书为姬路河合元升畅春堂旧收，刻揭精妙，字大如钱，纸质紧薄，光润似玉，墨光奕奕，扑人眉宇，足与秘府《王文公集》《诚斋集》相颉颃。胤、恒、贞、殷、朗避宋讳阙末笔。左右双边，半番界长六寸八分五厘，幅四寸五分，八行十四字。鱼尾上方记字数，大名则并二行大书，下分书"丰干拾得诗附"六字。盖宋氏南渡以后，卷尾记字之体坏乱无存，于是有算一番所有字数楷文记之于缝心者，如大几字、小几字即是也。至宋季多易楷以行草，而其字数则视犹弁髦，故宋元陋版，其所记字数多不相符者。此古今之升降也。首有寒山序诗，六行，行十二字，末云："曩阅东皋寺《寒山集》，缺此一篇，适获圣制古文，命工刊梓以全其璧。观音比丘无我慧身敬书。"次闾丘胤序，九行，行十五字。次晦翁《与南老帖》，次放翁《与明老帖》，并从真迹刻入。卷尾有淳熙己酉沙门志南《三隐集记》，又有绍定己丑可明跋。捺"庆福院""无范""植村书屋""霞亭珍藏""畅春堂图书记"五印。寒山诗云："五言五百篇，七字七十九。三字二十一，都来六百首。例书岩石。"今检是本，寒山诗三百四首，而次之以丰干诗二首及拾得诗四十八首，不符于六百之数。然阅闾丘胤序，其属道翘所撰次者，已不过三百余首，云："唯于竹木石壁书诗，并村墅人家厅壁上所书文句三百余首，及拾得于土地堂壁上书言偈，并纂修成卷。"盖其书竹木石壁，故多遗佚与？抑三僧踪迹极怪，莫得而考证也？其诗《唐书·艺文志》七卷，徐灵府所序本则分为三卷，又别称《三隐集》，见于志南记。宋时国清南老一刻于淳熙己酉。南老即与朱子友善，晦翁文集中引其"沾衣欲湿杏花雨，吹面不寒杨柳风"二句，以为清丽有余，绝无蔬笋气者。朱子使之稍大于字画，便于观览，然其所刻窜改易置最多。东皋无隐再刻于绍定己丑，而是篇则观音比丘无我慧身所补刻，又在东皋寺本之后。又有宝祐乙卯行果就江东漕司本所重镌者，至兹始分七言于五言之外，又以拾得加于丰干上。元时高丽覆宋本，盖据宋东皋寺本所改行上梓，卷尾题云："嘉议大夫耽罗军民万户府达鲁化赤、高丽匡靖大夫都金议评理上护军朴景亮刊行。"纸质黄纫，宛似元本。而据其装成梵夹，又似《丽藏》。尝抵川越，见喜多院《高丽藏》，卷尾结衔正与此相符，而彼别有"皇庆三年二月□日"一行。然遍检全帙，不收此集，乃知其非出于《丽藏》。盖当时景亮为之锓梓，而未及编入者矣。明则有吴明春刻本，《四库总目》载之，未见。又有闽建阳书坊慎独斋刻本，即系于正德丙子刻本，次序与宝祐本同，而版貌紧缩，字字欹仄，若使其无正德木记，妄人则必以为元刻矣。不独止慎独斋本，大抵闽刻之书皆然。即如《史记》《汉书》《四书集注》《山堂考索》《事文类聚》《韵府群玉》《翰墨大全》《事林广记》《大学衍义》《黄氏日抄》、纂图互注《庄》《列》《荀》三子、《万宝诗山》《诗林广记》，猾贾之所奇货以赝元刻，而妄人之不能辨元与闽，常受其欺者也。

考宋时有监本，有坊本。监本即国子监校定，状奏得印准，乃印造呈进，然后得颁行。故监本或有载奏状、进启及敕牒、准诏等文，具列校官衔名及有司衔名，刻工书手名氏，对勘鲜讹。故《宋史·赵安仁传》云："国子监刊《五经正义》版，以安仁善楷、隶，遂奏留书之。"端拱监版，即安仁书也，而正与师藏单疏本《毛诗》衔名符。坊本即徒为射利计，非欲以传后也。宋初印书蜀为最，汴末。蜀刻微衰而杭为上，蜀次之，闽本最下。杭本、蜀本皆大字阔版，笺刻亦不甚减监本，但不精加雠校。方是时，刻书之盛，莫最于闽建阳之麻沙、崇文二坊，及临安之陈解元书棚。凡书入刻，三坊必先。故其书旁行于天下，而其最滥恶亦莫过于三坊焉，故后遂有麻沙本之禁。且宋胄监本首尾书篇第必称"卷第几"，无作"卷之几"者，卷尾必空一行而后题书。宋末至元初，往往有空二行以上，又不空行者，从便题之，其无空白者，不必题书，又其下或书"终"字。宋胄监本决无此式，而麻沙本则反之。盖书之乱坏，麻沙实作之俑也。元则太宗用耶律楚材言，因金源平水书籍之旧，立经籍所于平水。其后，世祖用许衡言，立兴文署以掌书版。又命各行省檄所在各路儒学及书院，以赡学钱粮印行其可传者。故元时诸路儒学、书院皆有印本，镌手亦颇巧，而杭州路刻本尤善，而坊本则陋劣无足观者。至明，苏州最精，闽最多、最粗。盖闽刻之以柔木刻之，竹纸印之，徒为射利计，取其先出易售也。闽刻之陋，自宋已然。

近时又有金陵刻本，次序与建本同，黄荛圃所获。则《寒山诗》后有"杭州钱塘门里车桥南大街郭宅□印行"一条，云分七言于五言之外，洋版所独。洋版岂出于宝祐本乎？又有正中、元和、宽永、正保、延享数次雕本。依是乃知今之所传，实原于淳熙、宝祐二本，而二书次序全不相同也。然据宋樊汝霖《唐文艺补》引"城中蛾眉女"一首在前，"鹦鹉宅西国"一首，"去年春鸟鸣"一首，"丹丘回辇与云齐"一首,"千年石上古人踪"一首,次第排列,而正与是本符。是丘胤之原第即如此,盖轻材小生謏闻目学,改其文从字顺,妄谓可以几订讹夺,而曾不知其改者却误。古籍之点校,虽闻人动笔,亦有臆改,一经妄手,其讹谬滋甚。予故曰:抄本必卷子、必隋唐,刻本必宋本、必监本。上下千载,舍是无善本焉。而又所以于我邦旧刊本,三致其意也。独怪狩谷棭斋[1] 著《棭翁过言》,乃以是书为高丽覆宋本,岂非因其纸墨黄绉类高丽茧纸而误乎?

呜呼!天地之运会,人世之景物,新新不停,生生相续,故汴京不得不变为临安,临安不得不变为元与明。临安之祖汴京,已分古今,时代差降,格韵遂异,版貌之递变,非一世之积也。后之读是集者,念其显晦有数,以知古文旧书之不可忽,寻格韵升降非一,憬然以有感悟于予言。斯德富氏所以嘉惠后学之至意,而亦我邦文明之所以度越万邦之表章也哉。明治三十八年太岁乙巳夏四月东京岛田翰序。

予校秘府是书在己亥六月,时岁二十有一,距今兹乙巳已七年矣。当时予日拜内库,以纵校其藏。又井师之唐抄、宋椠,皆运在予家。今海东松方伯所藏井师旧收本所捺予读书记印,即当日井师所许捺以为券者。而予藏书亦颇富。十年之间,师藏归松方伯插架,予书亦寝就散佚。近时晚学小生,见一旧刻、一旧抄,即直奉为天球琬琰,其所夸称皆往时吾侪之所弃斥不敢取。且更不解鉴衡为何,其甚者至元闽并混,新古兼误。嗟吁!校勘千古事,谁乎能挽狂澜而为中流砥柱者?予安得起钱遵王、季沧苇其人于九原,而抵掌俱

---

① 狩谷棭斋(1775—1835):名望之,字卿云、棭斋,号蟬翁、六汉老人等。江户人,少时师从松崎慊堂,尊汉学轻宋学,重考证。爱好古泉,收藏有唐抄、宋椠、元刻、晋唐碑刻法帖等物。著有《本朝度量权衡考》《笺注倭名类聚抄》《日本灵异记考证》等。

论之！且今所谓藏书者，予知之矣。其金根、白芨之徒无论，高者陋版恶抄盈箱满架，栩栩然侈人曰：予藏旧抄，予藏善刻。今世之所谓藏书者，如斯而已矣。彼眼未见善刻精抄骇心悦目者，又未知有面貌虽佳实出于坊刻者，又安能及于解旧本为何物，校勘为何学耶？饿人求食不在腐臭，可发一慨。若使其观师藏与予旧刊本，其谓之何如？永和本《萨天锡佚诗》，予向赖太夫人，得收其二通，而今则有夸其残本以为秘籍者。近人得黄麻片纸，卷子一轴，即宝如星凤，何况李氏旧抄乎？流俗得麻沙陋刻，竹笺恶印，即夸为神物，何况汴京监本乎？昔顾亭林之博，以李焘《韵谱》误为雍熙重定本，而不知有许氏真本。和珅传刻《礼记注疏》，以为七十卷本，而不知其系猾贾钱听默六十三卷改换本。其吴拙庵所藏，惠定宇所校，当时已归于曲阜孔氏。顾涧薲校刻《盐铁论》，最称精勘，而今校之元本，其讹夺者实八百三十一字。校勘之难，自古已然，于今始叹其如此。予独悲经本之佚也，降而为蔑古；校勘之粗也，流而为俗学。率天下不知穷经学古，精勘博校，所以畅刘、孔之流风，革钱、顾之谬论。至今而辁材小生，冥行擿埴，不究不准之诬，不论阮逸之赝，必欲割旧刻为宋元，画古抄为隋唐，帐秘奥藏，斗奇炫精，乐于我知人不知。遂举先世遗藏，仅供荡儿骄妇一饱，曾不知所以继绍先志。况兵燹水土攻其外，绛云半野之厄又起其中。虽有精书即博痴儿一愕，卒无所资学术，徒贻玩物之议，自抱刻舟之陋，非愚则狂也。

呜呼！内府之藏今古东西图籍，一大酉阳羽陵也；双桂井屋之储皇国图籍，一小酉阳羽陵也。先君逝而遗书遂肆羽鱼宅，闲房良夜，静言思之，恍见先君慈容授书于翰状，实有余痛焉。呜呼，予天下不孝人也！先君既没，事生之道无所施；万卷之遗藏充库，而末由奉承先志。然善读者通一经而足，藏书者虽充万卷犹有憾焉。先君恒举此语以为戒。则追今溯经传之源流，砭俗学之舛驳，据先正遗文订百家疑似，蠲籍众斜，涤除谬论，使世之儒者穷经学古孙志博闻，犁然瘤夫所以可贵乎！古籍必在参辨异同，匡订讹夺，不徒为斗奇炫精。则是刻也，虽薉焉小帙，于古文旧书其亦有小补矣夫！

刻永和本《萨天锡逸诗》序

予曾读庆长刻本《萨天锡妙选稿》，中有《天满宫》诗，曰："无常说法现神通，千里飞梅一夜松。万事梦醒云吐月，观音寺里一声钟。"因疑当时元师新破，而其诗至比之于神明。夫敌忾非一人之故，神明非推谀之比，况如飞梅之说，是坊间俗传，虽明洪序、王原吉亦言及于兹，彼有为而作焉。孰谓天锡而妄信之耶？而审谛其版貌，颇与他刻不类，又怪其格调卑弱，不似天锡他诗流丽清婉也。迨得永和覆元本校之，始知此一首实系后人搀入，以其调求之，盖当时浮屠能诗者所赝耳。而或摘其"欲驾云帆沧海去，秋风八月上蓬莱"二句，以为天锡尝来我邦，殊不知其《送王幼达之北京》诗，《敬试谢恩》诗，皆以蓬莱、扶桑取兴，是蓬莱、扶桑并属空言也。又引"为客三年海上州"一首以为证，是亦不然。考天锡弱冠登泰定丁卯第，元统乙亥除闽宪知事，留于闽之宪幕三年，晚寓武林。"为客三年"，即谓客闽三年，其《送张都台京幕府三年冰雪里》一首可证。盖燕、闽相隔数千里，其称以为蛮域为胡人，是亦出于诗人比兴之语，非来我邦也。伊藤东崖《盍簪录》以为来我邦者，恐涉瑞岩云云而误。然瑞岩即黄岩之瑞岩，若以为我奥之瑞岩，则育王月江、天童外，瑞岩、雪矶皆将不得为元僧矣。

予自束发出访天下之书，凡所谓旧抄、旧刻者，未尝不读之，而求之于面貌与实用二者。其初也，以貌取者盖十九，以用取者盖十一。久而知面貌虽佳，实有出于坊刻者。校异同以考其源流，严取舍而论其精粗，于是其可取者盖十一而止耳。若是书纸墨漫漶，版貌卑俗，而覆雕之信，却远胜乎诸家之精本。校官设而有臆本，书屡雕而挽本出。呜呼！东西相望，抄刻之精不少，然半解之知不敢妄改，存真传信者，则舍镰仓、室町二氏旧刊之外，予未之见也。

《雁门集》二十卷，天锡所手定，至丁酉，嘉议大夫、礼部尚书兼集贤待制、史局总裁官吴郡于文传序之。至正末年，已有刻本。再刻于明天顺己卯，是其远孙赐进士第、嘉议大夫、礼部右侍郎兼詹事府少詹事萨琦汇辑遗篇，以一体为一卷，合旧刻二十卷，总而为六卷者。三刻于成化乙巳，乃赐进士、中顺大夫、知兖州府事关中赵兰得仁和沈文进家藏旧本，惜其无刊本，乃捐俸锓梓于郡斋，分为八卷者。四刻于弘治癸亥，东昌知府雁门李举就赵本所重雕，唯改题曰《萨天锡诗集》。然于文传序云"尝出其所作之诗曰《雁门集》者见示"，则其作《萨天锡诗集》者非矣。五刻于毛晋汲古阁，分为三卷，题曰：《萨天锡诗集》。后晋得《雁门集》八卷于荻区王氏，校对前刻所不具者为《集外诗》一卷，又改题《雁门集》。其前刻多同李本，后刻乃颇类赵刻，盖李氏虽据赵本刻之，互有异同也。六刻于清康熙庚申，远孙萨希亮所刻，亦作六卷。七刻于顾嗣立《元诗选》，采赵、李二本，附注异同，又兼采包山叶石君树莲之校本，叶校即据赵刻校者。八刻于嘉庆丁卯，乃远孙萨龙光所搜采补入，离为十四卷，附《诗余》《倡和录》《别录》，以一官为一卷，胪列异同，附注案语，所增多凡三十一篇。盖二十卷本最古，八卷、六卷二本又次之，而龙光所编为最全矣。二十卷之书，今不知其存否，其余诸本皆尝为点校，而其数略相同。是篇则起《龙涎香》，终《青绢赞》，七律一百三十八首，七绝三首，五绝一首，后附疏文七篇，皆系为缁徒所作。今较之于《雁门集》，七律凡八十九首，七绝二首，五绝一首，皆《雁门集》无载者。唯七绝"眼中楼观见应稀"一首，则《雁门集》此下犹有"高擎玉露仙人掌，上碍银河织女机。全赵堂堂遗物在，山川良是昔人非"

164

四句。盖是篇所载,截七律以成七绝也。而其已所见于《雁门集》七律四十九首,亦极多异同,且善于《雁门集》。于文传序云:"又有巧题百首,皆七言律,别为一集。"毛晋跋云:"尚有无题七言八句百首,别为一集。"而正与是篇合。即知是篇则明清之逸篇,而天锡在时已为《雁门集》以外之单行本也,亦确矣。书为永和丙辰刻本,丙辰即当明洪武九年。相其版貌,盖据元季刻本所覆镌,但今未知其出于何年刻本。而明历丁酉、元禄甲戌诸刻,皆就庆长壬寅挨入本而刻之,无足贵矣。呜呼!延文、永和之际,何其多刻本也!以予之不敏,所见犹不下十有余种,而皆尽出于宋元二本,多天龙比丘妙葩所刻者。而其入梓也,不敢妄改一字,比之于明人妄诞,每经一刊必有私损、私增,数传之后,遂失其真者,其高下悬绝,果何如哉!同是范史郑君传也,宋乾道胄监本则曰:"吾家贫,为父母群弟所容。"而元至治福州路刻本则"为"上妄增一"不"字。同是宋版《周易》也,其监本则曰:"乾为金,坤为釜。"而建安麻沙本则曰:"乾为金,坤为金。"是皆后人轻校,遂致乱坏也,抑予又有进焉。昔王元美藏宋本以万计,独算经史,亦过二千余卷。嘉靖籍没严嵩资财,即有宋本四十部八百七十七本,元本十二部二百四十八本。赵氏二世之书,皆归于钱蒙叟,亦有宋元本八千余卷。夫如是,则明之末叶未尝忧无宋元本也,而不知此之发扬,湮晦渐灭,至不可问,可胜叹哉!

是书元收在我《群书点勘》中,苏峰先生将合刻《寒山》《天锡》二集,属校于予。予曰:古者监本书必倩名人,故周广顺《九经》监本即成于郭嵘之手,宋端拱胄《五经正义》多出于赵安仁。靖康南徙,字学泯焉,校书之重,求备于一人,于是书始夥俗讹字,何况坊本乎?况元本乎?故以《寒山集》比当时监刻诸本,已多坏字;以是书视《寒山集》,又更加多然。坏字之甚者,稍识字者皆举目可辨。而古人假借通用之字,今人已不尽可知。若欲点改可知之脱文坏字,而悉并改其不可知者，则旧书之面貌不几于扫地尽矣。淳熙唐刻覆监《荀子》，其误同熙宁原刻，可谓慎之至矣。故予之校是书也，必慎，必遵，知其为显误亦不敢校改，盖将使世之君子知旧书之不可臆改也。呜呼！《天满宫》七绝搀入之事，已是皇国书史至辱，予不忍使后人致深疑于皇国旧刊本，且天锡有遗累也，故详辨之。明治乙巳夏四月，双桂后人岛田翰识于大崎邨庄。

清四大藏书家记略

自无锡尤延之以辅相之才搜讨旧书，创建遂初堂于九龙山下，经胡元至明氏，流风余韵尚未竭。江浙之间，藏书之家竞盛争雄，称天下之粹。范氏天一、吴氏丛书、黄氏千顷，则其尤也，而至虞山钱氏，而极其盛矣。东涧之书，出刘、钱、杨、赵四家之藏，撷武康山中鬼哭之英，精鉴博考，兼收并蓄，考古订今，古往今来罕有其俦。惜乎表心纸之过，即为绛云一炬，古文旧书皆荡归劫烬，而身亦失大节，使后人无复顾其遗墟焉。其族孙遵王，琳琅颇富，勒为《述古堂书目》，又抉择其粹以作《敏求记》一书。虽使夫好古君子艳称不能措，蒙叟犹曰不足以当其一毛，绛云秘笈之富亦可想也。方是时，校勘之士，汲古之人，以藏书高自标榜者，先有七星毛氏，又如健庵徐氏，沧苇季氏，竹垞朱氏，尚局于一方，不足称专门名家。降至乾嘉之际，吴县黄荛圃以一代之博鸿，检寻异同，与抱冲顾氏、香严周氏、寿阶袁氏、仲鱼陈氏，迭相为传抄，又辅之以竹汀钱氏、涧薲顾氏、茂堂段氏，故琳琅之富远轶毛徐诸家，直与秘阁相埒。其余非无月霄张氏、子准陈氏、芸台阮氏辈，犹尚不能间其藩篱，讵况其堂奥乎！盖蒙叟殿明氏之末，阐清氏之初，黄氏即集大成之者。文献繁博，岂远逊于蒙叟哉？黄氏之书一散而归于汪阆源艺芸书舍，再佚而分归于常熟瞿氏、聊城杨氏，而其一分则收在归安陆氏，称南北三大家。配之以钱塘丁氏，又称四大家矣。

向予游东昌聊城，问杨致堂遗藏于海源阁。迨乙巳之夏来于吴下，介白须领事温卿访归安陆氏，介费梓怡访常熟瞿氏，又赖俞曲园以访钱塘丁。四氏之藏，士子泛称为南北四大家，然以予观之，专门偏好各有短长也。盖以古文旧书论之，以瞿氏为最，杨、陆二氏又次之，而丁氏几非其伦矣。若论其多藏，丁氏为最，如陆氏则独可以当丁氏一八千卷楼耳。藏书家之藏书自与读书家之藏书异，未可遽判其优劣也。瞿氏之藏开端于瞿绍基荫棠，至其子镛大成之，有《铁琴铜剑楼书目》。杨氏之藏自杨端勤以增，至其子绍和著《楹书隅录》，所收十余万卷，藏之海源阁，别辟书室曰“宋存”，贮天水旧籍，以元本、校本、抄本附焉。其藏多出于汪阆源所获黄氏之书，而多畸零。陆氏则陆心源存斋所创，皕宋楼、十万卷楼藏弄宋元二刻，附以校本、抄本，别构守先阁储明本以下，有《皕宋楼藏书志》。丁氏则丁丙松生所规画，颜曰“八千卷楼”，又建善本书室藏旧抄、旧刻，有《善本书室藏书志》。综而论之，四家之书其中最精者，如瞿藏残本《元一统志》，传是旧储，开史局于昆山时，从内廷所借出。杨藏宋本《诗说》，丛书手校刘克足本。《说文解字》，宋小字本，七星祖本。陆藏汴都班书，纸质纯白，光润如玉，虽不过零残，以面貌言之，当推为镇库宝矣。《十三经注疏》，宋嘉定印。《三苏文粹》，字大如钱，神采奕奕可掬。元本《金史》，此书校之于明二监，及陈凤梧刻本以下，异同夥多，可以订补今本之脱误矣。丁氏之藏则乡贤丛稿冠于他书，浙东西之文献可以征也。茫茫禹迹，画以大江，自东京来虽有南北二学分争，但就藏书论，北人殆非南人匹，而今之四大家中，其三则在江浙之间。

呜呼！鬻及借为不孝，箴言勒在图籍，然上者严封密缄，徒饱蠹鱼，下者转鬻市井，贻笑大方者比比皆然。藏书难守甚于守藏，四氏之藏比短较长，虽诚有优劣，其子其孙皆能继绍祖武，抱先人之遗藏，思家世之懃恳，不敢失坠，是有大过于流俗者。予登虞山吊东涧之不全终，临苏水哭荛书之属烟消雾散，彷徨低徊，不忍去也。根之茂者其叶郁，予叙四家之藏，不能无先致感慨于此也。

重刻《古文旧书考》跋

余读江阴缪小山《艺风集》及武进费屺怀文，至《节母唐太淑人传》，其子"康喜购书，往往竭俸所入"，怃然而叹。客问曰："子何叹？"余曰："有叹乎。余之叹，盖叹同志也。"曰："何叹乎同志也？"曰："录宋金元遗集，始自秋岳之句集天水、完颜、蒙古，而盛于月霄之勃焉，起于尚湖之滨也。周平园不云乎？文章者，所以羽翼史传。岂唯史哉？平水之书籍，则兴文之先河也。嗣国之修野史亭也，金华之采实录也，述作之源流，笔削之滥觞也。秀容之叙《中州》，清甫之辑《金文》，则平阳之纂《河汾》，而滋溪之勒《文类》也。天命不僭，左祍有君，金元之诗文，亦金元之史也。然而以正甫之力焉而弗传，以叔志之才焉而弗传。末学小生，举《滏水》《桧亭》询之，惊而相非，愕而相告。圣有谟训，文不在兹，而轮困苞塞，晦昧终古，不亦悲乎！"

乙巳孟冬，予西航淹留江左，方有静嘉文库采书之役。瑞安黄仲弢学士曰："晋陵董授经比部贤而有文，好宋元遗集，脩脯所入，衣食所余，未尝不市书。盍假诸？"明年季秋，抱疾东归，而遇比部奉命讲新法于我邦。予是从比部得尽闻二代遗集之未见者，然后幸比部之书有同好，而喜学士之言与小山、屺怀之文不我欺也。方是时，仲弢提学自鄂，嘉兴沈子培提学自皖，偕来观学。仲弢经学绝伦，品藻高洁，真洙泗间人也。子培善谈善谑，邃于史学。而余以年少得揖让乎三君之间，以上下其议论。仲弢之归，余送至神户，殷殷以斯文为念。而比部则日夕相见，我往君来，湘南访井翁，南都吊古，瀛水淮江，如我两人无几也。比部告我曰："吾欲得一二旧本逸书刊之，姑先刻君《古文旧书考》以当息壤。"呜呼！往古无论，近贤之放失者多矣。余于苕上读吴县黄尧圃丕烈《复翁古书录》、长洲周谢庵世敬《群书缀拾》，惜二君之草创斯书而湮灭草野之中，篝灯疾读，若闻叹噫哭泣。世道颓废，著作以卷帙相夸举，人间之图书典记，泯灭夫巳氏之割剥，杳然化为穷尘，而沦为灰劫矣。旧经朴学之祸，有甚于荆刽新学。然则今日之流传通都者，安知异日不变为子玄之注，而孟坚之史乎？比部之欲刊旧本佚书，其泽大哉。以余之固陋，搜讨旧闻，犹得假手于博雅君子，拥彗清尘以前驱诸老先生，此亦以乘韦先之意。而比部爱我之意至矣，是不可以辞也。今奎运全盛，岩崎氏以兼金购苕上陆氏皕宋楼，将公开嘉惠来兹。七阁、芸帅之所未收呈，善本、宋存之所未及录，于二代遗集为最多。夫于是乎，庶几乎始可以流布天下，而比部之意得骋焉。虽然，司书者之无学也久矣，九经之学不讲，四部之书失次，朴邀腐生游魂残魄耳。佣目僦如土木偶，而怀铅握椠以《录》《略》为任，即而视之枵然无所有，所以致部居之乱坏，缪种错互也。居今之世，粪除俗学，导九流之津涉，开六艺之钤键，继曹、张之精藏，挹纪、顾之流风，不谬者，微比部吾谁与归！是岁六月，皕宋楼之书转归于静嘉文库，而刻成于八月。

《仪顾堂文集》书后　乙巳九月

余著《古文旧书考》，于《淮南》条始分别许、高二注，曰：缪称训、齐俗训、道应训、诠言训、兵略训、人间训、泰族训、要略八篇注本为许慎，其余十三篇为高诱注本。长沙王益吾祭酒跋我文曰：

169

援据各书所引两家注本同异，精核无伦。宋《苏魏公集》中校《淮南》题注，虽论及之，尚不如君书之详尽云。先是我邦秘府未收此书，收储之家无有著录者。迨至江左，始检归安陆氏抄本、钱塘丁氏抄本及文澜阁四库本，其《校正淮南子》序云：是书有后汉太尉祭酒许慎、东郡濮阳令高诱二家之注，隋唐目录本别传行，今案《崇文》旧书与蜀川印本暨臣某家书，凡七部，并题曰《淮南子》。二注相参，不复可辨，唯集贤本前贤题云：许标其首皆是间诂，鸿烈之下谓之记上。高题卷首皆谓之"鸿烈解经"，"解经"之下高氏注，每篇之下皆曰训，又多数篇为上下，以此为异。《崇文总目》亦如此。又谓高注更详于许氏本书，文句亦有小异。臣某据文推次，颇见端绪。高注篇名皆有"故曰"，"因以题篇"之语，其间奇字并载音读。许于篇下粗论大意，卷内或有假借用字，以周为舟，以楯为循，以而为如，以恬为恢，如此非一。又其详略不同，诚如《总目》之说。互相考证，去其重复，共得高注十三篇，许注十八篇。既而余游吴兴，访陆存斋皕宋楼，其子树藩纯伯以《仪顾堂文集》见贻。其中考据精到不鲜，而可诽议者亦不为不多。其《淮南子高许二注考》，引高氏自序：弁揖借八篇刺之，会楫身丧，遂亡不得，乃云是诱在时已亡八篇矣。隋唐之后，何以反得二十一篇乎？此高注原本有十三篇，无二十一篇之明证也。独怪孙氏星衍、钱氏坫、程氏敦、庄氏逵吉，于《淮南》书用功颇深，但知二注之混，而不知其混而实分，则矜言汉学读书不多之弊也。自以为千载之疑乃释矣。殊不知隋、唐、宋志载许、高二注各二十一篇，而《太平御览》引所谓弁揖所亡八篇注本，与今注不同。况考高氏自序，"遂揖不得"下尚有文曰：至十七年迁监河东，复更补足。夫补足之为补足弁揖所亡八篇，更不疑矣。是汉本、隋本、唐本、宋本，千有余年，未尝有亡也。存斋一篇之中尚且不读，乃憪然以读书不多诽议儒先，而尝不自知其读书不精也。可发一笑。

春在堂笔谈　乙巳十一月

　　余尝论次当世之学士大夫，欲以续先大夫《历代学案》，自咸丰、同治来，往往见于余文。其商榷古今，索隐探赜，钩玄撷英，继往开来者，马国翰、钱仪吉也。文章纯粹，精气光怪，方驾韩、欧而不愧者，曾国藩、吴德旋也。其在同治时，则有若郁松年、莫友芝。在光绪时，则有若朱绪曾、潘祖荫。向者，余曾怪奎运之隆媲盛乾嘉，而卓卓无足道说者，何也？岂斯学方昌，朴学荒落欤？抑有其人而其未著书，命世者遂为耳目所囿欤？

　　乙巳、丙午之间，予游江南，登胥山，眺杭郡，宿楞望中吴，指点其山川，究天水所以成偏安之局，及吴越交战之状。谓历朝人才之蔚与文章之美，唯江浙为最，湖南、北次焉，岂不以山川明淑之气磅礴郁积，而魁儒硕德杰出其间。顾其必有遗贤，遂交巨宿，问世家乔木，欲因以私求当世之贤士大夫。余闻长沙王君先谦，经学绝伦，著有《汉书补注》《荀子集解》《十一朝东华录》《续古文辞类纂》，又刻《皇清经解》《天禄琳琅书目》正续，又有校本《郡斋读书志》。瑞安孙君诒让，则尤致力于诸子，著《墨子间诂》，同里黄君绍箕为之跋，尚有《周礼正义》《札迻》数十卷，而黄君治经尤邃。江阴缪君荃孙，著《艺风堂杂著》《光绪顺天府志》，又代人作《书目答问》，以校勘名于江淮。长沙叶君德辉，则有《观古堂所著书》。长洲叶君昌炽，则有《藏书纪事诗》及《语石》。江君标，则有《灵鹣阁丛书》。甬上林君颐山、冯君一梅之于经学，嘉兴沈君曾植及其弟曾桐、庐陵文君廷式之于史学，长沙郭君庆麐、王君先慎、桐城萧君穆之于子学，南皮张君之洞、南海梁君鼎芬、仁和汪君鸣銮、桐城吴君汝纶、周君自庵、元和王君同愈、四川王君闿运之于文章，宜都杨君守敬、金陵刘君世珩、庐陵文君廷华、上虞罗君振玉、武进费君念慈、吴县曹君元忠、元和王君仁俊、金陵徐君乃昌之于金石碑版，钱塘丁君立诚、吴县朱君记荣、武进董君康之于刊刻古书，皆卓然可传者。最后得俞君樾，君字荫甫，号曲园，樾其名，湖州德清人。南庄之为孙，剑花之为子，家学相承以至君。君自幼以绍遗构为己任，既举庚戌进士，又授编修，充国史馆纂修，提督河南全省学政，又主于诂经、敷文讲席者三十一年，著有《春在堂全书》四百八十五卷。春在堂者，君堂颜，盖曾文正取君"花落春尚在"句名之也。

夫自有明一代以大全为甲，令士子肤浅之习，不复知两汉经师为何学。其后异说横行，正学沉霾。白沙以虚静，阳明以良知，笑博学为支离，弃注疏为糟粕。士子无行，逃之乎性命之乡。师承凌替，因循成风，陵迟至于启祯，极矣！顺治之季，昆山顾亭林先生厌明人为学之陋，崛起布衣，以正学号呼天下，同时又有阎百诗、毛奇龄、胡渭以揝拄颓风。四人者，既通儒硕望，然后实事求是之学翕然兴起；而文章则有钱谦益、黄宗羲、龚鼎孳、吴伟业、周亮工为之羽翼，明学为之一变。方是时，以濂洛标榜者有若魏裔介、陆世仪、李光地、张伯行、陆陇其伦；主于闽学者有若黄宗羲、李容、魏象枢、汤斌辈，相共为论难。当时吴县惠周惕以宋学名，而子士奇、其孙栋则直溯两汉经师之古训，不敢遵宋儒言心说性之论。栋之门有余萧客、江声、王鸣盛、钱大昕、王昶、戴震，又辅之以江永、焦循。从此汉学昌明，辨物析名，一字之故，动辄至数百千言，以为心性之学游衍无根，不足取，而不如是则不足以传两汉经训。震之门有若段玉裁、孔广森、王念孙、王引之。于是声音、训故之学孤行相沿，且百载无异辞矣。尝私论以为，顾、阎诸君虽首唱汉学，尚未专门命学也。其专门命学者始于惠氏，惠氏虽专言训故，尚未厉禁言理也。其厉禁言理自戴氏始，戴氏虽禁言理，不专以训故说六经也。其专以训故说六经者，高邮王氏也。王氏之学出于戴震及江永，直以故训说经，《说文》所不载，《广雅》所不训，皆屏而不顾，以为是后来伪造，不足录。呜呼！《说文》十四篇，五百四十部，九千三百五十三文，每部后所注文几重文几，核之往往不足于数，况鼎钟之款识，彝尊之文，有多羡出于《说文》之外者乎。盖释言则有余，说经则不足也。

今樾之学出于二王，虽小变其音节，大端相类，独阐北海之精华，直综高邮之坠绪。其大者如两《平议》，辨理依经，固已著竹帛而垂区夏；其小者残膏剩馥，犹足以衣被海内，沾丐作者。或源或委，先河后海，本天敝地，济济乎乾嘉之绝学矣。若夫至于《春秋》废太官而取卖饼，性论非善而是恶，庋尼山之本旨，探荀卿之迂谬，弃球璧而宝瓦砾，去乔木而就幽谷，乱经非圣，君子于是置喙焉。盖考索有余，心得未足也。

乙巳季冬，予介白须领事温卿访俞翁于春在堂，堂在苏州省城吴县马医科巷，其孙戊戌探花陛云阶青[1]，俱一童扶翁出接，时翁年八十五，童颜鹤发，一见知其为可亲也。

余挥笔代语曰：

弟闻天下之功成于器识，而来世之名立于学术。弟以为非特当世之功为然，虽学术亦实有待于器识也。昔赵宋之隆，朱子最称博洽有识，诸经皆有新义，而文章亦尔雅淳厚，而于诗不取小序，又回庇伪书，则学术不明之弊也。高邮王氏之学集汉唐大成，金声而玉振之，精核远过乎戴、惠诸家，然通观而总括之，前后有未吻合，则器识不弘之弊也。夫君子讲学以器识为经，学术为纬，今有人于兹以二王之学兼有朱子之识，岂一代之师表哉。弟幼闻禹域有曲园先生者，其识

---

① 即俞陛云（1868—1950），字阶青，学者、诗人，通书法。俞平伯之父。

如朱子，其学则今之二王也。已长读其所谓《春在堂全书》者，考据之精而识常足以副之，分毫析丝犹且不怠，折衷之于心素，然后叹曰："此一代之师表，为后学之准的。"切欲得其一言以振发我胸中之疑义，而路远国异，常以为憾。顾向者先生七裘之辰，弟先君为制寿序，而先生尝为敝师竹添井井序其《左氏会笺》。是以弟也虽不克亲登春在之堂以奉先生指教，其犹在先生左右以周旋也久矣。

弟生二十有七年于兹矣，受性椎鲁，无他艺能，遂发愤笃志于问学。唯才短识暗，六经三史之属，虽粗窥其一斑，大义有所未彻，间属文辞，首尾衡决，每自省览，辄为赧然，欲焚笔研者数矣，何其陋也！尝窃以为理学者流，好理而入虚，其弊也流荡忘归。考据者流，弄言而好琐，其去尧典三万言几何。且考据自阎、钱诸老，理学从程、朱诸先生以下，条分缕析，无复余蕴矣。自此以下，屋上架屋，床上安床而已，何益之有？独校勘一道，前人未有推究之者，虽即有之，大抵不过掇撖宋元刊本耳。夫校勘以六经为的，而宋时刻六经者以岳倦翁刻本为尤精。倦翁所著《九经三传沿革例》，叙列二十三种古本，无能出于晋天福铜版本之上，而晁公武《石经考异》则云天福本以太和石本为原。依是观之，一部《开成石经》胜于诸家校勘记也详矣。唯敝邦则不然，其能存隋唐遗卷于兵火风霜之余，留断简残篇于名山僧寮者，亦复不鲜，则讲校勘于敝邦，盖为近其道矣。弟自幼究心于校勘，家多藏坟索，师门亦举其书以读。弟已长，又得遍读内府之书而校雠之，尝恨内府之藏旧抄、旧刻盈箱满篓，琅环洞天，且不足为与俦，而编目不精，校雠无由，因不自揣量，勒成《古文旧书考》《群书点勘》二书。向者，友朋赞襄以《旧书考》第一辑四卷付手民，乃由驻苏领事白须君呈之于左右。何图先生过有奖许，书曾文正所赠"真读书人"四字转以见贻。

呜呼！畴昔之所神往，昕夕之所梦寐，一旦而得其所欲，夫何素望敢以及此。今者弟远来吴下，近在领事府，若夫辱收诸同志之末，赐以抨弹，广我见闻，匡我不逮，以贻后人，以幸后世，岂独弟之幸而已哉？

于是翁亦执笔曰：

据笔挥洒，成此洋洋古文，先生之才，真韩潮苏海矣。唯推许过甚，殊不敢当。仆器识浅薄，学术粗疏，何足当先生所称耶？窃念自幼溺于词章，中年以后始有志治经。经学无穷，欲考究其义理，参稽其利废，必从训故入手，是以致力于高邮王氏之书，所著两《平议》，皆沿习其家数也。圣人之道具在于经，自汉以来，诸儒迭有发明，而如《周易》有先天说，《尚书》有古文之伪，先儒循习，偶未及察，至朝诸儒，乃始逐一发明，经学遂无遗憾矣。贵国与敝土同文，然向来亦多沿宋元旧说，而先生所见乃卓卓如此，真海外一知学友，惜鄙人衰老，不足副来意耳。

校勘之学，敝土之人不如贵国，以敝地旧书少，而贵国所存古书多也。然贵国古书亦多自唐时从敝地传写以去，当时写者亦或草草，是以文字异同及虚字之多少往往参差，亦在读者精审之，以去其非而存其是耳。先生所著《古文旧书考》极精审，如其辨证《淮南》许、高二注，参考《尚书》古字、今字二书，此殆千古确论，是以向书"真读书人"四字奉赠，非虚语也。

谓雕版唐时已有，此说是也。至引隋开皇勅，谓隋时已有雕版，则恐不然。"悉令雕版"，"雕版"二字自是撰定之误。雕像、撰经乃是两事，若云废像遗经，悉令雕版，废像岂可雕版乎？又引《颜氏家训》谓北齐已有雕版，更恐不然。如颜氏果以书本对刻本言，则

175

当时刻本当已遍天下矣，何至唐时犹不多见也？书本乃写本耳，古书本无不同而传写各异，故云江南书本对河北书本言，非对刻本言。《书证篇》或云江南本、河北本，或云江南书（不言"本"）、河北本（不言"书"），随便言之，皆以江南与河北对。

大题在下，窃谓大题即《唐六典》所谓签也。经库红牙签，史库青牙签，皆所以标识其书名也。西汉以前，经师多专门之学，如毛公止传《诗》，则其篇首但曰"周南第一"足矣，不必标"诗"字也。伏生止传《书》，则其篇首但云"尧典第一"足矣，不必标"书"字也。至于后儒，经师辈出，日益宏通，往往一人而群经兼治。其时犹参用竹策、缣帛，非如今装钉书本之简便，插架既富，检阅为难。于是始有以标识之，其标识皆题本名于篇首之下，使人一望而得。唐时用签亦如此，今人藏书者亦如此。后人传写遂留此标识于卷篇名目之下，此所以小题在上而大题转在下也。鄙见如是，未识尊意以为然否？

旧抄本《春秋经传集解》，自是古本之可信者。僖三十三年，传加一"曰"字，足证开成石经之误夺。至二十八年"曹人凶凶惧"，窃恐不然。左氏原文自作"曹人凶惧"，观下文"因其凶也而攻之"，不迭凶字，知上文亦不迭"凶"字也。杜氏因"惧"字不待解说，而"凶"字不可无解，故以"凶凶，恐惧声"解之。以重言释一言，古传注字多有此例，钱氏大昕《十驾斋养新录》详载之。如"有洸有溃"，传笺皆曰"洸洸溃溃"是也。乃传写者因注有"凶凶"字，而传文亦加一"凶"字，作"曹人凶凶惧"，斯不同矣。窃谓贵国古本皆由敝国传写而去，传刻者固多误，而传写者亦未必无误，学者当善读之。高邮王怀祖先生《读书杂志》喜用《群书治要》改中国旧刻本者，往往不甚确，拙著《诸子平议》中曾辨正数条。先生好学深思，想不以鄙言为非也。

江浙间所见所获名人遗著

《十七史经说》八十卷（张月霄手稿本）

《元史稿》残本二十八巨册（钱竹汀手稿本）

《元朝秘史疏证》十五卷（黄荛圃手稿本）

《魏书地形志考证》三卷（温铁华手稿本）

《金史详校》十卷（施国祁四稿本）

《元史西北地理考》四卷（徐星伯手稿本）

《肇域志》二十六册（传抄本）

《大元圣政国朝典章》六十卷（元末刻本、抄本二通及钱竹汀疏
注本）

《菉竹堂书目》六卷（明抄本）

《复翁所见古书录》十六册（黄荛圃手稿本）

《群书缀拾》百二十卷（周谢盦手稿本）

《金石广例》四卷（冯登府手稿本）

《北平古今纪略》八卷（传抄本）

《南潜日记》一卷（旧题《吕晚村手记》，祥符周季贶定以为《明
遗民释南潜真迹日记》）

《东涧日记》三册（钱蒙叟手录本）

《近明今诗兼》三十六册（韩蘧庐手稿本）

《郑堂读书记》八十七卷（周中孚手稿本）

右爱日《经说》考据的确，尤称罕觏。我海保渔村著有《二十二
史经说》，亦此意。《元史稿》，竹汀毕世精力所注，元元本本，可称
一代之信史，所谓文减于前，事倍之者。竹汀身后，外间传本希少，
其存其佚，盖如在如亡。全书百卷，缺卷首至卷二十五。《元秘史疏

证》，黄荛圃所就元刻为《疏证》，《疏证》极粗不足道，但蓝本绝佳，十二卷本及连筠簃斋本皆可以为覆酱代薪。《地形志考证》，道光中乌镇温铁华曰鉴撰，仅疏其一二耳。缪氏《艺风堂集》、陆氏《仪顾堂文集》题跋数言及此书，不知为何意。《金史详校》，此即荠华四稿本，视广东、江苏二局本，殆为倍加。《西北地理考》，人间未闻有传本。《肇域志》，溧阳缪星通命周双唐、胡子继借德清许庆宗所藏亭林手稿二十册，于其孙季仁所传抄。此书又从缪本出，《肇域志》之名虽极高，予则以《利病书》为优。《元典章》起世祖终英宗，分为诏令、圣政、朝纲、台纲、吏、户、礼、兵、刑、工各门，五朝典章灿然具备，可以订补明修《元史》之草漏，钱氏《元史稿》多采之。《典章》之流布，始于余所获钱塘丁氏善本书室之德清许宗彦鉴止水斋抄，武进董授经借至北京法律学堂，取以入梓，但其书烂脱讹坏实非一处。其出于缪艺风之知圣道斋抄本者，亦略与丁氏同，错倒极多。此本则竹汀就旧抄本，行间栏上蝇头细注，多未发之秘。《菉竹堂书目》，叶氏真本，粤雅堂所收，即赝本耳，取《文渊阁书目》较之，其所异仅首尾数条，世为其所愚也久矣。《古书录》尚是荛翁晚年手定，此书出世，缪刻《题跋记》可废也。但义例未定，次序多乱，尚俟审定。《群书缀拾》卷帙多至百二十，半是朱文游、袁寿阶、顾抱冲诸家收藏，间与《古书录》复，马铺风流可想也。《金石广例》，刻本《综例》出于再稿，此系晚年手定。亭林《北平纪略》，异闻异事颇多。《南潜日记》，明遗民董说明亡入释后日记，南潜其号，尚著有《易发》《七国考》《东涧日记》。此属残本，崇祯庚辰春二月三月簿录，当时东涧尚似有慷慨赴难之节。《近明今诗兼》，康熙中韩蓬庐纯玉所撰，皆是明末佚集，可以补《列朝诗集》《钦定明朝诗》之缺。每集系以小传，其意尚在中州遗集。《郑堂读书记》，每读一书，便为解说，遂折简成书，弘博浩衍，拾其余剩，亦足以自雄。

其余极异者，以《日本乞师纪》一卷、《海外恸哭记》二卷二书为最，皆自梨洲手稿所传录，余仅得传抄之。嗟乎！方明氏之末造，国灭君死，其孤臣羁客逊入我邦者何限？夫岂达观宇宙之表，自得山巅水涯之外，以厌时避世哉？盖强倭寇之侠民，欲赖以存明社于既屋也。梨洲偕冯京第乞师于长崎、于萨摩不得，乃赋《避地赋》。京第再抵长崎，亦不得，请为赋《式微》之章，以感将士。《乞师》《恸哭》二书，一则录乞师之表与其行程者，一则经长崎到萨摩，说世家遭遇风物，茹血饮泣，遂发成此书，与《西台》之恸哭意异而义同，可与唐谢之《冬青》争烈于千古。其所载碧血千行，丹心如烈日，声情凄婉，悲歌当泣，故国故君之思，斯须不忘，可以愧食禄之臣矣。较之于蒙叟之《东涧日记》，此则昂昂如亭松，彼如丧家之狗，孰失，有能辨之者。余有意于续《西台》之恸哭，合刻二书，以布于大方，卒卒未就也。仰回首当年，俯睹先生作述，凄然以慨，潜然感于中，有不克己者。挑灯展卷，读先生书，不觉涕泪渍纸。

根本通明 [1] 博士《论语讲义》书后　丙午八月

呜呼！自信心蔑古之学行，浅薄无实之徒，敢于向壁虚造之陋者，亦皆得以滥厕其间，而先正朴学守先守古之意，荡然扫地矣。余讲郑、王二学之纷更，未尝不三复于此。肃之造《家语》、说《圣证》以抵排郑学，文之根于古者十之七八，其所赝二三耳。使肃意在摭拾古文，存古传旧，其所以为功不可没，而遂欲据以排郑学，证自说，则陋矣。杨慎、丰坊辈亦虽制伪书，遗大取小，失万幸一，当时君子

---

[1] 根本通明（1822—1906）：日本秋田县人。幕末、明治前期的儒学者，属于清朝的考证学派，亦通易学。创办有"根本义塾"。曾任东京大学文科大学教授，供职于大藏省及宫内省。著有《周易讲义》《老子讲义》《论语讲义》等。

已知其非矣。夫以慎与坊之才、之学尚不可作，况下里小生其后尘之不能拜者乎？余观近儒治经有数患，而其尤可忧者，壮语大言，喜排抵先儒，谓我依经解经，而未能会粹诸经而折衷之，又未能参之史、子、典、志之学，以知其意，读书未多也，见闻未广也。有所少得，自以为心得，洙泗之传即在于此，不知皆肤说浅学，前贤已辨而绌之。或剽拾书史希觏者，移形换响，取为己说，又赝旧本助其说，以欺未学之人，阑言琐语，不亦值乎！

夫古之学者，九经以为经，史、子以为纬，专门名家，各仞师说，必求其淹通服习而后已，故圣贤之门仞可窥，儒先之钤键可得也。自剿袭纰缪之学行，以诞诬传讹相师，以迷妄无稽相夸，至今俗学晦蒙，缪种胶结，胥天下为狂言丑语，欲以其凿空不经叫号于世，俨然以马、郑自命。是犹驾无舵之舟以适大海，挟无衡之称以游五都，求其利涉而称平也，不已难乎？

文学博士根本通明翁顷著《论语讲义》，阐旧说之蒙，陈自家之见，其益我良多，而可疑者亦不鲜。始余读其自序，所据以讲明《论语》正文，即应神天皇十六年百济博士王仁所献古写本，宇宙第一珍宝也。蹶然而起曰："世安得有此书，恨无从取而征之。"读至终篇，盍然而笑曰："经传疑义有可一言而决者，有不可百世而决者，所谓可一言而决者，此类是也。"昔王朝之盛，遣唐之使，留学之生，彼此来往。而其所赍古本，存汉晋经师之故训。太宝学令，据唐制以参取南北二学。《论语》兼用郑、何二注，其后郑注佚，而何解孤行于世。夫应神十六年，即当晋太康六年。（年纪姑据《日本书纪》。）当是之时，清言独盛江左，而河洛尚知讲古注，不败旧章。而两国来往，有三国为之介，而百济为尤多。三国之与河洛，其远近孰若江左？然则百济所传是郑注而非何解也，必矣。（我邦音用吴音，书学二王，文贵骈丽，是后世水路相通以直与江左相交也。考通使行程，其始必以三国为主，而三国至彼必由陆路，乃知南音之被包我邦，出于后世，应神献本之系于郑注也。）脱使其所献为何解，则其异同当不止于君所举也。请试言之。

《公冶长》"虽在缧绁之中"一节，皇疏本、陆氏《释文》、秘府嘉历抄本、津藩本及正平三次刻本，并同开成石本，邢疏本、朱注本、阿佐井野单经本皆改作"缧绁"，而君抄本亦作"缧绁"。案《礼·中庸》"振河海而不洩"，《释文》、永正抄本"洩"作"泄"，《说文》有"泄"无"洩"。《论语》此篇，皇本以下皆作"绁"，《说文》有"泄"无"绁"。唐石经避讳，凡从"世"者，皆改从"曳"，邢疏以下仍之。陆氏《释文》作于唐初，故不为太宗讳。顾氏《玉篇》作于唐前，口部"呭"，足部"跩"，革部"靾"，并云"或从曳"，"或从曳"三字当是唐孙强加字以来，经陈彭年、吴锐、丘雍等重修时妄加。《说文》有"曳，以制切"，与"世"同音同部，故取"曳"代"世"。且"世"之作"曳"，唯唐石经为然，如抄本遇帝讳，则缺其末画，决无作"曳"者，《汉书·食货志》《扬雄传》《世说》《新书》之类皆然。今使君所称果为王仁所赍，此何以避唐讳，且从石本作"曳"，不亦几乎宋版《明律》耶？此君之抄本不出于唐以前，且其原于石本之证。

"子路无倦"，君抄本"无"作"旡"，"旡"即"既"字，"无"之古文即为"旡"字。宋初碑版尚未误用之，其相混在宋末造，此君抄本不出于宋以前之证。《述而》"窃比于我老彭"，文禄以上旧抄善本，必作"窃比我于老彭"，其作"比我"，始可以得读。包咸注：好述古事，我若老彭祖述之耳。又与释存觉《六要钞》所引，及阮逸所赝文中子《中说》"窃比我于仲舒"，句法正同。自开成石本误倒二字，邢之《正义》、朱之《集注》皆用之，于是始有作"于我"者。故"于我"本即从宋时祖石本出者也，不然从邢、朱诸注出者也。君书此处作"于我"，君不知旧抄本通行异同，遂说我字从朱子以为亲之之辞，是虽未见君书本，知其源流不甚远，且其抄出于近世也。是君书之出于近世之证。

传、疏、注体，每于句绝处乃用语辞，而后来刻本皆削之。（刻本亦间有存者，若宋本《一切经音义》乃然。）唯我旧抄本中间有连写语辞，全无意义，若《玉烛宝典》多至六七字者，是抄胥因便出入，以取整齐，学者在乎善择而从之。若夫至"也"之作"乎"，又作"耶"，"矣"之作"也"，又作"焉"，"也""已"相用，"矣""焉"相通，庆长以上抄本皆如此，执其语辞一二之出入云云，知未足与于此事之末也。此君书不异于庆长以前通行抄本之证。

《述而》"举一隅"下，君书有"而示之"三字，非独君书为然，皇疏本、津藩本、正平本及《文选·西京赋》注引并同。且据晁公武《郡斋读书志》，范成大《石经考异序》蜀石经实有此三字，朱子作《集注》引蜀石经及福州写本，可知朱子非之以不从耳，非不知矣。《先进》"今也则亡"下，津藩本、正平本诸旧抄本有"未闻好学者也"六字，君书"亡"下尚别有"者也"二字。"今也则亡者也"，此犹可称文理乎？《颜渊》"民信之矣"，正平本及诸旧抄本"民"上有"使"字，君书亦有。皇疏本"使""令"字异义同。以上皆君之所夸，以其异同出乎寻常抄本之上，唯王仁本为然者，余未知其异于常本也。

尝读旧抄本有旁记，有背记，历世既久，又经展转传写，于是有旁记搀入经文者，有背记误成注文者。《墨子》"令吏民皆智知"之"知"字，《赵策》"董阏安于"之"安"字，《左氏》"婢子"四十七字，或系旁记窜入旧抄。《论语》皇疏之附邢疏，当是背记误入。《乡党》"虽疏食菜羹瓜，祭必齐如也"，君书"瓜"字作"瓝菰"二字。夫"瓜"之作"瓝菰"，在文极顺，然古书不必以二字为上下整齐，求之文理已羡矣。且"瓜祭"又见于《玉藻》，未可为遽非也。余以

182

为皇疏本及诸旧抄本"瓜"作"苽","苽"即"瓜"俗字。《阳货》"我岂匏瓜也哉",注:"匏,瓠也。言瓠瓜得系一处者,不食故也。"想后人取《阳货》注"瓠瓜"二字,添注附译旧抄本作"苽"者字旁,遂致"瓠"字挽入"苽"字上,又"苽""瓜"合作一字也。《卫灵公》"君子忧道不忧贫也",君书"贫"上有"食"字,引《卫风》"三岁食贫"为证。《论语》之文与《诗》不同,"不忧食贫"似后来文句。余以为上有"谋道不谋食"句,"谋道"与"忧道"对,"不谋食"与"不忧贫"对,后人取"食"字添解"贫"字旁,遂致误入也。凡如此,则往往系五山僧徒所为,读一部旧抄本,行间栏格皆有古译,可以征也。见此可以知君所称异同,卒不足考信矣。

昔齐梁之间,论文盛行,如李仲璇《修孔庙碑》,其魁也。而我抄胥亦多用俗讹异字,因循至庆长以后尚存。即书"论语"作"仑吾","疏"作"充"之类,不可胜选。《宪问》"彼哉彼哉",君书作"佊哉佊哉",遂云非彼字,说彼字以"彼,佊也。佊,邪也"。清儒已言之,亦未免不多见旧抄本之讥。古书音同通行,形近假借。《祭统》"修于庙中","修"字《玉藻》疏引作"编",《士丧礼》疏引作"修"。况邦人抄书多妄意增减点画,"木"与"手","彳"与"亻",旧人作同一书写之。据省笔坏字求义,义其可得乎?可发一噱也。

始余读其自序,谓其异同必遥出于通行旧抄之上,可以订补今本之讹脱,及观君所举异同之迹,实使人捧腹。可知所谓应神抄本者且勿论,即求其为室町以上抄本不可得,当是庆长前后依宋本传抄者矣。且自序所谓第一珍宝者,其果指何物?所谓《考文》校勘记所未言及者,又指何处?若执君书以为出于王仁,则世所多有庆长以上抄本,亦皆出于王仁将来也。噫,亦甚矣!曷为不进而言是汉儒所手定?又曷为不言是孔门手稿?彼目未睹旧抄善本,又不解抄本为何物,

183

奇货其藏本少异邢疏、朱注，诗张以为王仁所赍，殊不知其却落于室町以后也。余闻君常好大言，鬼面吓人，日者大学开古书展观会，君出其所藏庆长活刷《尚书》有传录清原氏识语者，云是明经博士传本，又常扬言曰："予藏弘安刻本《尚书》。"以今观之，犹信然"读至终篇，盍然而笑"者，即为是也。且夫君之说《易》，于乾卦以为天子一系之象，方四圣作述时，知东方有万世一系之邦，而豫作之乎？尼父之删述，君将操金椎以谷之，又何怪乎马郑之解，程朱之注，诃诋如蒙僮，而挥斥如徒隶乎？其说此书它不具论，以欲居九夷一事言之。九夷，概言也，非有所指也，而君以九夷为我邦。文莫之以莫为语辞，朱张夷逸之以为俛张，以为窜于蛮夷，王引之、阮元已能言之，而君不言其所出。史学之不讲，文理之不析，借而加评骘焉，妄而肆论议焉。欲以师心之说，戈戈之见，窥尼山之本旨。是马、郑、程、朱之徒盖已接踵比肩于斯世，而世之朴学自守者皆将退舍而避席。而尤有识者观之，汰去其生吞活剥迷妄剿袭者，君之面目犹有存焉者乎？是之谓曲学阿世，是之谓非圣无法。而委巷小生，如中风狂走，往往奉为元龟，取为指南，靡然而从之。所以学术日颓，而人心日坏，此可为流涕太息也。

抑尤有可疑者焉。君以其书为正文，夫正文即单经本也。考《汉志》鲁二十篇，是即单经真本。其分为十卷，以注附经者，始于郑氏。盖单经本确是二十篇本，十卷本确是经注本，不然从经注本所录出也。且六朝以上书必装成卷子，今夫君所谓王仁将来本者，其为二十篇本乎？为十卷本乎？抑装为卷子乎？为册子乎？君不自言，人无得而知之，笃学之士，固如是乎？向我师井井竹添夫子作《左氏会笺》，其经传以秘府旧抄卷子本为蓝本。是书也，于《御书籍来历志》《右文故事》发之，于《经籍访古志》《日本访书志》发之，于《留真谱》《古芸余香》发之，于《内阁书目》《图书寮书目》发之，至今与《御定宪法》《皇统谱》并收之一号御库尊藏之，精炳悬诸日月。唯夫子刻此，即以西法影照其首尾、背记、识语，以题卷首，既自校者数，又命余数校之，其意虽在使后人知古本面目，抑亦反复丁宁，所以征妄而传信也。今观君书凡例，云王仁抄本托在君乡，校者亦不得见之。较之于夫子所为，其孰信孰妄，必有能辨之者矣。

呜呼！余少而好古文旧书，为之瘾而叹，寐而起，敲笔砥墨，丹铅点勘者，十有余年矣。其敢少教君以旧书逸篇渊源所自乎？昔唐太宗忧南北二学纷争，诏颜师古等作五经定本，又命孔、贾诸人据定本撰义疏，开成中据此上石，其余则以《释文》为蓝本。孟蜀之刻经于石也，经本用开成石本，注则编入习本，又参校之以《释文》。长兴中据编注石经以为雕刻印版，尚别有晋天福铜版本，亦出于开成石本。至宋初，命胄监影刻长兴监本以颁布天下，自是厥后，刻本日滋。一传而为端拱监本，再传而为景德胄刻，流为诸路刻本，滥为家塾、书坊印本，流播繁多，递相为祖述，而要莫不称蜀本而祖石本者。方是时，宦学虽以监本为定本，家塾、书坊刻本，或有刻其所流传唐习本者。我邦儒先之所称，以为出于六朝与唐，其胎骨实多宋时所存唐习本而已。夫陆氏《释文》虽于各家经本同异不过录其一二，异同之多，纷如落叶。若使世间有《释文》未出、定本未成以前之本，余知其异同什佰于《释文》所举也。呜呼！不直则道不见，予岂好辩哉，予不得已也。

王益吾《日本源流考》书后　代重野成斋博士

丁未之夏，余西渡，列万国学士院总会于墺国维纳府，更经英、法、德、俄，取途于西伯利铁路，西迁回沈阳，北抵燕市，便假京汉铁路，将由鄂下长江，经皖、沪东归。鄂督张孝达制军之洞，诒我以长沙王益吾祭酒先谦《日本源流考》。分为二十二卷，始开国神武，终明治。舟中无事，取读之，既毕，乃掩口曰："甚矣哉，西人之迂也！"昔元之设征东省，明氏南直之被倭寇，余谓宜先研究我国情，以讲之措置。今观《经国大典》所载，明修《元史》所录，微暧难明，传闻失真。汪焕章之《岛夷志略》，漏载我日本。抑若袁褧、归有光、温睿临、茅元仪、钱红豆，皆著书建议，若其《三大征考》《倭寇始末》，可谓详矣，而牴牾之多亦复如是。其后清钱遵王获正平《论语》，以正平为朝鲜年号。嘉庆中平湖翁海邨据《吾妻镜》，始言正平是日本年号。夫《元史》潦草卒业，实明氏未成之书。《大典》则方蒙古之盛，极天下之粹，尚不能得其真。一正平也，二百年仅得其实。益吾此书，虽视前人颇尽其详，记载多失真者，何也？或者西方故老伤老弱，思利权，故为之说以相快欤？是可视为细故哉。语有之：俗语不实，流为丹青。余虞之，遂援笔辨之。是为序。

亡妻秩父氏哀诔　庚戌六月

明治四十三年五月二十七日，我妻秩父氏讳安，以病卒于大崎之邸，鳏夫岛田翰泫然涕泣曰：呜呼！我妻安往？我妻安往？自汝归吾，奉姑致孝，事夫致贞，菽水之欢，室家维雍。今去我而去乎？追惟始事，宛如积劫，奇书共雠，疑义相析，柔仪俊德，孤映鲜双。苍苍何辜，歼我伉俪，窈窕难追，不禄于世，杳杳香魂，茫茫尘世，扻血抚櫯，永从遐类。畴昔之言，偕老同穴，协心绸缪，虽不同其生日，誓当偕其死时，泰山如砺，河如带，息壤在彼，誓言娓娓，而吾偷延喘息，中夜抚心，吾负汝矣。虽然，君生有关雎之德，死与先府君同忌，虽不幸蕙折，瑟琴胶结，冥契千载。呜呼！平津痛惜，春在百哀，今古同叹，俯仰一恸，况缅想往迹，哀抚遗孤，幽明同揆，有余痛焉。万物无心，风烟如故，在吾则觉草木凄凄而稍悴，岁月凛凛而行暮，感物悲气序，衔哀眺草野，泣大崎之逝渡，哭宝塔之风树，唯日唯月，以阴以雨，事则依然，人乎何所，睍睍哀泪，涟涟何为，君而淹逝，孤露余生，旦夕将尽。自今以往，吾其无意于人世，将教太郎、春雄、博子三子，以希其成立，而后随君于九京，如此而已。明治十三年一月三十日其生也，三十七年四月十八日其归也，葬于大崎宝塔寺先茔村府君瘗发之次，浮屠谥曰"贞照院胜室妙馨大姊"。

与岩崎男爵书　大正三年六月

　　男爵岩崎小弥太君足下：仆材愚质驽，幸赖先人余业，得出入经史。先男爵过听重野成斋博士言，排众议，抵群迷，举而辱收诸静嘉文库之末，以注《韩非》为任，不责以功课，不待以令甲，使仆从其所欲。一旦先男爵舍馆舍，成斋先生亦旋归道山，世无桓谭，谁识子云？是以闭关灭灶，相依为命，唯幸琅琅之声仅不绝耳。仆之志业，非敢有大异于人也。仆少而好古文旧书，岁二十入校理秘文，家多藏坟索，师门亦举其书以读。仆尝私以为考据自阎、钱诸老，理学从程朱诸先生以下，分毫析丝，无复余蕴矣。其可藉以辟秘发幽者，唯独校勘一道。盖皇国建学，参取唐制，遣唐有使，留学有生，求法沙门来往不绝，而古文旧书亦取次舶载。上下千有余年，其出于兵火风霜之余，存于野店僧寮之间者，亦复不鲜。于是而校勘异同，雠定是非，以立明治校勘学，以开末学之非，仆之志业如此耳。仆以管见为《古文旧书考》一书，私自幸其中所论，发前人未发之秘，决前人未决之疑者，十之六七。圣人复起而不易吾言，可预信于今日也。乙巳之岁，成斋先生尝以此书第一辑奉于先男爵左，何图谬为过奖，给资著书，盛意之隆，结草陨首，非喻语矣。仆不敏，曾不能以此时完成《韩非》之笺注，脱手《古文旧书考》之二辑至六辑二十有四册，亦已过矣。自仆罢静嘉文库，十年流落，炊烟屡绝，奔走南北，衣食是图，八口一身，悲光血缕，渍于仆之旦暮。而所以隐忍苟活不悔者，私心恨《韩注》未成，《旧书考》未脱也。伏惟先男爵购皕宋楼以为文献之先，梓《国史总览稿》以风厉学者，以文以质，如古信翁，不华不虚，为富家先河，非仅以实业见长也。足下继之，恢而弘之，雷厉风发，三菱旗所麾，莫不信从。当此之时，仆抱千载未了之绪，颠顿道途，别有寒饿，相与绸缪。今《韩注》《旧书考》之成，四年可以期，衣食之给，月百五十金可以无忧矣。足下愿垂清明之听，察寒学之苦，月给以百五十金，限以四年，起酸魂落魄于沟渠墙壁之间，使仆无内顾之忧，一意著作，成此未了之绪，卒以立大正校勘学，以开末学之非，则仆偿前辱，而足下有助寒学之名，曷任祷切。附上《皕宋楼藏书源流考》一卷，董授经在北京上梓者，冀辱赐观焉。冒渎尊严，伏地待命，岛田翰再拜。

（原载《中国典籍与文化论丛》第九辑，刘玉才点校整理，北京大学出版社 2007 年。收入本书时，略有更订。）

田中庆太郎篇

田中庆太郎（1880—1951），日本京都府人。祖上是京都皇宫御用的日文书店"田中屋"的老板。1899年，毕业于东京外国语学校中国语学科。次年，第一次赴中国，在上海、苏州、杭州等地游历、购书。1901年，田中初次到了古书店汇集的北京，惊叹于北京城深厚的文化积淀和众多的古籍书店，由此确定了经营汉籍书店的志向。同年，京都的"文求堂"书店移至东京。文求堂成为东京第一个、也是最有规模的中国典籍书画的专门书店。1908年至1911年，田中庆太郎在北京购置了房产，住在北京，一边进修有古汉籍书画的知识，一边致力于搜求善本珍籍，运回日本。以1923年东京大地震为转折，文求堂从原来的主要从北京输入古籍珍本，转而改变为主要从上海购入实用的、普及性的新刊本，包括五四以后新式标点的国学基本典籍、整理国故运动中的国学研究著作，以及中国语教学用书等。总之，田中庆太郎的文求堂是东京乃至日本最著名的汉籍书店，为日本中国学研究提供了及时而充足的资料用书，为中国文化在日本的传播起到了推动作用。

敦煌石室中的典籍 [①]

救堂生

    听闻法兰西东方考古学院教授伯希和氏，得到甘肃省敦煌县石室中所藏经卷古文书，在回国途中滞留北京，我立刻赶到八宝胡同他下榻的寓所拜访，送上名片，通报姓名，因并不相识，正犹豫不知是否能被接应相见，门房一声"请！"就带我到了客厅。伯希和是三十岁左右的青年绅士，有学者气象，由于我不能西洋语，他就用流畅的北京话与我对谈，谈话中知道，他已经通过他的朋友沙畹、曼妥儿等人知道了我的名字和职业，因此，我也就无需虚套，直接与他进行交谈。

    伯希和在中国西部边陲进行地理古迹的研究，前年从法国出发，经俄国中央亚细亚进入新疆省，在库车八个月，在迪化（今乌鲁木齐）二个月，在吐鲁番数周，进行踏查研究，在迪化见到长将军时，谈话中知道了敦煌石室之事，又经巴里坤、哈密到安西，从某知州手中获赠一卷古写本，审定为唐写本。所以，去年冬天，就专门到敦煌待了三个多月，在三危山下的石室中，得到了所藏的写经及其他古文物。

    伯希和说，所得东西大部分已经运回法国，他向我展示了随身行李中的几十件，都是惊心骇目的贵重品：尽是些唐写本、唐写经、唐刻及五代刻经文、唐拓本等，纸质不出黄麻、白麻、楮纸三种。

---

① 田中庆太郎此文，为日本所发布关于敦煌遗书发现及价值的第一篇文章。

《老子化胡经》等比"天平经"中最上等的不差，《尚书·顾命》残页文字雄劲，确为唐人所书。这些宝物都是在西夏兵戎之际，被封于石室，直到近年才发现的。在石室中的东西，都是五代以上的，宋以下的一个也没有，特别是西夏文字的半页也没有，就是证据。这真是学术上的大发现，我没有足够的知识来解读内容，仅从兴趣的眼光看，都是不世出的珍品。知道伯希和携有珍品，北京士大夫中学者以及对古籍版本有兴趣的人们，纷纷访问伯希和寓所，见到那些珍品，无不吃惊。我打算记录这些看到的东西，而与我前后看到这些珍品的人当中，罗叔言已经有所记录，他比我的认识要更为准确，故将他的记录抄录如下：

敦煌石室书目及发见之原始

敦煌石室，在敦煌县东南三十里，三危山之下，前临小川。有三寺，曰上寺、中寺、下寺，上中两寺皆道观，下寺乃僧刹也。寺之左近，有石室数百，唐人谓之莫高窟，俗名千佛洞。各洞中皆有壁画，上截为佛象，下截为造象人之画象，并记其人之姓氏籍里。惟一洞藏书满中，乃西夏兵革时所藏。壁外加以象饰，故不能知其为藏书之所。逮光绪庚子，扫治石洞，凿壁而书见，由是稍稍流落人间。丁未冬，法人伯君希和，游历迪化，谒长将军，将军曾藏石室书一卷，语其事。继谒澜公暨安西州牧某，各赠以一卷。伯君审知为唐写本，亟诣其处，购得十余箱，然仅居石室中全书三分之一。所有四部各书及经卷之精好者，则均囊括而去矣。大半寄回法国，尚余数束未携归。昨往观，将所见及已寄回之书目，略记于左。

颜师古《玄言新记·明老部》五卷

案《旧唐书·经籍志》，有《玄言新记道德》二卷，王弼注，新志又有王肃注二卷，隋志有梁澡《玄言新记·明庄部》二卷，而此书则诸志均不之及。

《二十五等人图》

此书名，非图画。

《太公家教》

《辨才家教》

《孔子修问书》一册

《开蒙要训》

《天地开辟以来帝王记》一卷

《百行章》一卷

何晏《论语集解》（存卷一卷二卷六）

《毛诗》卷九（鄁柏舟故训传 郑注）

范宁《穀梁集解》（存闵公至庄公）

《孟说秦语·中·晋二》

《庄子》第一卷

《文子》第五卷

郁知言《记室修要》（译者按：应为《记室备要》）

案"郁"疑"郭"之讹，日本旧抄卷子本《五行大义》背记所引古韵书，有郭知言其人。

《文选》李善注（存卷二十五卷二十七）

《冥报记》

《新集文词九经抄》

《新集文词教林》

《秦人吟》（译者按：此为《秦妇吟》之误）

《鷾子赋》

李若立《略出籝金》

《陀罗尼经》

一写本，其形如《旋玑图》，中为佛象，象旁四周皆咒语，栏外皆经文，俱颠倒回环书之。又有汉梵对译者十余纸。

又刻本，共十余纸

（一）《一切如来大尊胜陀罗尼》（加句灵验本）二朝灌顶国师三藏大广智不空译，每行十五六字不等，其字似初唐人写经。又国师"国"字上空一格，其为唐刻无疑。

（二）《大随求陀罗尼》，经末有"□杨法雕印施"六字。

（三）《大佛顶陀罗尼》，经末有"开宝四年十月廿八日记"十字。

（四）《大随求陀罗尼》，经上面，左有"施主李知顺"一行，右有"王文沼雕板"一行，经末有"太平兴国五年六月雕板毕手记"十三字。

此外无年号者甚多。

雕印佛象

几十余纸，大半曹元忠所造，兹录其记文一纸：

弟子归义军节度瓜沙等州观察处置管内营田押蕃落等使，特进检校太傅谯郡开国侯曹元忠，雕此印板，奉为城隍安泰，阖郡康宁，东西之道路开通，南北之凶渠顺化，疠疾消散，刁斗藏音，随尝见闻，俱□福佑，于时大晋开运四年丁未岁七月十五日记。匠人雷延美。

共十三行，上画下记。

唐拓碑三种：

（一）唐太宗御制御书《温泉铭》。剪表本，前半残缺，后半完好。纸尾有墨书一行曰：永徽四年八月围谷府果毅。

（下缺）

案此碑已载赵氏《金石录》,《宝刻类编》著录作《温泉碑》。

(二)《化度寺邕禅师碑》。仅存剪装一纸,字画如隋《苏孝慈碑》,与流传宋拓迥异。

(三)柳公权楷书《金刚经》。石刻本,装成卷子。计十二石,每行十一字,末署"长庆四年四月六日翰林侍书学士、朝议郎行右补阙上轻车都尉、赐绯鱼袋柳公权为右街僧录准公书,强演、邵建和刻字"。案《宝刻类编》载柳公权《金刚经》,会昌四年书,年月不同,不知即此否。

以上诸书皆目见。

此外有画板一、画范一、经板一,均为罕觏之品。画板为印佛象之板,长方形,上安木柄,如宋以来之官印然。画范则以厚纸为之,上有佛象,不作钩廓,而当钩廓处,用细针密刺,以代笔墨。推其意,盖作画时,以此纸加于欲画之纸上,而涂之以粉,则粉必透针孔,而着于下层之纸,使有细点,更就粉点部位作线,则成佛象矣。经板状如▭,两面共书《心经》,而文未完,左行墨书,上加以油漆,色白而泽,颇似今日之熟漆。室中又有布画佛象、纸画象,及琥珀珠、檀香等物。

又写经中有绢本三卷,绢质极细,乃六朝人书。

又有经帙,以竹为之,与日本西京博物馆所藏相同,以竹丝为之,亦有以席草为之者,盖古人合数卷为一帙,此即其帙也。帙之里面,以旧书糊之,有唐人公据一纸,上有印信,其文不及备录。

伯君言,渠所得有地契无数,皆有唐年月,又有唐历书二三册,书有年号,惜已寄回国,不获见也。

伯君言,诸窟壁画,有绘五台山图者,记该山梵刹二百余,一一皆记其名,已影印。

罗振玉记录

对于专家罗振玉的记录，我并无异言。关于罗所说的画范，与说法一样的用途当然有，我还怀疑也用于雕刻石像时，将纸覆于石上，用锥子类的工具，透过针刺的孔眼击凿石上，进行石材的雕刻。画板带有手柄，是大型的印章，鉴于此，大致可以推想我国百万塔中的《陀罗尼经》，就是用这样较大的铸物印章印刷的。在罗氏记录以外，我还看到记在蜡纸上的印度文字的经文，西汉金山国皇帝敕文书片段等，还有一样石室中的东西——一枝笔，毛看似比较硬，笔头比较短，笔杆也比现代的笔短，很像我国叫作"天下笔"的那种样子。

北京读书人九月四日在六国饭店举行伯希和欢迎会，当日出席者有宝（熙）侍郎、刘（廷琛）少卿、徐（坊）祭酒、柯（劭忞）经科监督、恽（毓鼎）学士、江（瀚）参事、吴寅臣、蒋（黼）伯斧、董（康）比部等十数人，可谓尽揽一时名流。罗振玉因微恙缺席，遗憾。恽学士领头为伯希和举杯，羡奖其热心斯学，获天之嘉惠甚厚。伯氏谦逊答谢曰，本为受国家派遣，为研究而来，偶尔获得如此宝物，现在珍品虽归法国政府所有，然学问应是世界共有之物，对于诸君摄影、誊写之希望，定当尽力促成。伯希和与北京士大夫应酬毕，于九月十一日夕，乘坐前门发出之火车，经西伯利亚回国，此后定将有种种报告发表。

原载《燕尘》第二卷第十一号（1909 年）

文求堂主的气焰录

田中庆太郎

　　由于古书保存会的良好企划，它的机关杂志问世了。让我谈谈关于汉籍的事，这不免有点为难。我是个不知深浅的家伙，经常受到批评指教，本不该恣意妄言，贻笑大方，在此请允许我如履薄冰地略陈鄙意，若是说偏了，敬请舍弃不用。

　　中国是一个革命多发的国家，每次革命导致古书文物的散佚，所以，宋元本珍籍被保存在我邦，而在中国本国则较少。中国人对于宋元本的鉴识力贫乏，这话我从孩子时起就常听说，这十几年我常往返于中国，实地考察后得知，事实并非如此。在我邦近藤守重、狩谷棭斋等人的努力下，对各家所藏古抄本、宋元版等进行了调查。彼国潜在的藏书家相当多，收藏宋版等珍本的个人也不在少数，多少可称之为藏书家的人家，少说也都藏有十部宋版书，至于所谓近代私人四大藏书家（聊城杨氏、常熟瞿氏、归安陆氏、钱塘丁氏），仅就他们所藏的珍本善本，就十分庞大了。其中陆氏的藏书，前些年归了静嘉堂文库，这是我邦藏书界的一件大事。

　　我邦所藏宋元版书，有被五山僧侣挥笔批校于书籍天头地脚的，还有并无必要地装裱原书而造成对书籍人为破坏的。而彼土所保存的古籍，则比较的没有污损，即使是宋版，也纸墨如新。以看惯了我邦坊间古版的眼光，看什么也只是个明版。因此，就常有把宋版精绝佳品误判为明版的。宋麻沙本、元坊刻本等劣等书，一般容易分辨，只要对古版本有点兴趣的人，就不会看错。但是，北宋南宋的精绝佳本，却往往会被误识为明版，将之作为明版买卖，在我邦往往也是存在的。这是由"我佛为尊"的偏见引起的弊端，即仅以我邦坊间存在的古书为标准看待古版本——当然，我邦也有收藏精绝宋版的藏书家，但他们的识见不出《右文故事》《经籍访古志》范围，也是没有办法的事。

　　杨惺吾明治十几年时来日，见我邦所存古书佚书而惊叹，这事常成为"我佛尊"者流的谈柄，杨氏归国之际，不用说，已成为古籍鉴定专家。毋宁说，他是来日之后，才开始有了对于古书的兴趣，据当时与杨氏有交往的寺田望南先生说，杨氏来日之前对于古书的鉴定能力不足一提。我想对"我佛尊"者说的是，我邦五山版古籍确实具有很高的价值，特别是《唐才子传》《春秋经传集解》《音注孟子》等善本，但是，也不能说只要是五山版，任何东西就都是善本。还有，如将像《集千家杜工部集》《刘辰翁评东坡诗集注》等，还有更等而下之的语录等东西，都视为珍本善本，从研究的立场出发不用说，即使单从兴趣的角度出发，不也难免太低级了吗？……大概已经有点离题了，就此打住。

　　对于爱书家来说，实在毋庸赘言。我只是想说明，在没见中国现状之前和见到中国之后，我对于古籍鉴识的标准，有了很大的改变。

　　中国也好，我邦也好，近来盛行古籍翻刻，这是很好的事情，但如果不仔细认真地校勘，将错漏的劣质本，无端地流布扩散，就好比劣质品驱逐了优质品，下等的东西翻刻出来，助长了原始版本的灭失散佚，这将反而贻害研究者。被翻刻的书籍自身情形不同，需要做的工作也相应不同，比如说，同样是类书，若是《渊鉴类函》，为了营利而翻刻印行，即稍有错漏还不至于说是罪恶，若是翻刻《北堂书钞》《艺文类聚》《太平御览》等书，而不依据善本，不进行严密的校勘，倒不如不翻刻的更有利学界。中国人在刻书印书方面，做得也比较杂乱无章，翻刻《艺文类聚》不依据明小字本，而依王世贞本，就是一例。古书保存、古书刊行之事，本应切实而为，现在则又在报纸上做大幅的广告，又印行大量的部数，难免粗制滥造。

综上所述，本次成立古书保存会，由诸先生们宣导发起，让古书善本作为古书善本向世间传布，必将抵制漫然流布的粗劣之本，这实在是值得嘉许的好事。

又及：明日我将往中国访书，如遇到有意思的发现，将再作奉告。（五月十三日）

原载《典籍》第一号

对他那里的风格有亲身感受。但以现在的眼光来看，也有很多那时作为珍本来对待的汉籍，现在已经变成了一般的普通的书了。这是时代的变迁，是没有办法的。例如《段氏说文解字注》，若是现在，无论哪个书店都会有的，但我还记得，当时则是放在桐木的书箱里，非常郑重地放置在文石堂的正门口来装点门面的。而且，以今天来看，它既不是经韵楼原刊本，只是湖北书局的翻刻本，因此，在今天只要十日元或十五日元就能买下的书，当时的价值则是三十日元至四十日元才能买下。那是明治二十二、三年到中日甲午战争之前这一时期的事。此外，我还记得，现在哪里都有的《旧唐书》，以前由于版本流传不多，像德川中期以后的新写本，都只是卖给公卿贵族的，相当珍贵。当时的情况大体上是，与学术性的书籍相比，更重视面向文人趣味的书籍。因此，印谱之类的书受到广泛的重视，听说鸠居堂总店本来就是笔墨店，兼营书画古董，也兼及印谱、金石图录之类的书籍。当时，对中国文化有兴趣的文人，就是以文石堂为中心来猎获汉籍的。

在京都仅次于文石堂的有名的汉籍书店，是两三年前去世的山田茂助老人，以及更早一些年去世的，应该是现在的佐佐木竹苞楼的伯父佐佐木庆助氏的书店。此人对汉籍相当热衷，店在京都的寺町路上，虽没有什么珍本，现在想来，倒多是些实用性的汉籍。而且，当时的时代是，提及所谓汉籍，也就是以《佩文韵府》《渊鉴类函》之类为主体，因此，这些书的价格比今天远贵得多。总之，当时的书店里许多都是与中国近代性学问无关的书籍，其结果，就是引导读者对于诗文和中国趣味的追求。

日清战争之后，此时，直接输入中国书籍的途径尚未开通，就也有鸠居堂输入《二铭草堂金石聚》等书的情况了。即使是现在已藏书万卷，在小学、说文、金石等方面几乎无人追及的河井荃庐①氏，在当时求购书，也因为书店里没有学术性的书籍，只好把那些必要的金石类书籍，亲自用笔双钩描摹下来，以资学习研究。记得当时还是孩子的我看到此情形，心里十分敬佩。因此，当时所谓的古书到底怎样呢？实际上，是很少看到宋版、元版、五山版之类的书。我十二、三岁即明治五、六年时，大阪大法官是姓澄川的人，他与大阪鹿田君的先祖有很深的交谊，后来，辞去法官之职，住在京都。我记得他曾拍卖的书中，有一本古写本皇侃的《论语义疏》，被我父亲以三十日元的价位竞标成功，买了下来。当时的情况就是这样。记得这本书后来在甲午战争前后，以一百日元左右的价格卖出去了，简直如同中了状元般地得意。可见，《论语义疏》那样的书，在当时是比较便宜的。

另外，还有一件关于文石堂的事。此店珍藏有一本明代的印谱《秦汉印范》，以现在的眼光看，大概只是摹印而已，但他们认为这书非常珍稀，定很高的价，当时标到了一千日元，相当于现在的五六千日元，所以怎么也卖不出去。当时，新町三井家有意想买此书，让我祖父作中介去讲价，结果是降了多少买下的，我已记不清了，但总的来说，还是买贵了。

甲午战争前后，神宫司厅买了许多中国书。鹿岛则文是神宫的长官，在他任职期间，神宫司厅买了许多汉籍。我小时候被祖父带着去神宫参拜时，同时到司厅去看看书，那些汉籍都用厚厚茶色纸整整齐齐地包着，像西洋书那样，一本本地立在书架上。那些书都是对学术研究有用的书。鹿岛只买对学术研究有用的书。在东京，我想斋藤

---

① 河井荃庐（1871—1945）：日本京都府人。篆刻家。本名河井仙郎，号荃庐，字子得。1900 年来中国从吴昌硕、邓完白、赵之谦等学习古今篆刻，后每年来上海开展篆刻交流，成为"明治、大正、昭和时期的篆刻界泰斗"。1917 年与林泰辅合著《龟甲兽骨文字》，为日本甲骨学的滥觞。编有《支那南画大成》《支那墨迹大成》等，作品辑为《荃庐印存》《荃庐印谱》等。

氏和浅仓屋氏也买了大量的书。当时，还是京都帝国大学成立之前，有一位木下广次①氏，也买了许多汉籍。此人主要收集丛书，这与今天西方的图书馆买汉籍总是首先买丛书，不谋而合。

短时间内尽量全面收集对学术研究有价值的书，是一个聪明的做法，中国的书籍数量非常之多，首先收集最基本的典籍，然后，根据需要补充其他部分，这样的方针，远远高明于那种中途改变主意、举棋不定的经营者。

二、第一次输入汉籍

田中：以上所说是我在书店出生后的种种观感，甲午战争结束后，我打算去中国看看，由于京都周围没有教中国语的先生，就抱着到东京学习中国语的打算，在明治二十九还是三十年，即我十八还是十九岁之时，来到了东京。然后，就学习中国语。当时的三井物产公司在八丁堀，还是非常粗鄙的建筑，三井公司招募去中国的留学生。我也去应试了，当时的考试委员会说了什么刁难的话，而我也只是个孩子，总之，没考上，就没去成中国。这样，我就在东京学了两三年的中国语，在此期间，大阪的青木嵩山堂——我想这大家都知道的——从上海输入新版书。此前，这样的事情，听说有明治十年代东京的岸田吟香②的林拥书城也输入汉籍，但对我来说，只是听说，并

---

① 木下广次（1851—1910）：日本熊本县人。教育家。曾留学巴黎大学，学习法律。后历任东京大学教授、第一高等中学校长、京都帝国大学第一任校长等职。
② 岸田吟香（1833—1905）：日本冈山县人。明治时期的记者、实业家。曾参与发行日本最早的报纸《海外新闻》，并发行《横滨新报·穗草》。商业方面曾经营运输业、冰室商会；退休后设立乐善堂，销售眼药"精锜水"等，并在上海开设分店。此后，曾任职于兴亚会、亚细亚协会、东亚同文会及日清贸易研究所等。晚年编成《清国地志》。

非亲见。此后，岸田吟香的输入就中止了，代之以青木嵩山堂的从上海输入汉籍。这是因为当时大阪有近藤元粹①这位诗人，由此人推荐与现在在上海仍然兴旺地经营着的扫叶山房书店联系业务，大体是从那里买来汉籍，又将之卖掉。由于近藤元粹的关系，所经营的以诗文居多，也有些书画书录和丛书等。我当时在东京是一介学生，青木嵩山堂的东京店铺在日本桥街一丁目的白木屋的对面，嵩山堂或是买了或是借了店名叫鲸组的店的旧址，店里摆满了新汉籍。我当时正学着中国语，就常去那里看书。明治三十一年暑假，我回到京都，对父亲说：青木嵩山堂经营着大量的新汉籍，我们不妨也少量尝试着经营一些吧。于是，偶然机会从上海得到一份叫江左书林的书店的目录。这书店可以邮购，我父亲给一个什么人写了信，寄上一定的款数，就可以直接从上海把书寄到京都了，这就是我们最早的直接输入汉籍。因此，在我们所知道的范围内，在甲午战争后最早从上海输入汉籍的始祖是青木嵩山堂。另外，虽然我不十分清楚，但听说嵩山堂还常从暂住日本的中国人手里买入中国书籍。

明治三十三年，我的学校暂告一个段落，我则还继续着学生生活，我与大家都知道的岛田翰在同一学校，两人关系很好。他与我是同一级同学，由于家学的影响，他以竹添井井氏②为师，写了不少有学问的文章。我在与他交往的过程中，更加明确产生了要正式从事中

---

① 近藤元粹（1850—1922）：日本爱媛县人。字纯叔，号南洲、萤雪轩主人。师从藤野海南、芳野金陵研究汉学，长于诗文。在大阪创立了"风骚吟社"。评点、刊刻汉文著作近百种。著有《增注小学纂要》《萤雪存稿》等。

② 竹添井井（1842—1917）：名光鸿，字渐卿。汉学家。幼学四书，有神童之称。曾在天津领事、朝鲜公使、流球事件中，与李鸿章直接交涉。重视中日两国文化交流，曾拜访俞曲园、沈曾植、王先谦等儒者。1872年，他从北京出发，经过河南，由陕西进入四川，穿过蜀中栈道，游至成都、重庆，再沿三峡而下，回到上海。著有《栈云峡雨日记》《诗草》《左氏会笺》《毛诗会笺》等。

国书的经营的想法。我询问岛田君，做哪方面的书好呢？而此位岛田君的回答很有意思：必须先阅读《经籍访古志》，从外形上来认识书籍。最重要的是，最好读一下刘歆的《移书让太常博士》一文，此文在《文选》中就有。可以说，正是由于岛田君的指教，我读了此文，才第一次知道了经书今古文之别。岛田君在我将开始经营汉籍书店时，教我看这篇文章，是在向我暗示什么？在当今古书流行的趋势下，应以什么为根基？真是值得深长思之。

三、最早的中国行

田中：其时我曾计划去一次北京，但由于拳匪之乱兴起，没能去成。正好当时河井荃庐也想去中国看看，就请求与他同行，在拳匪之乱结束后的当年年末，去了上海、苏州、杭州等地。虽然买了许多书，但当时我对于书还没有什么判断能力，以今天的眼光看，尽买了些十分幼稚的书，好书也买了一些，但那是蒙着的；遇到好东西不能判断，就没有买；还担心即使买回来又卖不出去。到上海后的第二年，第一次去了北京。关于北京的书店，此前已经说了，因此，今天对于书店的状况就不说了。总之，去了一看之下，非常吃惊于北京有那么多的书店。当我去一流的书店时，书店并不把我当顾客，大概也是看我不太懂买书的样子；所以，就到那些三流、四流的书店去，胡乱地买了一些杂书。不可思议的是，我将这些杂书带回日本后，不管什么都全部卖出去了。

当时，我就考虑我们的书店应该卖些什么书呢？因为书店不同，经营的主要书籍就不同，清朝人的诗集在我店里卖得非常好，而且不是那种在以往的日本一般都有的诗集，而是嘉庆、道光年间诗人的诗集，如《敬业堂集》《王梦楼集》《颐道堂集》《尚絅堂集》《瓶水斋集》

《秋江集》之类。其价格与今天比较起来，恐怕也是当年的贵。这样的销行情况持续了很长一段时间。当时正好是诗人森槐南①非常走红的时期，他的门人们争相购买乾隆、嘉庆、道光年间的诗集，这也是原因之一。

四、当时出售的汉籍

西塚： 东京文求堂是什么时候开始经营的？

田中： 明治三十四年（1901）。

诹访： 主要从中国的什么地方买进书籍？

田中： 上海和北京。从上海买石印本、局刻本，从北京买古版本。那个时代正如大家知道的，根本通明翁推崇研究《周易》的书籍，特别是非常推崇明代郝京山的著作，其门人就高价购买《九经解》《山草堂集》等书，这些人还纷纷求购王锡侯的《字贯》。

到了明治三十七、八年日俄战争前后，《说文》类书籍非常热销。此类书以前基本没有输入，所以，无论是怎样挑剩的书，都被人人争购，销售一空。长谷川泰助氏原本只要佛教方面的书籍，后来，研究老、庄、周易，所要之书就广泛涉及由经书到历史文集的广大领域。当时，在大学附近，地方志类的书被大量搜集。如今，即使在中国，这类地志类书还是相当贵的，但当时，日本方面并不十分看重地方志，店里堆积了许多，不是一部多少钱而是一堆多少钱地卖，只是今天价格的四分之一。东京帝国大学买了很多。我也买了很多。虽然其中大部分，在1923年东京大地震中，都被烧毁了，但可以看到，当

---

① 森槐南（1863—1911）：日本尾张人。明治末期日本汉诗坛的重要诗人，与国分青厓、本田种竹并称"三大家"，形成"清诗鼎盛的时代"。代表作有《槐南集》《浩荡诗程》《古诗平仄论》《杜诗讲义》《李诗讲义》等。

时着地方志收集之先鞭的人是受到了有识之士的指导。所以，中国方面也对将这方面图书卖给外国人引起了注意。上海商务印书馆附属东方图书馆也收集起这方面的书来，美国国会图书馆也致力于地方志的收集。我国的东洋文库①也收集了相当部数的地方志。世界上地方志收藏最多的是美国国会图书馆和东方图书馆。但由于上海事变，东方图书馆的书都被烧毁了，地方志也都被毁了。除了本来就有古地方志自然收藏的地方外，有意识地收集清朝地方志并且目前仍保存完好的单位，在我国，东洋文库可数第一。

五、新学术的勃兴与图书发行的变化

田中：明治四十年代，由英法人发现了敦煌石室，由于在新疆地方的发掘，发现了许多古写本，这无论如何是对中国学界的巨大冲击，给旧学研究输入了新的气息，此后，由于王静安等人的科学研究，使中国的学术研究有了变化。这种影响也波及日本，我们的买卖也发生了很大的变化。

以原来的观念来估计销行量往往不能算准了，在此之前，诗集类很好卖，说文类也很好卖，老庄的注释很好卖，书画艺术类的书也很好卖，其他方面只要注意那些被前人视为珍本的东西，就可以了。而现在，这些书都渐渐卖不出去了。任何种类的书都有可能卖得出去，任何

---

① 东洋文库：位于东京的东洋学术研究机关，具有研究所与图书馆两方面功能。它是三菱公司的岩崎久弥1917年购买了莫里逊的全部藏书而设立的。最初叫"莫里逊文库"，1924年改称东洋文库。现在藏书约五十万册，除莫里逊文库之外，后来又继续收集日、中、西文的东方学文献，又合并了岩崎文库的中、日文优秀图书。作为东方学研究机构驰名全球，战后一度成为国会图书馆的分馆，现已独立。

种类的书中也都有卖不出去的。那时，可以说在中国、日本、西洋都是中国学术的突进期。书店主要是卖经史子集的书，有时赶上某种书流行，书店也就很高兴。而现在，实际上书的内容只视对每个人的专业有用或无用为第一义，这对书店来说，远不是件轻松能够做到的事。在此，我又再次想起几乎使人想起"迂腐"二字的岛田君对我的忠告来。

六、政治的变革和古书价的变动

田中：进入中华民国，关于清朝掌故类的书籍如满文、蒙文的书籍，在清朝时非常贵的《皇朝礼器图式》《皇清职贡图》等类，一时间价格都降了下来。当时我还不傻，知道这必定是一时的现象，就搜集购买了不少这些便宜的书。不只是我一人，学者先生们买这种便宜书的也不少。买回来一看，感到实在是便宜，再以几倍的价钱卖出去，也还是便宜，不用说卖到内地，还卖了许多到欧美。举一例来说，殿版《热河志》在清朝盛时非常不容易弄到手，总需要五六百日元，到民国头一两年，只要一百五十、二百日元，就买下了。当时四五百日元卖出去的，要在今天，只要是殿版，无论如何不到一千日元绝买不下来。可见，学术的潮流及政治性的变革等是影响书价高低的因素，在注意学术潮流的同时，也要兼察时势的转移变化，在适当的时机买入便宜的书籍。

民国初年，罗振玉、王国维两氏举家来日本，在京都住了数年，我店出版发行了不少考古学资料性的书籍，给了学术界相当的影响。特别是王国维年富力强，为学精微，回中国后，给本国的青年很大的影响，今天活跃在北平的青年学者，也有不少是继承了王氏学统的。据说甲骨文及青铜铭文的研究也是由于王氏的学识得到进展。

七、盘桓北京三年间

田中：现在又把时间稍稍往前追溯，我在明治四十一年至四十四年间，在清朝末期的北京，住了三年。此时，法国人伯希和带着在敦煌采集到的古写本，经过北京，我得以看到他手中的珍品，深受教益。当时的我与现在不同，相当热衷于对宋版、元版、古写本的鉴别，如费尽心机买到了当时还不算古籍版本的邵懿辰[①]《四库简明目录标注》写本，活版印刷出版了莫友芝的《郘亭知见传本书目》，至今仍有所得益。我在与中国人交往之中，渐渐地对中国的书画感起兴趣来，于是，开始对书画热心搜集。第一，这方面相当地有利可图，当然，也不是对别的书籍不再经营，只是把主副业颠倒了一下。就像斋藤君的先人曾经从以书籍为主变到以古董为主一样。那时与现在，在日本，鉴定中国书画的方法有很大的不同，有许多有趣的话题，但与今晚的内容无关，就不说了。前面忘了说了，大阪鹿田静七君的先辈，从明治末年或大正初年开始，也是每年都必往北京采购古书，一直持续到东京大地震前后，主要满足京都、大阪地方顾客的需求。他们买进了些什么书，当时是有买进书目的，我从那书目上知道，既有相当好的书，也有不为我们一般所知的书。

反町：三年间，住在那里，买了书以后，怎样弄回日本？

田中：用小邮包的方式寄回日本，一本一本地卖出去。卖不掉的书，在我一年一度回日本时，编成目录，再卖出去，大致是这样的方式。

---

① 邵懿辰（1810—1861）：清浙江仁和（今杭州市）人，字位西。道光举人，曾任刑部员外郎。太平军围攻杭州时，他助浙江巡抚王有龄对抗，在战乱中身亡。富藏书，精目录，擅诗文，所著书多散佚。所编《四库全书简明目录标注》，是研究目录版本学的重要参考书。

八、善本的动向

田中：在当时的北京书肆上，虽说也已经不太能见到宋版、元版书了，但一旦有实力的买主出现，也有宋版《三礼图》以三千元的价格卖了，或其他什么书以几千元的价格卖了这样的事情。结果，由于卖价高，地方上的书被吸引到北京来，这其中自然不乏好书。众所周知，中国是个幅员广大的国家，这意味着从广大的地方汇集书籍到北京。这情形与在日本也是一样，只要有一个有实力的买主，书店就愿意以他为中心销书，另外，他还会向他的朋友宣传、推荐，带来新的顾客。

反町：现在也是这样，哪个地方的价格贵，书就向哪个地方聚集。

田中：是呀，因为卖得贵，书就向北京、上海的市场聚集。那些地方价格高，至今都是物品聚散地，书店在外行与外行之间周旋、中介，使书籍流动。中国的古书销售与日本多少有些不一样。谁做了院长、部长等高官，或荣升实业界、银行的总裁，都要有一个书房兼会客室的屋子，那里的书架上如果不收藏有相当数量的古书，就被看作是没有教养。而在日本同样人物的书斋会客室里，是否一定都放有日本人必须收藏的《古事记》《六国史》《万叶集》《神皇正统记》《大日本史》等书籍呢？实际情况远远不是这样。而在中国，《十三经注疏》《二十四史》《资治通鉴》等古典经籍，是任何人家都有的，如果还没有收藏，是必须首先买的，这一点多少与日本不一样。因此，中国的古书比我们想象的更处于流动状况，而且，还有意外的顾客突然出现。相反，如果丢了官位，赊账的书就要归还，这些贵重的书就可以找到新的买主。总之，由于以上这样的原因，书籍的流动率是较高的。因此，中国的古书店老板工作是挺多的。而在我国，书籍市场的秩序基本是不变的，好书卖掉了就卖掉了，完成了它的流动过程；买来了就买来了，也就不再流动。书入了图书馆就成了图书馆的永久收藏，入了行政公署的资料室什么的，也就固定不动了。所以，图书的不流动是当然的；而在中国，这方面的需求量不大，个人购买相当多，书就得以在个人之间自由循环。所以，还是从中国买下汉籍，再来日本卖出的为好，如果只是在日本就出售的书籍上下功夫，则无论如何用功夫，要收集到如此多的汉籍古本也是相当困难的。

九、大地震与汉籍

田中：话题转到 1923 年的大地震，地震之后，图书馆被烧毁了，教科书也没有了，不用说，我们文求堂的书籍和书画也都付之一炬、全部焚毁了。但也正以此为转机，我放弃经营古书，改为短时期内大量输入白话文的教科书。以四书五经为主，兼及诸子类书。由于上海版的白话文，用起来稍稍有点困难，但价格便宜，与日本的同类书籍相比，也不成问题。总之，当时，我改为卖教科书。因为震灾刚过，古籍的供应跟不上来，也来不及收集、买卖，由于种种原因，我就首先致力于教科书。这些白话教科书，图书馆很想买，订单相当多，因此，在地震后的二三年间，我基本上就经营这些极其平常的书籍。从资本收回、资金流动的意义上说，这一时期是我经营成绩中赚钱最多的。即程度相对低等的书籍比高等的书籍更容易收回资本。

反町：这确实是这样的。

田中：所以说，在地震之前，我基本上经营古籍和书画，上海版的新书只是很少量地涉及，以地震为转机，我从上海输入的书籍，大大超过了从北京输入的，这与震前正好相反。到大正十五年即昭和元年，情况基本是这样。到了昭和二年，社会渐渐安定下来，恢复常态，就又开始卖起古籍来。

十、购置新汉籍的必要

田中：我的一个突出感受是：汉籍古本如果不与学术界研究性的新刊书一并购置出售，就卖不出去，所谓新刊书就是发表学术界最新研究成果的纯学术书籍，像日本的东方文化学院研究所、东洋文库等出版的书籍。这一点发人深省，如果只卖汉籍古本，就只有不是学者的高龄人来光顾，年轻人不会来；如果招不来年轻人，其结果也就是丧失了未来的购买群。中国的学术研究性新刊书，几乎不打折，因为是非常薄利的东西，加上运费大概只赚一成左右，或者干脆就是照着成本出售，如果我不对此方面有所经营，实在是可惜。其结果是：读了新刊书的，要进一步追索根本性的资料，这样，就又回过头来买古籍，变成这样的购书顺序。卖新刊书的一大麻烦是，由于书籍非常薄利，遇到错页、脱页需要更换的书籍，对方不负责邮寄费，也只好自己贴上。虽然深以为苦，但不这样招不来好学的年轻人，这就是古书店都会放上不协调的新刊书的原因，这也就是神田街一带、山本书店等处挤满了学者、学生等顾客的原因，我的文求堂在地震以前，年轻的学生们几乎不来。因为只是一味热心于书画买卖，自然就不可能有年轻的学生们来。地震后，我一方面也是出于资金方面的考虑，购置了各种新书，这样就不仅招徕了东京帝国大学的学生，还有文理大学、庆应义塾大学等其他各大学、各专科学校的学生，前来买书。不仅如此，近来年轻人非常熟悉书籍知识，我们年轻时所知道的书籍远远比不上今天的年轻人，仅从这一点，也可以看出学界的进步。经书、史书、诸子类的书籍不用说，不容易研究，而现在研究甲骨文字、古铜器铭文的人也开始出现了。最近，以北平、南京为中心，各地的大学学术性新书、学术研究杂志不断涌现，上海的书肆则大规模地出版古籍影印本，这是有功于世的举动，值得注目。

当见闻广博的人往往谨慎不语。在宋元本方面，也有一些年轻人，为了利用古籍时不致出错，为了有助于学问研究，非常热诚地进行研究，但遇到碑碣法帖，则只止步于一般的兴趣。但实际情况是，中国的碑碣法帖也可以说是一种古代文书，特别是碑碣是出色的古代文书，比如现在仅存二百字的一块碑的拓本，如果发现一个它的宋拓有三百字，那就是发现了有重大史料价值的东西。当然，假东西是没有用的，所以，必须培养鉴识力，否则错误地用于学术研究就麻烦了。中国人中，与鉴定书画的能手相比，碑碣法帖方面的鉴定能手也要少得多。

研究宋元版本的人，应该通览唐代的碑帖，因为宋版大体上是以欧阳询的字体为基础的，进入南宋又加上柳公权的书风，另外，偶尔还有颜真卿风格的，所以，至少要对欧字、柳字、颜字的碑碣很好地熟识。集帖方面有《汝帖》《星凤楼帖》等，还有许多各种各样的法帖，而一般的假货真不少。打开法帖，首先第一页是帖的名称，写着"星凤楼帖"或什么的标题，拓本本文之间原有装订线连接，现在线已断了。比如从石碑上拓制下来的有八百张纸拓本，现在其开头、中间、结尾部分的内容都已经串乱，散乱成五六堆凌乱的、五百张左右的拓本。大部分都是一样的东西，只是变更了年代和标题，一般外行是根本看不出来的。

一心堂：那是因为一开始就断线散乱了的原因吗？

田中：也不尽然。没有断线散乱的，也不一定是真的。散乱的、换了法帖名称的，书的话，封面上换了题签的，这样的法帖很多很多。封面古色古香，墨色黑里泛黄，看着古意盎然的集帖，尤其值得当心注意。

一心堂：《汉西岳华山庙碑》是何时出现的？是叫宋版或宋拓本吗？

田中：是宋拓。价值三万日元的珍贵东西。因为碑本身已经毁坏没有了。天壤间只存三部拓本，所以才贵。到山东孔子庙，有许多汉代的碑，现在去做拓本的话，一张拓本也就五十钱或者一日元就能买到。但万一什么时候碑体本身毁坏了，那么它的拓本就会升值，再经过几百年，那些拓本也渐渐稀少了，仅存的拓本的价值就更高了。如果只是为了学习书法，没有必要买那种特别高价的法帖，用那些可以看到的汉碣中的文字就足够了，如果进一步有兴趣者或者有研究的需要，逐渐深入而寻求旧拓本，那也是自然的事情。

一心堂：比如《玄秘塔碑》也是这样吧？

田中：这块碑石质很好，所以字几乎没有磨损。仅有个别几处与明版和近拓有所区别。翻刻出来也是文字鲜明清晰，但总是缺乏些神采。中国人也怀疑这个法帖是不是原来的东西。中国有一句谚语："你肯买黑货么？"用日语直译过来就是："你怎么买黑色的货物？"所谓黑货就是不正当的、光天白日下不卖的赃物。因为法帖都是用黑色的墨拓制而成的，因此，从字面上说，也是"黑货"，意思是说，买法帖就像买黑货赃物一样，是一项危险的事情。一个人沉迷其中是干不好的。常有人拿着装潢像样的东西来给我看，说"这是宋版书"，打开一看，其实只是明代覆刻本等常见的、不稀罕的东西。书籍的方面，买卖者一般并非一开始就想制造伪宋本，而往往是不留神将明版误判作了宋版；而法帖的方面，则是必须清楚意识到存在不少故意伪造的东西。所以，一般来说，用三日元五日元地买下一张法帖，大致是没有危险的。

反町：上述所说并不限于法帖了。

十四、关于《永乐大典》

田中：最后，再说说《永乐大典》，这是明代的书，是将当时现存的各种书，全部按韵部顺序排列，将原书全部抄录下来的大书。这不久，我有了去中国旅行的机会。真是不可思议，托他们的福，我竟然在苏州搜集到了《本草纲目》的小字本！实际上，在那之前，我也曾受武田长兵卫的委托，在北京琉璃厂的书店买到过宋版的医书。对此事，中国的民国政府当时并不知道，而我在归国之后，北平图书馆才获知这一事情。因此，第二年我再到杭州、南京，以及在苏州住宿，所到之处，奉北平图书馆馆长之命的赵万里[①]君都抢在前面。这都是因为我太糊涂，预先将全部旅程都向北京有关部门报告的缘故。

这样一来，哪儿的古书店都找不到善本了，可谓收获全无。但是，在苏州护龙街的一个书店里，在其店头第一排的书架上，确确实实地摆放着一本书——正是那本金陵小字本的《本草纲目》！我像做梦一样地吃惊，甚至怀疑自己的眼睛。但是，我仔细凝视，这无疑正是从中尾博士那里所详细听说的那种金陵小字本。然而，书店明码标价地写着：十元！我一点也没有讲价，按标价买了下来。

不只是那一部，在《本草纲目》的旁边，还放着一本本邦复刻宋刊本《千金方》，当时是什么价钱，已经记不清楚了，好像是五十元左右，即使这一部书，当时也应该值一百元。所以，我也将它买了下来。其实，要不是因为赵万里君前来监视，至少后者我也就不买了。

归国后，我马上把这些情况告诉了文求堂。主人说他在经营上遇到这样的事情也只有一回，是卖给美国的。田中氏提议用这本汉学

---

① 赵万里（1905—1980）：版本目录学家。字斐云，浙江海宁人。曾任北京图书馆善本部主任等。在清华大学、北京大学、辅仁大学等校兼任教职。在图书馆着力开展《永乐大典》的研究和辑佚工作。编著有《汉魏南北朝墓志集释》《北平图书馆善本书目》《北京图书馆善本书目》《中国版刻图录》等。

先生不需要的《本草纲目》来交换有用的汉籍。由于装三朝本①《十七史》的箱子太笨重庞大，在市场上没有人要买，他就只用七十元买了下来，并商定就以此书与我交换《本草纲目》，后来，我们果然就交换了。但是，那部《十七史》实在是太大了，我叶山的房子里装不下，只得就那样放在东京的老屋里，一次都没有用过，成了空袭的牺牲品。

另外，主人又将那部《千金方》告诉了中山正善②，因为中山氏要把它在定期书市上摆出来，所以，我只收了他们一百元就出手了。如果放在今天，那要值多少钱呀？后来坊间就再也没有看见过那部书了。

提到武田长兵卫，就又想起那时的杏雨书屋③，那里的伊藤纯一郎负责购买书籍等一切事务，我和他也是在文求堂认识的，另外，有时也能遇到琳琅阁④的人，特别是井上氏。因为这个缘分，伊藤常把从上海送来的古书照片给我看，求我给鉴定。实际上，那些书大多是误把明版当宋版了。

东京的先生，特别是东大研治中国哲学、文学的先生们，就我

---

① 三朝版：书版名。南宋时，杭州国子监所藏各种书版，至元朝运入西湖书院，重加修补，继续刷印。明朝洪武八年（1375）移至南京国子监，又加以修补。这些书版历经宋、元、明三朝递修，故称为三朝版。

② 中山正善（1905—1967）：日本奈良县人。1929 年毕业于东京帝国大学文学部宗教学科。1933 年赴芝加哥出席世界宗教会议。曾出版《御笔先》《御指图》等天理教经典。

③ 杏雨书屋：日本最大的汉籍医学书库，在大阪。由武田长兵卫家族历代积累而成。藏书十万册。多为中国及东南亚各国古代医学书籍，多珍本。有《杏雨书屋藏书目录》。

④ 琳琅阁：日本历史悠久的书店，创立于 1875 年。经营和汉古籍、拓本、印谱，以及近代学术书、美术书等。

所知，差不多都不登文求堂的门。如服部宇之吉①博士是这样，宇野哲人②博士是这样，盐谷温③博士也是这样。进入昭和以后，也仍是这样，很少来。主人对先生们的评价也较低。

东洋史的先生们常能见到。其中，首先是市村瓒次郎博士，然后是和田清④博士，接着是池内宏⑤博士、加藤繁⑥博士。白鸟库吉博士也时时见得到。鸟山喜一⑦博士在东京时似乎也常见。不管怎么说，朝野人士之中，最常来的还是石田干之助⑧博士。他是这群人中的第

---

① 服部宇之吉（1867—1939）：号随轩，日本的中国哲学研究家。曾留学中国，1902—1908年在北京任京师大学堂师范馆总教习，著有《东洋伦理要纲》《孔子和孔教》《支那研究》《北京笼城日记》等。主编《北京志》。

② 宇野哲人（1875—1974）：日本的中国古代哲学研究家。东京帝国大学教授。1939年出任伪北京大学名誉教授，1939—1944年每年到北京讲学一次。主要著作有《支那哲学史讲话》《儒学史》《中国哲学研究》《论语新释》《论语讲义》《中国哲学史——近世儒学》《中国文明记》等。

③ 盐谷温（1878—1962）：日本的中国文学研究家。主要研究中国古典戏曲、小说、诗歌。战后在日本从事普及汉诗活动。善作汉诗，翻译了多部中国古代作品，代表作有《中国文学概论讲话》《新字鉴》《节山先生诗文钞》等。

④ 和田清（1890—1963）：日本东洋史家，东京大学、明治大学教授。主要著作《东亚史论薮》《东亚史研究》《东洋史》《中国史概说》，主编《明史食货志译注》《宋史食货志译注》，与箭内亘合著《东洋读史地图》等。

⑤ 池内宏（1878—1952）：日本历史学家。文学博士。东京帝国大学教授。1909年入南满洲铁道株式会社"满鲜地理历史调查部"，负责朝鲜史的研究。专攻中国东北地区和朝鲜历史。著有《文禄庆长之役》《元寇的新研究》等。

⑥ 加藤繁（1880—1946）：日本经济史学家，日本中国经济史研究的创始人。任庆应大学、东京帝国大学教授。主要研究中国的土地制度和农业、商业。代表著作有《中国古田制研究》《唐宋时代金银之研究》《中国经济社会史概说》《中国经济史考证》等。

⑦ 鸟山喜一（1887—1959）：东洋史学家。主要研究渤海王国史。著作有《古代满洲的民族和文化》《黄河之水》、遗著《渤海史上的诸问题》等。

⑧ 石田干之助（1891—1974）：东洋史学家。曾为岩崎家收求有关中国、朝鲜、蒙古、中亚、东南亚的书籍，输入日本。著作有《长安之春》《东亚文化史丛考》《欧人之汉学研究》和《关于南海的支那史料》等。

一人，常与主人棋逢对手地谈笑风生，似乎有谈不完的话。文求堂的常客经常被主人在店里款待盒饭，有时，我们也主动要求付钱。总之，文求堂是我们中国学研究者们逗留谈天的地方。

在东大工作时的藤田剑峰[1]博士，庆应义塾大学的桥本增吉博士[2]等当时东洋史学界一二流的学者，其中有相当一部分，全都出入过文求堂。还能看到中山久四郎博士，比起汉籍来，中山博士更喜欢和本——主要是汉籍、准汉籍，所以，比起文求堂来，也更多地去琳琅阁、浅仓屋。

与东洋史学界的先生们相比，东京研究中国哲学、中国文学的先生们是不常来文求堂的。来得最多的是东洋大学的古城贞吉先生。他那总是年轻的身姿和生气勃勃的声音，至今仍然在我的眼前耳畔。我与先生，与其说是在店内交谈，还不如说是经常性地一起站在店前的人行道上，几分钟或是十几分钟，一边站着，一边听他的教导训诫，这样的谈话给我的印象非常深刻。古城先生也像石田博士一样，爱讲实话，好讽谕人，常常毫不客气地批评学界。我很怀念像他那样坦诚的人，我也想做一个给后人留下这样印象的人。

对于东京研究中国哲学、中国文学的先生们而言，文求堂还是比较年轻的，因此，不如敬而远之。与此相比，年轻人则什么都不想，愿意亲近文求堂主人。主人对年轻人也很关爱，如关爱林秀一君，关爱本多龙成君。特别值得一提的是，文求堂主人还是中国文学研究会

---

① 藤田剑峰（1869—1929）：即藤田丰八，号剑峰。日本历史学家。曾在上海创办东文学社，后任两广总督教育顾问、苏州的师范学堂和北京的农科大学总教习等职。回国后，任早稻田大学、东京帝国大学教授。著有《东西交涉史的研究》《支那文学史》《慧超往五天竺国传笺释》《岛夷志略校注》等。

② 桥本增吉（1880—1956）：东洋史学家。精通中国古代天文历法史和日本古代史。主要著作有《支那古代历法的研究》《东洋史上所见的日本上古史研究》等。

的拥护者，他"买取"松枝茂夫君 ① 的学问，请他翻译《学生字典》。增田涉君 ② 与主人、震二君、胁本先生等都是象棋的好对手。竹内好君 ③ 也受到主人的关爱。

如上所述，因为文求堂是许多学者、学生们出入的地方，所以，主人对东京学界的事情了如指掌，喜欢批评学界。他原本不是一般的商人出身，在美术方面具有天才的鉴赏力。他毕业于东京外国语学校夜校的中国语学科，还是明治后期汉籍版本学家岛田翰的同学，他们经常在一起就版本问题切磋琢磨，到中国去考察游历时，接受清朝学者的指教，至于到日本来游历的中国学者，他也十有八九地迎接讨教。董康、傅增湘 ④、张元济 ⑤ 等一流的版本学家来东京时，田中庆太郎也

---

① 松枝茂夫（1905—1995）：生于日本佐贺县，中国文学翻译家、研究家。1934 年同竹内好等人创办"中国文学研究会"。翻译出版过《红楼梦》《浮生六记》《孽海花》等旧小说和鲁迅、郭沫若、沈从文等现代作家的作品，并写过不少研究评论文章。

② 增田涉（1903—1977）：日本岛根县人。中国文学研究者、翻译家。1931 年 3 月来上海留学时，同鲁迅结交，翌年在《改造》杂志上发表《鲁迅传》。1934 年参加成立中国文学研究会，致力于鲁迅作品的翻译，译有《鲁迅选集》《中国小说史略》等。还著有《鲁迅印象》《中国文学史研究》等。

③ 竹内好（1908—1977）：日本的中国现代文学研究家、鲁迅研究家。组织并参加中国文学研究会。曾赴中国内蒙古等地调查。1944 年应征入伍，派驻中国湖南。著译有《日本的意识形态》《现代中国论》《近代日本与中国》《转型期——战后日记抄》《竹内好评论集》《鲁迅著作集》（七卷本，未完）。

④ 傅增湘（1872—1949）：字沅叔，号双鉴楼主人、藏园居士、藏园老人。四川江安人。曾任北洋政府教育总长。著名藏书家，精于校勘、目录、版本之学。藏书二十万卷，有宋金刊本一百五十余种。撰《双鉴楼善本书目》及《续记》《藏园群书经眼录》《藏园订补郘亭知见传本书目》《藏园群书题记》等。

⑤ 张元济（1867—1959）：字筱斋，号菊生，浙江海盐人。现代著名出版家，校勘、目录、版本学家。商务印书馆在他主持下，曾影印《四部丛刊》《道藏》，校印百衲本"二十四史"，辑印《续古逸丛书》，先后出版古籍丛书四十余种及《辞源》等多种工具书。多方搜集珍本秘笈，创建东方图书馆。著《校史随笔》《涵芬楼烬余书录》《张氏艺文》等。今集为《张元济全集》十卷。

经常与他们往来欢聚。他的北京话说得非常好，汉语的阅读能力也十分出色，再加上头脑聪颖，可谓"如虎添翼"，所有这些造就起来的学识和眼光，对于批评学界是绰绰有余了。

他自号为"救堂主人"，这是把"文求"二字合为一字的结果。但是，这是把"文求"读成了"求文"，其原因为何，当时未及细问。我们都称他为"本乡的鬼谷子先生"，到底是谁为什么取了这样的绰号，也说不清楚。

总之，因为他是通晓东京学界实情的人，所以，从关西来东京的学者当中，一些人一到东京先访文求堂，探访东京学界的近况。其中最为主人敬畏的是内藤湖南博士，主人评论内藤博士是一位博闻强识、鉴定古书的一流专家。承蒙主人的介绍，我也在店内结识了内藤先生，为此得以多次前往木挽町内藤博士经常投宿的地方，趋前求教。主人还称赞内藤博士的夫人，因为据田中氏说，有一次，他到内藤家去送书，内藤夫人热情地接待了他，这在文求堂主人送书上门的经历中是绝无仅有的一次。当然，内人在这一点上，也会与内藤家一样的。

石滨纯太郎[①]博士也是每次上东京，都要来文求堂的常客。在博闻强识这一点上，他与先前去世的石田干之助一样，因此，主人将两人并举，称为"东有石田干之助，西有石滨纯太郎"，还评论说"东有中山久四郎，西有那波利贞"[②]。但他又解释说，在爱书方面，后两

---

① 石滨纯太郎（1888—1968）：日本大阪人，文学博士，东方学家，涉猎广泛，专长为蒙、藏、西夏等民族语文。故后家属将其四万多册藏书和全部研究资料捐出，现保存于大阪大学图书馆"石滨文库"。主要著作有《满蒙语言的系统》《东洋学之话》《支那学论考》《中亚细亚研究文献目录——欧文篇》等。
② 那波利贞（1890—1970）：日本考古学家，中国古代史研究家。京都帝国大学教授。主要论著有《中华思想》《唐代社会文化史研究》。

增井经夫 ① 到北京，专程邀请中国文豪鲁迅到日本田中自己的别墅叶山来流亡。另外，在竹内好、武田泰淳 ② 等年轻的中国文学研究者组织"中国文学研究会"时，田中氏曾在事务所及杂志印刷上给予了很大帮助。这也是他乐于助人的事例之一。

"满洲事变"后，厌恶当时对华政策的田中氏，再没有去过北京，而热心于出版《中国学翻译丛书》那样印量较少的专业书。如遇人问起"这样没钱可赚吧？"他就会笑着回答说："出版嘛，就是把自己喜欢的东西做出来。"当田中庆太郎听到岩波茂雄氏 ③ 说"田中氏干出版，实在是聪明有余呀"之时，据说他是一半遗憾，一半得意的样子。田中氏曾为战后的巨大变化而感到高兴，但终因患癌症，不幸于昭和二十六年（1951）九月结束了他七十一岁的生涯。

《追忆文集》是由高罗佩大使去年在任时倡议的，并以增井经夫为主管来收集、编撰，参加者多为名人，用高罗佩的话来说："田中氏是一位可以被当作学者而让人从心底里油然产生敬佩的人。"前些天，他还又去文求堂的旧址看了，房子的格局仍是老样子，睹物思人，他更加发愿要编成一部好的纪念文集。

---

① 增井经夫（1907—1995）：生于日本东京。1930 年毕业于东京帝国大学东洋史学科。历任日本大学、东京外国语大学、金泽大学教授。著有《太平天国》《清帝国》《史通——唐代的历史观》《亚洲的历史和历史学家》等。

② 武田泰淳（1912—1976）：日本东京都人。小说家、中国文学研究家。主要作品有《审判》《异形人》《花和花环》《风媒花》《森林和湖泊的节日》《富士》等。他长期担任中日文化交流协会理事，曾多次访问中国。翻译过毛泽东诗词，并同竹内实合著《毛泽东的诗和人生》一书。

③ 岩波茂雄（1881—1946）：日本长野县人。日本岩波书店创始人。1906 年入东京大学哲学科学习。1913 年成立岩波书店。1914 年出版夏目漱石的《心》《漱石全集》等。1927 年发行"岩波文库本"，为日本文库本的雏形。1938 年出版"岩波新书"，被称为对出版界"划时代的贡献"。同时还创办《世界》。他是日本出版界第一个文化勋章获得者。根据他的遗嘱，1947 年曾向中国五所大学赠送岩波书店出版的全部图书。

回忆田中氏的一些往事

石田干之助

　　田中氏已经故去了。他是一位爱交谈的人，这使我心里更觉得孤单。田中氏很乐于和人聊天。无论何时去，店里总有一两位先到的客人。话题之中，关于书的事固然不少，其他从戏剧、棒球、橄榄球到国际形势无不提及。兴致来了的时候真是谈笑风生。那时我们总是参加进去一直谈到很晚。他的病在不断加重，虽然看上去稍稍憔悴了一些，但是谈论起来却从不示弱。因此我曾想如果这样下去也许出不了什么问题。五月间又到他那儿去，正巧在东京大学红门前面碰上田中氏走来。心想已经可以走动了吗？一问才知道总归还是不治之症。心里很觉得惋惜。

　　田中氏是位聪明人。说话快，对于事物判断正确、妥当的地方也很多。相当大胆地下决心，随之实行的能力很强。大正地震火灾发生时，店铺商品付之一炬。面临复兴之时，从经营方针到日常生活方式，他下了很大的决心来改革。用钢筋混凝土建成的家是店铺和住宅为一体的建筑。除为老人而设的一间日本式房间之外，将日本式的屋内布置全部废除。并且设置暖气，改良厨房设施，消除不良隐患，甚至将女佣人们辞退都考虑到了。当时他说："这完全是新的出发点，所以小孩儿们也得改一改以适应新的生活。为此还有自觉的必要。"从那以后，商店和附近市面都加倍地繁荣起来。他只得让家人搬到租来的位于驹达的森鸥外先生的旧居（观潮楼）去。那时，田中氏的女身带来的那一点儿而已。所以对于文求堂的开业，大家都很惊异。因为到那时为止，汉籍的专门店从未有过。后来位于日本桥白木屋对面的青木嵩山堂也曾大量输入过新版的汉籍。但是从内容来看，完全无法与文求堂相比，因为绝大部分只不过是上海附近出版的一些木版新汉籍而已，而且早在几年前就关门了。田中先生输入书籍，从一开始的出发点就与众不同。对于像他那样竭尽全力地输入有用书、稀世珍本的做法，到敝店来的客人，有很多对文求堂频频礼赞，而且还要求我们也像文求堂那样，还说普通流传到日本的汉籍，甚至明版本现在都已经毫无价值了，等等，说这样极端的话的先生们就有不少。

"今后如不像他那样的买卖书籍就不行了！"这话也有其忠告的意义。正是从那以后，田中先生的事业就日益发展，出版也很兴旺了。于是他关了京都的店，移到了现在的地方。开业不久，田中先生就长住在了北京。东京的铺子就由敝店的上一代主人来代管。

明治四十年（1907）左右，文求堂目录中登载了附有照片的《西清砚谱》原本的书名。因病住院的敝店先代主人看到以后，说如是《西清古鉴》的话，倒是见过不少，《砚谱》却从来没见过。于是马上派店员到田中先生那里取来了，看过之后说："有此眼福心里很高兴，如果病可以好了的话就把它买下来。"最后也只是未能如愿就故去了。那是明治四十年左右的事。我还记着是两千多块钱。即使是物价便宜的时代，得了病也很踌躇。田中先生每逢目录发行一定送来。文求堂的目录与别的书店不同。对于我们不用说，就是对于学术界也有很大的启发性。

田中先生是很重友情的人。无论是同行业之中，还是先生以及学生等，受过他亲切帮助的人特别多。但是他在人面前却一个字也没提过。我那时因为战争灾难烧得一无所有，正想在本乡弓町暂时的住处继续营业的时候，田中先生将多年珍藏的汉籍送来，并说价钱多少都可以，不用担心，使我领受了他一番好意。

神田的田村书店的先代、京都汇文堂的先代等都是文求堂出身。临川书店主人也是田中先生的亲戚，还有芸芸草堂的第一代主人也是田中先生上一代的出身者。有人因感激而说过这样的话："为了出版，无视盈亏，大都承诺下来的人，除田中先生以外，今后不会再有了。"

田中先生无论对于职位很高的高官，还是学者、学生以及同行，都一视同仁地接待，因此大家都对他很有好感。然而他又是一位有时什么也不怕，什么都敢说，还能辛辣批评的具有自由意志的人。

田中先生很愿意帮助人。前些年在北京的书林"翰文济"，其后"来薰阁""上海中国书店"于东京、京都都召开图书展销会的时候，他都公平无私、亲切地进行种种周旋，使他们满足而高兴地归国。

"文求堂在中国的信用大到使人吃惊的程度！"我常听从北京回国的人这样说。

田中先生懂得很多。在鉴别书籍方面，我相信他是天下之冠。他长期住在北京，各种文物都能实际看到或是听到有关的知识，而且又亲自交流、斡旋，既有学识又有经验，再加上熟读了很多新著的丰富资料，真是如虎添翼，到底谁也不是对手。如《羽陵余蟫》[①]中所写的只是其中之一。田中先生于学界所做的丰功伟绩是人所共知的。

失去像他那样人格的前辈，我心里一直非常的惋惜。

---

①《羽陵余蟫》，田中庆太郎著，1937年7月初版。中译本由贾永会译，钱婉约审校，收入《文求堂书目》第十二册，国家图书馆出版社2015年出版。

"文求堂"和它的主人

弘文庄　反町茂雄

　　已经到了秋风清爽的九月中旬，然而"文求堂"的主人田中庆太郎先生还是离开了人世。这让我从心里觉得惋惜。说小了是日本文化界的一大损失，说大了这真是业界不可挽回的非常大的损失啊！这就如同是在哪一个关键的地方损失了一个大洞，而要补上这个洞五年十年也不行。

　　那还是在我年轻的时候，读了一些叙述"文求堂"事迹的作品，曾惊讶地想过难道在日本也有像"文求堂"这样了不起的书店吗？那还是我在高中上学的时候，也就是大正十一、二年（1922、1923）的事。回想从那时到现在的大约二十年正是"文求堂"主人满怀热情努力经营古书的时代。"文求堂"一家主要是往返于北京和东京之间，积极地输入中国的古书，后来也输入中国的书画。夸张一点来说，真是天下驰名！遭遇了大正时代的地震火灾之后，为了与社会的变化以及学界的进步相适应，那时"文求堂"输入的重点就转移到了上海发行的实用书、新刊本上。从大正末年到昭和四年（1926—1929），田中先生曾亲口说过他那时的经营成绩非常好。从"满洲事变"前后开始，"文求堂"又改重点为经营与中国有关的书籍。尤其是在语言学书籍的出版上尽了大部分的力量。特别是在"卢沟桥事件"以后，他几乎把所有的力量都放了这方面（从这件事就能看出他是一位能因势利导的机敏的经营者）。像那样有名的"文求堂"的汉籍也随着战争的扩大而减少了。昭和十六、七年（1941、1942）纸张供应紧张时，在那座中国式的两层钢筋混凝土结构的书店中，一、二层从地板到顶棚全都高高地堆满了出版用的洋纸。看见的人都很吃惊，而田中先生总是很得意的样子。我也接受了田中先生的多次好意忠告，几乎把全部精力都从经营古书店转移到出版方面来了。田中先生以其稀有的专门知识和善辩的能力，即使是在出版界也没用多久就成了一方的重镇，既有意气又有声望，如同盛开的鲜花一样。

我相信对于后世来说，比起出版来，"文求堂"还是在古书店上更有名些。江户时代后半期开始，在逐渐多起来的古书店的经营史上，关于田中先生的历史地位，我并非没有自己的见解。但是关于田中先生对于中国的古典汉籍到底有多高的鉴别能力，我却不好判断。对于同样的一部古书，如果只有单纯而不是很全面的专门知识的话，那就十有八九不具备测定其深度与高度的能力。对于后来也就是如今有见识的人来说，昭和三、四年（1928、1929）发行的《文求堂善本书目》，就是测定所必须准备的资料（古书目录就等于是发行者鉴别能力的尺度）。这也如众所周知的那样，主要汇集了大约一百二十多种中国的古版本。有很多图版并附有简练的解说，比日本通常的菊判（22cm×15cm）大一倍，共有堂堂一百二十页左右的贩售目录，在我国历来的古籍目录中，内容外观都是空前的，到现在想要超过它是不可能的了。在那以后十年印刷的，只发给了有关人士，而我也保留着一本《羽陵余蟫》。田中先生在书中这样写道："在我一生耳闻目睹的书籍中，有关汉籍传来的卷数已经记不清了。只能凭着心里的印象……慢慢写出来。"从以上可以看到田中先生对于古书的见闻非常之广，其见识也是经过多年培养出来的。我觉得这本书很有意思。虽然这本著作只有二百多页，但是作为有些异色的解题书来看，足可以将"文求堂"的名字永远流传下去，这是毫无疑问的。

尤其是根据以上这些材料，对于田中先生鉴别古书的能力，也不知是不是应该重新评价。内藤湖南博士在其所著《目睹书谭》中有如下一段话："在今天的东京，学者之中对于古书的鉴赏能力而言，没有一人能与'文求堂'主人相匹敌。"这决不是一般的奉承话，而是在二十年前，由一位学识渊博并具有优秀鉴识力，不可多得的学者对他的评价。接着博士说到"学者之中最懂古书的人"时提到了德富苏峰先生的名字（以笔者之管见，也认为选得很对）。他和田中先生二人都是接受了还很年轻就离开了人世的明治版本学界的天才岛田翰氏所提倡的见解。将这些叙述出来也是很有兴致的事。

昭和五年（1930）春天，九条公爵家藏书之一部在市场上被摆出来时，其中有宋版的《后汉书》二十册。真的是宋版吗？对此有着种种意见。通晓汉籍的学者先生们有很多都去看过了。那回我一挤进门就提心吊胆地问他们："到底怎么样了？真的是宋版吗？"不管是哪位先生被问及后，一开口都是反问我："'文求堂'怎么说？"由此不难看出那时必须由田中先生来鉴定的重要性。

总而言之，田中先生是一位从时代潮流中涌现出来的鉴识家。其次，他又是一位聪明的商人，同时也是一位有很高教养的人。对于前面提到的他是一位出色的鉴识家这一点，我觉得不是轻易就能看出来的。我们已经失去了这位人才啊！

武内义雄篇

与做拓本的人谈妥想要回去时，蓦然发现，日已西沉。归途中从文庙前经过，那里也有唐刻尊胜陀罗尼碑倒在地上。易州果真是个刬碑断石丰富的地方。

二十四日早，参拜开元寺。开元寺位于县治东北，听说始建于唐开元十九年，历经辽、金、明、清，曾屡次重修。正殿毗卢殿，正对正殿右侧是观音殿，左侧是药师殿，三殿屋脊相连，极其壮美，望去不似古旧建筑。前庭杂草丛生，在堆积如山的晾晒烟草丛中，立着数座碑石。其中广明二年的尊胜陀罗尼幢和李綖政理序幢，无论从文字还是幢上的雕像来判断，无疑是唐朝的碑石。还有明正德二年开元寺僧正常公善事记碑，上面记有易州名刹四处：开元、兴国、兴庆和福感。兴国寺创设于宋太平兴国年间，遗址在开元寺北。《上谷访碑记》是这么记载的，该遗址上有：

尊胜陀罗尼幢并记　僧可迁书　开宝四年
兴国寺经幢　正书　范阳清河逸士云书　大安三年
兴国寺太子诞圣邑碑　沙门方偶撰、范阳逸士张云书　寿昌四年
兴国寺朗公长老开堂敕　正书　甲辰二月
右碑阴皇子大王护必烈请朗公长老住持十方兴国禅寺为国开堂祝延圣寿疏　正书　末行蒙古书

因时间不够，我没能参观遗址。上述石碑中最早的是开宝四年，是太平兴国以前的年号，兴国寺或许更古老。我们告别了开元寺，赶往西关白塔寺。赶赴车站的路上，有一小寺，寺前立有一座经幢，下车一看，可认出"兴庆寺"三字。这座寺大概是建在以前的兴庆寺遗

254

址上吧。福感寺位于易州东一里，始建于辽凌和二十八年①，见《易水志》。从经幢残石上还可得知，好像还有长兴寺、莲花寺等古刹，寺观如此之多，由此不难想象此地自唐以来是多么繁荣。

中午时分，乘坐开往西陵的火车，不一会就在梁各庄下了车。我们雇了毛驴向南走，过了小山就是一处水流，沿着水流向西走，不久就进入西陵的东门。西陵是清朝的陵墓，陵域内青松碧水相映，我们仿佛在奈良的公园里游玩。"襟山带原，景因天设"，真是最能形容此地情趣的文句了。从东口向西，是泰陵（雍正陵）和昌陵（嘉庆陵），背靠泰宁山，前拥天平峪，面南而建，南望东西华盖山。白垣、朱壁、黄瓦与青松相互映衬，为此地更添一些风致。从泰陵前向南，穿过龙凤门就是大红门。这是陵域的南门，从东门流出的水由此进入陵域。沿水而上，能到慕陵（道光陵），我没去参观。

第二天，即二十五日，参拜崇陵（光绪陵）。这座陵建在梁各庄北五华里，自成一区。它的建制与泰陵一样，但陵园尚未建成，陵道的石人石兽也没完成，可现在天下已不是清朝的了。我曾游览过昌平的十三陵，目睹了十三陵的荒废，这使我不免想到，西陵在不远的将来也会重蹈明陵的覆辙吧。尽管守陵的礼部官员语调轻快，但仍能从中听出悲哀。午后，我们再乘火车返回。在车上，我打开地图细细查看，原来贯穿西陵的水发源于马头山，经易县西部流经南部再向东流去。这里所说的马头山就是穷独山，而这条河就是《水经》上的"濡水"，又属北易水。魏郦道元注中说，这条河的流域内有因荆轲的故事而赫赫有名的樊於期馆、荆轲馆，《水经注》还记道："其一水东出金台陂，……陂北十余步有金台，……北有兰马台，并悉高数丈，秀峙相对，翼台左右，水流经通，长庑广宇，周旋被浦，栋堵咸沦，柱

---

① 译者按：查辽代没有凌和年号，疑为统和二十八年（1010）。

础尚存。是其基构可得而寻，意欲图还上京，阻于行旅，造次不获，遂心访诸耆旧，咸言昭王礼宾，广延方士，至如郭隗、乐毅之徒，邹衍、剧辛之俦，宦游历说之民，自远而届者多矣，……故修建下都馆之南垂，……故雕墙败馆，尚传镌刻之石，虽无纪可凭，察其古迹，似符传矣。"[①]这不禁让人发怀古之幽情，但我没有时间实地勘查，非常遗憾。出了易县西关向西八十华里处是紫荆关，再向西，可达山西大同。从前，紫荆和居庸都是并称畿辅咽喉的关隘，易州之于紫荆犹如居庸之于南口。唐代开元中期，此地曾驻扎高阳军，五代以后这里屡次成为夏夷争夺的要冲，明初关于此地警备曾有过无尽的争论，这一切都表明，唐以后，易州的繁荣与军事策略息息相关。顾祖禹的《读史方舆纪要》里论述了这里的地势："州控据西山，指顾朔、代，东下则岐沟、督亢不可为固；西出则飞狐、雁门不足为险也。……今边陲万里，无犬吠之警，而按阅图籍，采摭遗事，于刊碑断石古城废堞之间，居然一河朔之重镇矣。"[②]我想，这段话充分说明了此地的情况。（写于 1921 年 4 月 26 日）

----

① 作者武内义雄的日语引文与《水经注》原文稍有出入，删节跳跃颇多。这里译者根据《水经注》卷十一"易水"原文录出。见王国维《水经注校》第十一卷，第 380—381 页，上海人民出版社 1984 年版。

② 见顾祖禹《读史方舆纪要》卷十二，第 561—562 页，中华书局 1955 年版。

附记

京都帝国大学的讲师平冈武夫君 ①，1937 年 7 月 6 日从北京去易州游历，看到龙兴观在完全荒废后已是形迹无存，观中诸碑也已运到城内一佛寺。平冈武夫君一一拂去石上的积尘，辨认碑上文字，度过了怀古的一日。但 7 日突发卢沟桥事件，他意外遭到囚禁。北京公使馆想尽一切办法来调查他的下落，始终没有任何消息。总之，对他的归来几乎已不抱任何希望了，但几天后，他却被送到了保定，再辗转至天津的日本领事馆。平冈君醉心于研究的态度，深深打动了巡警，才得以死里逃生。我听了这话，在感激尊重学问、爱护学者的巡警的同时，为千古遗迹龙兴观的荒废深感悲哀，但愿这篇拙文能够保存下来。

---

① 平冈武夫（1909—1995）：日本大阪人，中国古代哲学和文学研究家。京都大学教授，东方学会常任评议员，日本中国学会评议员兼专门委员。主要著作有《经书的成立》《校定白氏文集》。编纂出版了《唐代研究指南》十二种。

焦山残幢

1920 年 6 月 30 日，我陪同大阪府立图书馆馆长今井恕卿先生，游览了丹徒焦山，见到了刻于唐广明元年的老子《道德经》。

焦山位于镇江之北、扬子江中的一个岛上，与金山遥相呼应，景色优美，以《瘗鹤铭》和焦山古鼎的所在地而闻名。但我对老子的广明幢更感兴趣。我是从魏稼孙的《绩语堂碑录》中得知广明幢的存在的，这本书里说"此幢是归安吴平斋得自于泰州后移至此山，最早载于《二百兰亭斋收藏金石记》，以前的著录家未见过"。《二百兰亭斋收藏金石记》中记道："咸丰乙卯春日，于海陵故里获此幢，石质脆裂，似遭过火劫，恐其日益残缺，因此，手拓其文，付之刊刻"，抄录了全文，并校勘了各本的异同。无论是魏稼孙的得自泰州，还是吴平斋的得自海陵故里，毕竟都是在现在的江苏扬州府泰县，此地在东晋安帝时和杨吴乾贞 [①] 中，都叫过海陵，南唐昇元（937—943）以后始称泰州，至民国才叫泰县。也就是说，此幢是在咸丰五年乙卯（1855）由吴平斋在泰州发现后移至焦山的，现在被置于焦山定慧寺一堂内。道光中期海西庵（在定慧寺左，为杨思岊公祠堂及阮元书楼遗迹）刊刻的《焦山志》中并未记载此事，可知此幢是在那之后移到此处的。

[①] 杨吴乾贞：五代十国之吴国。由杨溥为国王，年号乾贞。存在于 927—929 年。

此经幢为八面幢，各面宽从四寸四分到四寸七分不等，上半截已不存在，只剩下半截，幢末清晰刻有"广明元年十二月日建"，刻立年代可知，第四面下方有"河上公章三"五个字，表明正文是河上公本，一切都很清楚，令人愉快。归安的吴平斋，收录了此幢全文，与传本对校，比较异同，做了考异，载于《二百兰亭斋收藏金石记》中。《二百兰亭斋收藏金石记》开雕于咸丰丙辰（1856）年间，是一本小册子，只收录了齐侯罍三十三页、听松石床六页以及此幢的考异，此幢的考异只有短短八页，由于俗体字、异体字太多，不便在此全文录出，这里我只举出末尾一条，来说明考异的内容和此幢的价值。

经文所存九百三十四字，合款及年月共九百五十字，无书人姓氏。以今世所传《道藏》葛长庚、吴澄①、焦竑本校之，颇有异同。窃谓传本当以唐石为最先。欧阳公、赵德修曾收怀州本，今不传。唯明皇御注刻于易州者尚在。其次则《经典释文》为唐人书，而《释文》则依王弼注所出字，与此石不同。兹乃就镇洋毕氏（沅）所刻传本校录之，俾后人以河上公章为主者，有所依取，得失自明。是石虽残，亦足以资考证云。

也就是说，吴平斋的考异不以毕沅《老子考异》为参照基准，而以此石幢上的河上公本为标准，这一见解堪称卓见。

---

① 吴澄（1249—1333）：抚州崇仁（今属江西）人，字幼清，学者称草庐先生。元代理学家、经学家、教育家。泰定帝时，主持修《英宗实录》。有《吴文正公集》《草庐精语》等。

这里所说的古记，好像就是指这篇铭记，由此可推测，原来这篇铭记与上述题记都嵌在洞口门上左右。从这两篇刻记，可以清楚地了解静琬石经雕刻的缘起和目的，实在是大快我心。

神田喜一郎篇

傅诚是如何痴迷于搜集珍本的情形有详细描述。傅增湘氏继承其祖父的雅好，在珍本收藏方面更胜一筹，就是推其为当今北京第一藏书家也不为过。众所周知，傅氏曾跟随吴汝纶学习，凭借清朝时期高中进士的资历，到了民国时代高升至教育总长这样的大官。

傅氏藏书中最为有名的是北宋板的《史记》，大概是现存《史记》版本中最为古老的。怎么形容好呢，我觉得中国人常用的"古香馥郁"一词，好似说的就是这本书。值得一提的是，全卷中好像有五卷是用南宋黄本① 补缺的，十五卷是用元代大德九路本② 补缺的，而《史记》的大德九路本，在历来的藏书书目中从未出现过，应该是弥足珍贵的。傅氏将补配之处示于我，我说："白璧微瑕，何足病乎？"傅氏却答曰："白璧微瑕而瑕不掩瑜，以此瑕而更彰显彼瑜之美耳"，得意之情溢于言表。在北宋板《史记》之下的是同样为北宋板的《通典》，是宋代的蝴蝶装③，单看外观就使人感到愉悦，板本同日本宫内省图书寮④ 所藏的北宋板《通典》一样（岛田翰氏鉴定此图书寮本为高丽本）。傅氏还请我看了北宋板的《广韵》以及北宋板的《乐府诗集》，其中《乐府诗集》尤为罕见。我听说有元板的《乐府诗集》，但内容上却不及明代的汲古阁本，而这本《乐府诗集》的版本距离编者郭茂倩的时代并不太远，每页十三行，每行二十三字，字体大，读起

---

① 黄本：宋时以入潢黄纸写印的书籍称为"黄本"，别于"白本"而言。

② 大德九路本：元大德年间地方官府刻本，用纸精良。

③ 蝴蝶装：省称"蝶装"。古书装订形式之一。将书页有字的一面沿中缝向内对折，中缝背面以胶粘连，以厚纸包裹做书面。翻阅时书页从中缝展开，两边向外，形如蝴蝶双翅，故名。宋元书籍，除佛典外，一般多为蝶装。

④ 日本宫内省图书寮：建立于明治十七年（1884），以日本京都故宫原藏图书为中心，专门收藏皇室和汉古籍的图书馆。简称"图书寮"。

来赏心悦目，真是件尤物。我还看了其中原属徐乾学 ① 和季振宜 ② 二家的旧藏，书上还留有各自的印记，感觉颇为古雅。此外，傅氏请我看北宋板的《文中子中说》，这是钱谦益 ③ 绛云楼的旧藏，内有钱氏亲题的跋文，非常有意思。去年商务印书馆出版的《续古逸丛书》中，就影印收录了这本《文中子中说》。至于南宋板本的书，实在是太多，这里无法一一列举，但若选出其中精品，则有扬雄的《方言》，是南宋宁宗庆元六年的刊本，字体非常大，很是气派，也是钱谦益的旧藏，内中跋文可见于钱谦益的《有学集》卷四十六，《读书敏求记》等也有收录。这本书有幸被影印收录在《四部丛刊》中。另外还有南宋板的《五代史记》，每页十行，每行十八字，第十八卷卷末附有"庆元五年鲁郡曾三异校定"，二十三卷卷末也有"鲁郡曾三异校定"字样。此外，被《续古逸丛书》影印收录的《老子道德经古本集注》也是珍本。《豫章黄先生文集》，内有黄丕烈 ④ 亲题的跋文，亦是件了不起的收藏。其他的南宋板本，我也看了很多，诸如欧阳修、苏东坡、陆放

---

① 徐乾学（1631—1711）：清代江苏昆山人，字原一，号健庵。康熙进士，官至刑部尚书。曾充《明史》总裁之一，兼总纂《大清一统志》《大清会典》《古文渊鉴》等。又搜集历代学者解经之书，汇为《通志堂经解》；纂辑历代丧制，加以考释，编成《读礼通考》。藏书丰富，家有传是楼，撰《传是楼书目》。

② 季振宜（1630—1673）：清初藏书家。字诜兮，号沧苇，江苏泰兴人。广收图书，所藏珍本、精本甚多。曾藏有唐旋风装《切韵》。撰有《季沧苇藏书目》。

③ 钱谦益（1582—1664）：常熟人，字受之，号牧斋，晚号蒙叟，又号东涧遗老。明万历进士，官至礼部侍郎。降清，授礼部右侍郎。清初诗坛盟主，藏书丰富，多宋元版本，筑"绛云楼"以度。撰有《初学集》《有学集》《绛云楼书目》等。今人潘景郑将其题跋辑为《绛云楼题跋》。

④ 黄丕烈（1763—1825）：清代著名藏书家。字绍武，号荛圃、复翁等。江苏吴县人。藏书处名"士礼居""百宋一廛""求古居""陶陶室""读未见书斋"。藏词曲书处名"学山海居""红椒山馆""学耕堂"等。勤于校勘，每得珍本，即作题跋，后人编有《士礼居藏书题跋记》《荛圃藏书题识》等，又有《求古居宋本书目》。所刻《士礼居丛书》，素为学者所重。

273

翁等宋人的诗文集等。仅欧阳修的《居士集》就有三种宋板板本，实在令人惊诧。此外，百衲本 ① 的《通鉴》也足以令人惊叹不已。宋代以后的板本，我没看多少，但傅氏特地拿出金板的《磻溪集》和辽板的《龙龛手鉴》请我看。所谓的《磻溪集》就是有名的长春真人丘处机的诗集，卷首有中条山玉峰老人胡光谦作的序，署有"大定丙午岁五月日"，每页九行，每行十七字，是大字本，全部共三卷，第一第二卷是诗，第三卷是词。这也是徐乾学的旧藏，后来传到有名的金石学者刘喜海 ② 手中，最后辗转归了傅氏，卷尾附有近时沈曾植 ③ 氏撰写的长篇考证。再就是《龙龛手鉴》，最近也被收录在《续古逸丛书》中。不能再没完没了地说下去了，就此搁笔。

---

① 衲：指僧人用许多布块补缀而成的衣服。百衲本，即指将许多不同书板拼凑印成的一部完整的书。

② 刘喜海（1793—1852）：清诸城（今山东诸城）人。字燕庭，一作燕亭，又字古甫。尝手辑金石文字五千余通。藏书甚富，有宋刻唐人集数十家。编有《古泉苑》一百卷、《金石苑》一百二十一卷、《长安获古编》等。

③ 沈曾植（1850—1922）：浙江嘉兴人。字子培，号乙盦，晚号寐叟。曾赞助康梁变法维新。辛亥革命后，以遗老居沪，提倡国粹与佛学。被清朝遗老们推崇为"硕学通儒"。尤精舆地之学，藏书颇富。著有《元秘史笺注》《皇元圣武亲征录校注》《岛夷志略广证》《蒙古源流笺证》《海日楼札丛》《海日楼题跋》《寐叟题跋》等。

中国访书谈（二）

在傅增湘氏处看到的种种珍籍中，最吸引我的有三点。第一是宋板的《南齐书》，这就是有所谓眉山七史本 ① 之称的其中一本。不只是《南齐书》，所谓眉山七史的宋印本，都是十分罕见的，平常我们看到的都只是明代的补修本，而宋印本在各家的著述中都几乎不曾见到。但是傅氏所珍藏的《南齐书》，一见之下便能辨出是宋印本，绝对错不了，在其跋尾处有如下牒文：

崇文院

嘉祐六年八月十一日

敕，节文：宋书、齐书、梁书、陈书、后魏书、北齐书、后周书，见今国子监并未有印本。宜令三馆秘阁见编校书籍官员精加校勘，同与管勾使臣选择楷书如法书写板样，依唐书例，逐旋封送杭州开板。

治平二年六月　日

这已经是极其珍贵的参考资料了，很具意义。另外，这本《南齐书》里还存有其他板本完全见不到的佚文。众所周知，南北朝时代

---

① "眉山本"是宋代蜀刻本之一种，指宋代在眉山所刻印的图书。南宋绍兴年间的"眉山七史"是眉山本的代表作。

的诸史，即《宋书》《齐书》《梁书》《陈书》《魏书》《北齐书》《周书》等史书，在《南史》和《北史》二书编成之后，因前者过于简单而为世人遗忘，几近散佚之时，经北宋曾南丰等人的艰难整理，才有流传至今的所谓眉山七史本。然而在今天，宋印本的眉山七史几近绝迹，所以现存的南北朝时代的诸史中，有不少缺文少字的地方难以补足。即使是乾隆的殿板也不完整，根据《提要》，四库全书本也同样不够完整。因此，要说清《南齐书》的庐山真面目，现存的各板本都存在如下的缺文，即卷十五的《州郡志》下卷、卷三十五的《高十二王传》、卷四十四的《徐孝嗣传》、卷五十八的《高丽传》等各卷都有缺文，连眉山七史也缺两页。此外，卷五十九的"史臣论"也有些缺文。然而，傅氏珍藏的宋板中，《州郡志》下卷和《高十二王传》却是完整的，我根据傅氏的这本书，知道了即使是乾隆的四库馆臣也没有看到的佚文的存在，真是愉快之至啊。我非常希望能将这些佚文和前面的牒文抄写下来，故而向傅氏请示，傅氏非但很爽快就答应了，还特意使用近来坊间出的、清室内阁大库古文书用的古色古香的纸张——十分精美的开花纸[1]，为我雇人抄写并专程送到我的旅馆来。傅氏之所以特意用了内阁大库的古文书用纸，是因为他的宋元古板本中就有纸背文书[2]。如此周到的仿古之意，实在令人欣喜不已。我打算在近期发表那些佚文，一来为了感谢傅氏的一片善意，二来是想向同道中人提供一些参考。

其次就是宋板的《唐六典》，也是少有的珍本。说起《唐六典》，

[1] 即开化纸，因产于浙江开化，故名。质地细腻洁白，纹格不明显，薄而软韧。主要为官廷用纸，清顺治至乾隆内府和武英殿图书多用之。道光以后产量减少，质量亦稍降低。

[2] "纸背文书"，即把过去的古文书 A 看作废纸，用它的空白地方或背面印成书 B 时，把 A 文书称作 B 文书的纸背文书。

世人所知的最老的板本是明代的正德板本，还从未见过更早的板本。日本京都大学文学部近年再版的近卫本，其底本也是正德本。旧幕府时期圣堂所刻的所谓官板的《唐六典》，虽然没有明说其底本，不用说，一定不会比正德本更早了。正德本的《唐六典》虽十分珍贵，可惜也有缺文之处。近卫本虽经豫乐院公费尽心血，参考了《通典》和《唐书》等加以补充，但仍不免有缺失之处。然而，傅氏的藏本在其卷尾则有"绍兴四年岁次甲寅七月戊申朔"字样，刊刻的年代显然也是宋代，不仅如此，据此还可补充正德本里相当一部分的缺文。举例来说，卷三的"户部仓部郎中"这条，正德本里就有缺文，近卫本当然也不例外（四十九丁之背面），豫乐院公参考了《旧唐书》和《通典》将它补充上。然而，傅氏的这本藏书就完全有上述缺失的部分，根据此书我们可以知道，近卫本里的补充也有不合之处。这只是其中一例，引起我注意的地方，还有很多，将来研究《唐六典》的人，有必要参照傅氏本，先将正德本和近卫本仔细校勘一遍。傅氏请我看这宋板本的同时，也一并拿出正德本，翻开一看，已然用红笔一一精心校正过了。这本宋板本，每页十行，每行二十字，遗憾的是并非足本，只有卷三、七、八、九、十、十一、二十八、二十九、三十等几卷。我听说京师图书馆藏有傅氏所缺的几卷，那么即使无法全部校正《唐六典》，无疑也会对《唐六典》的研究有所帮助。

宋板的《水经注》亦是我特别想介绍的一本。一般来说，明板的《水经注》广为人知，再早些的板本几乎无人知晓。清朝时期涌现出大批研究《水经注》的学者，出现各种注释书，但却没有人见过宋板本。就说近年杨守敬这样的学者吧，既醉心于《水经注》的研究，又精通古板本，好似也并不知道《水经注》宋板本的存在。然而，傅氏收藏的宋板本，每页十一行，每行二十字，字体相当大，十分精致，卷尾有沈子培（即沈曾植）的跋，其中有"此本出清内阁库中，实稀世之秘籍。字划整健，当出北宋云云"字样，这段话被视为难以撼动的最有力的鉴定。我向傅氏称赞此书，请傅氏在我离开北京之际为我写点什么留作纪念。傅氏爽快地应允了，特为我写下这副对联：

岭纤曦轩，峰驻月驾；
川交樵隐，江阅渔商。

沍庵学士过余藏园，观宋刻《水经注》，为海内孤帙。偶出楹帖索书，因集注语以贻之。
壬戌大雪后一日傅增湘书于龙龛精舍

然而遗憾的是，此本也仅存五、六、七、八、十六、十七、十八、十九、三十七、三十八、三十九、四十等卷，其他卷都缺失。傅氏说打算近期将此书珂罗版 [1] 公之于世。若此板本真能供学者自由使用，应该会使《水经注》的研究打开新局面吧。

关于傅增湘氏藏书的介绍还未尽兴，不过已然超过篇幅了，就此打住，再继续谈谈其他大家的藏书情况。

---

[1] 珂罗版：英文 colltype 的音译。印刷所用照相印版之一种。因其用厚磨砂玻璃作版材，故又名"玻璃版"。也指用珂罗版印制的成品或版本。

中国访书谈（三）

　　中国有四大藏书家，他们是聊城的杨氏海源阁①、常熟的瞿氏铁琴铜剑楼②、归安的陆氏皕宋楼③和钱塘丁氏的八千卷楼④。四大家相映成辉竞显所藏的局面，已成为三十七年前的旧梦。陆氏的藏书尽数归

---

① 海源阁：清山东聊城杨氏藏书阁名。所藏极富，珍本多得自怡亲王"乐善堂"和汪士钟"艺芸书舍"（藏黄丕烈善本）。其中"四经四史斋"庋藏宋本《郑笺毛诗》、郑注三礼以及宋本前四史，为镇库之宝；"宋存书室"庋藏宋元孤本。据保彝宣统二年所列书单，当时尚存有三千二百三十六部，二十万八千三百卷。入民国，藏书屡经散佚，一部分现藏于国家图书馆和山东省图书馆。"文革"中，该阁被拆毁。

② 铁琴铜剑楼：清常熟瞿氏藏书楼名。嘉庆道光年间，瞿绍基广购宋元善本，历十年，积书十万余卷，筑"恬裕斋"以庋之。后又得陈揆"稽瑞楼"、张金吾"爱日精庐"部分珍本，所藏遂甲吴中。其子镛，承先志，益肆力搜讨。因其所藏古物中，最钟爱者为一铁琴、一铜剑，故名其藏书处为"铁琴铜剑楼"。撰《铁琴铜剑楼藏书目录》，收书约一千二百种，既博且精。镛孙启甲辑有《铁琴铜剑楼宋金元本书影》。藏书屡经散佚，剩余部分现藏于国家图书馆。

③ 皕宋楼：清末浙江吴兴陆心源(1834—1894)藏书楼名。专藏宋元旧刻、旧抄本。"皕宋"，谓二百种宋刻，极言收藏之富。另有守先阁，藏明清刻本；十万卷楼，藏普通书。陆心源撰有《皕宋楼藏书志》《皕宋楼藏书续志》。全部藏书于光绪三十三年（1907）为日本岩崎弥之助所得，今藏日本东京静嘉堂文库。

④ 八千卷楼：清丁国典始创于杭州梅东里，慕北宋丁氏族祖藏书八千卷传授子孙事迹而建。首代传人丁英藏至数万卷，多得乾嘉学人遗书。后毁于火。二代传人丁申、丁丙，重建有八千卷楼、后八千卷楼、小八千卷楼。丁氏善本书有丁丙撰《善本书室藏书志》，普通书有其子丁立中辑《八千卷楼书目》。

历经明治、大正、昭和三代，输入到日本的中国古书到底有多少呢？这个数字恐怕是难以估量的。最大的收获之一就是从上海运出的陆心源文库的书籍。陆心源是出身于浙江省湖州的官员，在执掌广东军务、监督福建盐务专卖期间，积累了一定财力，加之自身学问渊博，四处搜买太平天国时散佚的江南地方藏书家的书籍。发展到清朝末期，与杭州的丁氏、常熟的瞿氏和聊城的杨氏并称为清末四大藏书家，藏书富甲一方。陆氏文库的藏书总数达四万八千册，全部为精选的善本，其中包括北宋刊本七部八十册、南宋刊本一百一十四部两千六百一十一册、元刊本一百零九部一千九百九十九册等罕见的珍籍，真是富有之至。陆心源文库书籍的流入日本，是由于明治时期的天才学者岛田翰向宫内大臣田中光显① 和富豪岩崎弥之助所崇拜的当时的大儒重野成斋（安绎）② 进言，最终说服岩崎的结果。明治三十九年，岩崎氏以十一万八千元，从陆心源之子手中购得。关于这次收买经过，参与此事始终的岛田翰著有《皕宋楼藏书源流考》，详细记载了此事。所谓皕宋楼，是陆心源得意于自己收藏有宋刊本二百种之多，为其文库取的雅名。昔日的陆心源文库变成了今天玉川的静嘉堂文库，大概是众所周知的吧。在收购陆心源文库时十分活跃的岛田翰，是永井荷风③ 两小无猜的朋友，大概就是小说《祝杯》中出现的不良少年。他精通中国古书，当时的诸前辈无不佩服他，称其为天才少年。

① 田中光显（1843—1939）：伯爵。早年入土佐勤王党，参加倒幕运动。明治政府成立后，历任军、政、文化界重要职务。晚年引退，致力于维新事迹的整理。著有《维新风云回顾录》《维新夜话》《忧国遗言》等。

② 重野成斋（1827—1910）：名安绎，执明治时期文坛牛耳近三十年。曾任东京大学史学科教授，是日本近代新史学的开创者之一。著有《成斋文集》等。

③ 永井荷风（1879—1959）：日本小说家、散文家。别号断肠亭主人、石南居士等。曾游学美国、法国。回国后任大学教授，主编《三田文学》杂志，倾向唯美主义。著有《争风吃醋》《梅雨前后》《断肠亭杂稿》《断肠亭日记》《荷风随笔》等。

收购陆心源文库之时，他也不过是个二十七八岁的青年而已。这位岛田翰与前述的田中庆太郎年龄相仿，两人曾比肩而坐，同在东京外国语学校学习中国语，如果说有奇缘，这也算一种奇缘吧。较岛田翰年长一些的辰野隆①博士好像也熟知岛田翰，我记得曾在他的随笔中读到过有关岛田翰的事。

　　说到陆心源文库，我必须指出一件大事，与上述文库书籍流入日本刚好相反，中国曾有一学者来日，大量搜求传到日本的贵重汉籍，再带回中国。从明治十三年（1880）到十六年，清朝政府派到东京清国公使馆的馆员中，有一位湖北省宜都出身的馆员，叫杨守敬。杨守敬原是一位精通历史地理和金石学的学者，来日本后，看到当时的日本处于欧化主义至上时期，古来传入日本的和汉古书，大部分在市场上随意地摆放着，不值一文半文的，这种情形令敏锐的杨守敬瞠目结舌，于是陆陆续续买进自认为是善本的古籍。我国存有大量的古籍，如隋唐时代的古写本，渊源深厚的平安、镰仓时代的古写本，以及名门世家收藏的贵重汉籍。这些古写本与中国宋以后刊刻印刷的刊本相校勘，书籍的文字内容方面存在重大区别的不少，另外还有在中国已经完全亡佚绝迹，今天已无法看到的书为数也不少。这些古代传至日本的古写本的学术价值，在日本幕末时期也曾为狩谷棭斋等所注

---

① 辰野隆（1888—1964）：日本法国文学研究家、随笔家、日本艺术院会员。东京都人。1916 年东京帝国大学文科大学法文学科毕业，1921 年留学法国。1929 年以《波德莱尔研究序说》，获文学博士学位。他研究近代法国诗歌、小说、戏剧、音乐、美术等，被称为"日本研究、介绍法国文学的先驱者"之一。代表作有《难忘的人们》《老少问答》《法国革命夜话》等，著有《辰野隆选集》五卷。

目，在杨守敬来日时代，继承狩谷棭斋学统的森立之^①老人仍然健在，杨守敬跟随森立之学习，因而得其全部真传。因此，即便是收集日本的古写本，杨守敬也是精挑细选，能够轻而易举地买到其中的精品。当时日本还有大量镰仓、室町时代输入的宋元时代的古版本，杨守敬则通过当时号称"古书通"的向山黄村、寺田望南等人之手，获得了大量精品。杨守敬在日访书的详细情况，可参见他的《日本访书志》，在日所获书籍情况，可参见《古逸丛书》，这套书是他力劝上司清国公使黎庶昌^②刊刻的，还可见于他亲纂的《留真谱》等书，从这两本书中，我们仅能大体了解主要书籍的情况。至于他在日本收集带回中国古书的全貌到底如何，我们就不得而知了。他死后，其藏书移藏于北京故宫博物院的图书馆，我们看当时所作的目录，数量十分惊人，不用说，此前从他手中肯定还有一些书籍已经散佚外流。因此，我们可以说，无论是就其藏书的册数，还是书籍的质量来说，都足以与陆心源的文库相匹敌，这一点是毋庸置疑的。

　　杨守敬从日本带回大量汉籍一事，当时在日本也掀起了议论风潮，而陆心源文库被日本收购时，中国的众多学者、文化人实际上也

---

① 森立之（1807—1885 年）：号枳园居士，生于日本七代世医之家。江户后期日本杰出的医学家、文献学家、考据学家，日本考证医学的泰斗级人物。先后师从涩江全善、伊泽兰轩、多纪元坚等医学大家。著作一百多种，涉及目录学、考据学以及历史、博物诸多领域，多属医药研究。与涩江全善合著《经籍访古志》，代表作有《素问考注》《本草经考注》《伤寒论考注》《金匮要略考注》等，集中日历代医典研究之大成。

② 黎庶昌（1837—1897）：清末贵州遵义人，字莼斋。与张裕钊、吴汝纶、薛福成称为"曾门四弟子"。历任驻英法德日四国参赞，又为出使日本大臣。工古文词，尊崇桐城派。著有《拙尊园丛稿》，又编有《续古文辞类纂》。

是激愤不已、悲痛难当、捶胸顿足。当时，有位叫李详①的文选学者在《皕宋楼藏书源流考》后题诗一首，其中有这样的诗句："天官雷电六丁收，余烬豪芒尚可求。孤本中原轻弃掷，一时酸楚望瀛洲。"如若中日双方互换立场，想必我们也会发此感慨，这种心情不是不能体会的。两国学者向来喜欢比较这两件大事，对其得失讨论不休。然而，与其论其得失，我更愿意立足于大局来看，把目光投向它们对日中文化交流作出巨大贡献这一点上，这是一个不容忽视的事实。如何理解这一事实呢？下面我就简要陈述一下鄙见。

我们日本人早在两千多年前，就开始接受中国文化的恩泽，汲取中国文化的滋养。我们祖先对中国典籍的仰慕，可谓矢志不渝。传说距今一千数百年前，从朝鲜传来的《论语》和《千字文》，是中国典籍传入日本的源头，到了公元8世纪，我们的祖先开始从中国大量输入各类典籍。当时派往中国的遣唐使，不惜重金购买汉籍带回日本，这一盛况，读一读《旧唐书》的《日本传》，就可知晓。关于此事，在中国大概也会有所记载吧。现存于奈良正仓院的诸多文书即为实证，我们甚至可以从中看到当时引进汉籍的书名。不仅如此，现在还有少量当时从中国引进的古写本的实物流传于世。此后，引进汉籍的浪潮益发高涨，当时引进日本的中国典籍情况，可见于《日本国见在书目录》（据说编纂于公元9世纪末），其中不乏精品珍籍。而且，我们的祖先对中国的典籍是爱护有加，举个例子，如《日本国见在书目录》中所记载的《文馆词林》，是唐初敕撰的长达一千卷的大部头诗文集，在中国早已绝迹，而我国无论怎样还保存着其中的一部分，这不过是

---

① 李详（1859—1931）：江苏兴化人，字审言、愧生。扬州学派后期代表人物。以骈文知名于世，对笺注考证及金石目录之学亦有成就。著有《文心雕龙补注》《文选萃精说义》《学制斋骈文》《学制斋诗集》等。

其中一例。此类佚存书，即绝迹于中国而日本犹存的中国典籍，在日本还有相当多。有这样一件事，江户末期，担任幕府大学头的学者林述斋①，收集了这些佚存书，编纂刊刻了一套题为《佚存丛书》的丛书，此书传至中国，震惊中国学界，乃至中国也翻刻了此书。这也应该是对日中文化交流做出的贡献，只是当时中国人对日本的了解还不够深，对在中国绝迹的典籍是如何传到日本一事，尚抱有一丝疑虑，极易倾向于怀疑这些书是日本人的伪作。但自从杨守敬到日本后，这种疑虑便烟消云散了。杨守敬带回中国的日本古写本、宋元古版本，成为在中国人面前如实展示日本人自古以来是如何崇尚中国典籍、如何精心爱护这些典籍的有力证据。这对加深日中两国人民的相互理解是多么巨大的贡献啊！特别是能够让崇尚学问、热爱艺术的中国人对我们日本人的理解加深一步，如果从大局来看，仅此一点弥补一方所受的损失也绰绰有余。而陆心源文库，则使我们日本人首次真正见识了中国藏书大家的藏书，并为其伟绩所折服。近年中国优秀的版本学家董康氏，曾为岛田翰的《皕宋楼藏书源流考》作跋，他说日本学者历来只重视中国典籍中的经部和子部，即儒教的经典和老子、庄子等诸子百家的书籍，并预言随着陆心源文库的流入日本，史部和集部，即历史、文学等书必将更受瞩目，现在想来，果被言中。陆心源文库的携来日本，对被在此之前的、至少是江户时代以来的习惯惰势所控制的日本汉学家们，起到了一个警醒的作用，这是毋庸置疑的。陆心源文库的丧失，对中国来说无疑是一次惨痛的经历，但如果立足于全局考虑，它对日本的影响绝对不少，使日本的有识之士能再度领略中

---

① 林述斋（1768—1841）：日本江户幕府后期的儒学家。名衡，字得诠，号蕉轩、天瀑。1793 年任大学头。1797 年，将其私塾圣堂学舍改为幕府学问所，受到幕府重用，被称为林家中兴之"大儒"。收集中国久已失散的古籍，汇刊为《佚存丛书》。著有《蕉轩杂录》，编纂有《德川实纪》。

国文化的深厚，我相信这足以弥补它所造成的损失。可见，在此之前的想法、议论，都不免目光太短浅了吧。我想我们应该将文化交流的大义深深镌刻于心间。

不知怎么竟发起议论来了。言归正传，我们日本人的祖先对中国典籍的崇尚与渴慕，今日来看，确实有不可思议之处。由于单是从中国引进汉籍已经无法满足国内的需要，我们的祖先开始在国内大量翻刻中国的典籍，这就是今天所说的和刻汉籍。第一本和刻汉籍是在日本南北朝时代刊刻的正平版的《论语》，到了江户时期，和刻书籍的种类已达几千几百种了，其中不乏精品，这引起了杨守敬等人的注意，他在《日本访书志》中，记载了许多这类和刻汉籍。广为中国人所知的有，像江户末期以木活字印刷的可称为中国百科全书的《太平御览》，它是以宋本为底本刊印的，因此，要比中国通行的各种版本都胜出一筹。所以，来日的中国学者一时间争相购买，携带回国。这是真的，如果能在几千几百种的和刻汉籍里一一拣选，应该能发现尚未引起我们先人注意的精品书籍。可以说，这个筛选工作，是我们日本人今后不可推卸的责任。但是现在，和刻汉籍的实际情形令人感到遗憾，其中大部分处于无人置问的状态。我不免要问，谁是真正收集和刻汉籍的有志者？那些公立私立的图书馆又在做些什么？我想整理这些和刻汉籍所需的经费应该不多吧。除了一些珍籍，如镰仓、室町等古代刊刻的五山版、江户初期的古活字版外，如果有五六百万日元，应该可以做好这件事。如若我们听任这些和刻汉籍长期无人置问，恐怕要留下千古遗恨。我提议在日本国内整理、收集、保存这些和刻汉籍，同时，借此机会特别提出，我们再收集一批和刻汉籍，赠给中国。中国人将会多么欢迎这批书的到来啊！这将是我们在日中文化交流史上留下的最精彩的一笔。

长泽规矩也（1902—1980），日本东京都人。1926年东京帝国大学文学部中国文学科毕业，1929年起，任第一高等学校教授，后历任政法大学教授、图书馆短期大学讲师、爱知大学教授等教职。其间，曾先后为静嘉堂文库、成篑堂文库、伊达家观澜堂、日光天海藏、叡山文库、东北大学狩野文库、内阁文库、大东急纪念文库、三康图书馆、金刀比罗宫图书馆、神宫文库、大阪天满宫文库、福井市立图书馆等三十多家藏书单位，整理和汉古籍，从事编目工作。这样的经历，使他在和汉古籍文献方面积累了广博的学识、深厚的功力，堪称日本近代文献学第一人。从1923年大学期间赴中国修学旅行起，后于1926、27、28、29、30、31、32年共七次到中国访书旅行，收集研究资料，为静嘉堂购进汉籍图书等。这些中国访书经历令他写成《中华民国书林一瞥》及《补正》等。长泽的主要著作有《书志学序说》《图解和汉印刷史》《和刻本汉籍分类目录》《图书学辞典》《新撰汉和辞典》等。后编成《长泽规矩也著作集》十卷，汲古书院1982—1989年出版。

中华民国书林一瞥

一、序言

　　叶德辉①的《书林清话》出版后，对中国书籍的历史作简单的梳理，就变得非常方便。日本人关于中国书籍的著述，少有不是直接或间接根据此书以及更为简要的留庵②的《中国雕板源流考》而作的。此外，我国的版本学家岛田翰所作的《古文旧书考》，亦使日本人对中国典籍情有独钟，并提供了大量资料。但一方面即使标榜校对无误的《书林清话》中，也意外地发现不少错字别字、引用错误等，更何况日本人不了解中国历来的版本学家，往往为了标新立异，喜欢其中一些无根无据的记载。我们对此种内情既不知晓，又不作任何考证，原原本本地引用原书，更为严重的甚至还产生误读，对此，我无法在此

---

① 叶德辉（1864—1927）：字焕彬，一字渔水，号郎园，湖南湘潭人。近代藏书家、出版家、校勘目录版本学家。室名"观古堂"。著述丰富，有《观古堂诗集》《北游文存》《郎园小学四种》《经学通诂》《游艺卮言》《藏书十约》《书林清话》《书林余话》《郎园读书志》《观古堂藏书目》等。刊刻《观古堂汇刻书》《观古堂所刊书》《丽楼丛书》《双梅景闇丛书》《观古堂书目丛刻》等丛书。

② 即孙毓修（1871—1922）：字星如，号留庵。江苏无锡人。曾任商务印书馆编辑，主持涵芬楼购买古籍工作。精于版本鉴别，亦嗜藏书，藏书处名小绿天。藏有宋元明三朝监本十七史等珍籍。曾参与《四部丛刊》编印工作。主持编印《涵芬楼秘笈》十集。著有《中国雕板源流考》《永乐大典考》《图书馆》等。亦为儿童文学作家，编译《无猫国》《童话丛书》《少年丛书》等。

——批评指出。而竟有中国人认为这些著作中有日本人的原创，要再将之译成中文。如此一来，我们真是有失颜面，而且有意翻译这些书的人，无论是哪国的，大体上对本国语言、本国学问也知之不深吧。此种局面岂不让前辈在地下无奈苦笑？我近年来的研究对象是作为中国学研究阶梯之一的目录学，对于版本的历史尚不能涉笔。去年我让友人智原君去查找那些易得的材料，自己则查阅古文献，如此协力，准备发表一些东西，以增进专业研究，但还是无法早日完成。于是，只有决定把两年来既已发表过的东西再审核一遍，重新发表，聊以塞责。而东亚研究会的干事矶部氏要求我在春假前就交稿，所以就有了这份既非本意，又匆忙急就的稿子。当然这是未定稿，体裁繁简上也有可商榷之处，但我希望它绝对没有不可原谅的明显错误。

现在谈谈写本变成板本的过程。刊本自古为木刻本，鲜有活字本，即雅称为聚珍版的。排印本、排字本也是活字版的称谓，现在的活字版也叫铅印本。受西洋文明影响的石印本和影印本的区别在于，前者即是我们所说的石版，比起后者即照相石版、玻璃版等利用科学手段的再印本，工钱成本要低些，民国时期尤为便宜，因此，一时间石印本风靡全国。现在正逐渐步入铅印的全盛期。相对于木板本，有时则将铅印、石印等廉价本一概称为洋板本。

关于印本，根据刊印者不同，自古有官刊本、家刻本、坊刻本之分，也有更详细的称谓。所谓坊刻本[①]，指的是书肆刊行的书，相当于我国的町板。然而，书肆存在于印本面世以前，如《书林清话》卷二《书肆之缘起》一条，记载汉代有书肆一事。只是书肆大规模的出现，乃与印刷术的普及相随。宋代的建安、蜀、临安等地较多，北宋蜀本为上乘，南宋杭本（临安）胜出一筹，蜀本次之，建本则数量居

---

① 坊刻本：中国指旧时民间书坊出版的书，以别于官刻本、家刻本。

多而质量最为低劣。这是两宋坊刻本的大致情况。元代大体承继南宋，再往前，金代平水刊本①声名远播。明代，作为书籍集散地的北京、南京、苏州、杭州四地广为人知，出版地则有吴、越、闽三地（《经籍会通》卷四）。明末的刻书地，还应该包括南京，山西则以官刻本为主。明代的坊本，苏州最为精致，建本则最多最劣。至于清朝的出版书肆，还应该包括四川、广州等地，北京书肆的出版物则相对很少。不过，代印家刻本的情况则另当别论。长沙、南昌、武昌、扬州、济南、天津等地，也不是没有出版书肆。上海自同、光以来，出版业骤然兴盛，简言之，是与洋板书②的普及相伴而生。旧书的集散地，大致情形如下：北京当数第一，北方有太原、济南，长江沿岸分布有成都、长沙、武昌、南昌、南京、扬州，再有苏、杭、宁波、福州直到广州。然而太平天国之乱以来，数度兵乱使江南各地书肆蒙受了巨大影响。其中，苏州在数度争夺战中，形势已完全改观，杭州则有所恢复，大概也是仰仗财力吧。以上是以书肆为中心进行的观察，若就出版本身而言，还有必要对官刻本、家刻本加以考察，以便从另一角度加以记述。

在木板盛行时代，只要有木板雕刻师一名，在任何地方就可出版书籍。只是刻工相对集中，刻书地点也就随之被限定了。然而，石印、铅印可以降低成本，而工人也并非一定要熟练工人，与此相比，更为必要的是，出版地应该设在机器、物资供应便利的地方，利用交通的便利，将产品运往各地。因此，上海藉其供应自由的大商业城市的地位，顺理成章地成为民国时期的出版地。江南各地洋板出版物甚少。远离上海的北平、天津及广州则专营小规模的出版。此外，蜀与西洋文明渊源较深，正因为如此，近年来时有新刻书出现。

---

① 平水刊本：亦称"平阳本"。指金刻本。因金代刻书中心在平水（又称平阳），故称。
② 洋板书：相对于木板书，有时将铅印、石印等廉价本一概称为洋板本。

该是指西河沿的书坊吧。也就是说，北京的书肆街是从前门内迁往前门外西河沿，再迁往琉璃厂的。

关于琉璃厂，下面专节论述，现在说说仅次于琉璃厂的内城东四北面的隆福寺街。缪荃孙的《琉璃厂书肆后记》的"附记"和震钧[①]的《天咫偶闻》，都曾谈到隆福寺以前的情形。现在的隆福寺街，西口进去，到庙门前为止，路南有带经堂王氏，铺面很大，藏书也不少，但日本人去的不多，这家书店一直是因人要价。近年常给我送书的店伙李某，去年春天拐了掌柜的钱，带着女人逃跑了，在这不景气的书业时代使该店蒙受了巨大损失。东头是文奎堂王氏，在路南路北都有铺面，和琉璃厂的文友堂并称北平两大书肆，四部书籍无所不备，尤其是有很多满、蒙文的书。这家书店与他家不同之处在于掌柜不参与经营，也不是采取翰文斋的委任方式，而是由张、田、王、赵四人组成委员会，共同经营，比如田氏就专管购书一事。文奎堂东边是文萃斋樊氏、三友堂赵氏、稽古堂郭氏、宝书堂陈氏，都散居于路南。樊氏在大前年以前是在宣武门内小市开文鉴堂，那年春天我去访书时，他们向我打听"长泽规矩也"的消息，也不知是从何处得知我的名字的。我也装糊涂，说"大概长泽不喜欢书商老缠着他，太吵，暂时不来了"。后来他们就认出我就是长泽了，现在还认得我的相貌。通学斋的掌柜也用过这一手。原来北平的闲人很多，不知什么时候，把我爱书的事以及和我有关的事宣扬出去，就拿去年受人之托选了一部宋板医书的事来说吧，于是书店就误以为我是专为大批搜购宋元板书而来的，真是无奈啊。其实主要的采购者并非我们，而是老北京人，于是我也就隐姓埋名，装一回老北京。"您贵姓？"随口说个什

① 震钧（1857—1920）：清满洲汉军旗人。字在庭，一字曼殊。博学多闻，善画墨梅及兰竹。光绪三十年（1907）著《国朝书人辑略》，又著《天咫偶闻》《十篆斋题跋》。室名"十篆斋""古长芦庵"。

么就能应付了事。"府上是?""北京"。"北京什么地方?""城内"。这么一说,他就不再追问了。这也是我的一个小手腕,可是中国人最善于辨认人的长相。丁卯(昭和二年)我去北平穿的是西装,第二年春天再去,我想换上长袍应该没问题,结果一眼就被人认出来了。一些书商就不必说了,就连糕点铺和卖报的人也看出来了,实在不那么容易蒙混。这就好比老师总是对不上学生的相貌和名字一样,真觉得惭愧。三友堂原来是赵、王、刘三人合营的,它和稽古堂之间有三槐堂王氏,曾是琉璃厂第一家老字号,前年关了张。宝书堂曾兴盛一时,近来突然衰落了。其中有个姓吴的伙计,很有能力,颇受和田清学士的赏识。宝书堂的斜对面是保萃斋韩氏,较其他书店沉寂一些,其中有个刘姓的伙计是商人里少有的老实人,不似其他店伙那么油滑,书商中我最信任他,虽然他不怎么拿善本来卖,可是当你求他把其他书店的书拿来时,他准能照办。而对常能拿出善本书的人,却不可掉以轻心,真假一时难辨。况且这个刘某从来不会勾引你寻花问柳,这点也是难能可贵的。

路南的镜古堂段氏,据说清末还很不错,近年来因为少掌柜耽于酒色,店内营业年年缩小。我每见到这个面色阴暗的少掌柜,不免替他难过。悦古堂是前年关张的。聚珍堂刘氏和三槐堂、同立堂、宝书堂都是从咸、同之际繁盛的天绘阁分离出来的,更名后于光绪时印行聚珍版印本,同宝书堂争胜,可是现在都不行了,尤其是总店,铺面很大,却更显荒凉。它的东面是修绠堂孙氏,目前在北平最为活跃的就是它和文禄堂。北平的桥川时雄 [1] 和大连图书馆的松崎鹤雄十分

---

① 桥川时雄(1894—1982):生于日本本州岛福井县。中国古代文学和古代文献研究家。早年来华,创办《文字同盟》杂志,后任职于东方文化事业总会北京人文科学研究所。主要著作有《中国文化界人物总鉴》《楚辞》《陶渊明》,译有《杜甫传》等。

口碑很不好。北海公园的蟫青书室，是近年开的旧书铺，据说和北京著名藏书家傅增湘有关系，好像十分活跃。

　　卖新旧版杂书的书店，除去西单南北以外，在北新桥南、新街口南、护国寺也有几家。东安市场北的王府井大街路东一带，因为离得近，我也常去看看。西单以东路南则没有什么店。这类小店和书摊差不多，书摊有两种，每天午后摆的和赶庙会摆出的，前者从西单到头发胡同路西最多，新街口南端路西、后门大街北部的路西北新桥南、王府井大街金鱼胡同西口外北端路东也有几个。东安市场内南端广场，下午也有书摊摆出。关于书摊，前面提到的陆陇其的《三鱼堂日记》中提过报国寺，王士禛的《居易续谈》中提到灵枢宫灯市和慈仁寺，震钧的《天咫偶闻》提到隆福寺，但都已成为陈年旧事了。现在只有阳历五六日白塔寺庙会时，东面路北有些书摊，其次是七八日护国寺的庙会，至于九至十一二日隆福寺庙会，则与白云观的开庙日及前门大街的夜市一样，有几个卖唱本的摊位，别无其他。

　　此外，还有所谓晓市俗称贼市的，早上天未亮就开市，太阳一出来就收。晓市有好几个，以崇文门外的最有名，商品分门别类，我去过两次，但都没书。书还是德胜门外的好，去年秋天，我请来薰阁掌柜陈济川作向导，约松本君、傅惜华①君同去了一次。夜里三四点钟，天还很黑，手提灯笼的男人在各处等候，也有挑担子来的。买书的人争相在筐子里翻找，借着灯光挑选着，然后商量价钱。议价的方

---

① 傅惜华（1906—1970）：戏曲、小说研究家，藏书家。字仲涵，又名宝泉，别字涵庐。一生致力于古典戏曲、小说兼及民间文学和版画的研究。撰有《缀玉轩藏曲志》《古典戏曲声乐论著丛编》《元代杂剧总目》《明代杂剧总目》《明代传奇总目》《北京传统曲艺总录》《子弟书总目》《宝卷总录》等。编有《汉代画像全集》《中国古典文学版画选集》等。

式很是奇妙，双方在袖子里用手指作暗号，济川君居然也通此道，让我吃惊不已。当然书以外的商品也不少。有时可以买到廉价的珍本，护国寺一带和小市的书商也常去，买了再转卖给琉璃厂等大书店，辗转再到顾客手里时，价钱相差几十倍的事也时有所闻。如果我们也能省去中间过程直接买到珍本就好了，道理上虽成立，实际上局外人根本办不到，我们从小市及其他小店买的珍本大都不可靠。琉璃厂、隆福寺、局子的书商和小书店私下都有交易，好书都卖给了他们，局外人要从小书店买，只能买到残本或价钱更高的书，这实在是毫无办法的事。此外，据说贼市上往往卖赃物，现在德胜门外以前所开的那种晓市好似不见了。本来说的是旧书肆，现在转到晓市上去了，不过是要说明旧书流转的情况而已。

以上说的主要是旧书，东安市场中也有一些新书小铺。纯粹的新书铺除了上述的上海书店分店以外，北新华街有北京文化学社，出版一些国学书，但北平第一家要数景山东街的景山书社。北京大学一部分学生组织的朴社，兼有出版部，发行了不少国学一类的书，还经销上海书店出版的书刊。汉花园有北大出版部，但其活动远在北新书局以前。其他散在各处的小书店就不值得一一列举了。可以说，北平的书业和上海的书业大体相反，上海以新书出版居全国之首，而北平则以古书集散地为全国龙头。就如我在东京看到的一样，各书店经过盛衰嬗变，特别是大批小规模旧书店的倒闭，逐渐形成了书店异常集中的格局。随着时间的推移，北平的旧书业也将朝这个方向发展。日本也有漫天要价的书店，但店主对书籍的鉴赏能力方面，东京似乎要超过北平。

三、琉璃厂书肆新记

谈琉璃厂兴衰的文章,前有李文藻[①]的《琉璃厂书肆记》,后有缪荃孙的《琉璃厂书肆后记》,前者说的是乾隆中叶(三十四年)的状况,后者记的是革命前后(民国元年作,民国三年作附录)的盛衰情况。前年,海宁的陈乃乾[②]氏将两篇文章合印发行。此外,藤塚邻氏最近发表了《李朝学人和乾隆文化》一文(朝鲜中国文化研究所收),借助朝鲜人的文献(李德懋《入燕记》)补充了乾隆时代琉璃厂书肆的情况,并附上李氏提到过的地方的图片。我在癸亥(1923,大正十二年)夏天初次到中国,丁卯(1927,昭和二年)秋天再度到燕京,住了两个月,接到父亲死讯就回去了。第二年春天又到北京,住了约四个月,己巳(1929,昭和四年)夏天四月又到燕京,住了七十天。今年夏天则先往江南,后至旧都。在京期间,几乎没有一天早上书商不到我寓所来的,我也一有时间就到东城南城的书店去。李氏所记的书店与缪氏所记鲜有重复,缪氏的后记也成了宣南掌故了。如今,李氏所记书店已荡然无存,缪氏所记的书店亦寥若晨星,从前我到过的生意不错的书店,如今也是日渐衰微,甚至倒闭,变化着实不小。去年写过平津书肆的现状,现在于船中再次拾笔,效法李、缪二人作"新记"一篇,记录所见所闻。如有错误,只有留待明年重游再作。

---

① 李文藻(1730—1778):清藏书家,字素伯,晚号南涧。山东益都人。性好聚书,藏书达数万卷,所藏金石碑刻尤富。撰有《粤西金石刻记》《岭南诗集》等。

② 陈乃乾(1896—1971):浙江海宁人。历任上海进步书店、中华书局、大东书局、开明书店、北京古籍出版社编辑,中国书店经理。在版本学、目录学、索引学方面成就突出,为保存文化遗产贡献尤多。辑有《百一庐金石丛书》《古佚小说丛刊》《曲苑》《元人小令集》《清名家词》等。撰有《室名索引》《别号索引》《四库全书总目索引》《四库全书总目未收书目索引》《清代碑传文通检》等。考订影印刊布的古籍有《经典集林》《永乐大典》等。

琉璃厂的东口，路北是文光楼郭氏、富文堂李氏，现在都无足观。路南是宏远堂赵氏，前年春天把卖给孔德学校的车王府旧藏词曲的剩余部分，经顾颉刚介绍，卖给了广东中山大学。我也时常隐姓埋名去探访，其他的书也不少，可是今年不知何故打了隔断，看不到后屋了，应该是景况不好吧。路北的饷华书局的娄氏，没什么可看的书，我时常在门脸买些洋板书。文宝堂的曹氏在路南，是缪氏所说的老铺子，现在铺面既小又无书。路北的晋华书局孔氏，铺面虽小但常可买到善本，这些善本多收在柜子里。丁卯年（1927）秋天，它和文奎堂、待求书庄合买了徐梧生的藏书，大为活跃，如今锋芒渐衰了。路南的锦章图书局，是上海新版书店的分店。

路北有火神庙，每年从阴历正月初一开始开庙半月，以珠宝摊为主，书摊等其他摊位杂列其中，男女老少顾客杂沓，不可名状，平时则人影寥寥。庙里的房子多租给古玩商人，而书肆只有上海的泰东书局在里面。今年春天，述文堂张氏也迁到此地，主人张秋山为人善良，曾包揽过日本顾客亲赴江浙访书，兴盛一时，但终为后生把地盘夺去，藏书也日渐缩减，竟至成了局子，实在可怜。近来北京的书商十分狡狯，同一时期其他书店没有的书，便会抬价至数倍，牟取暴利，书多的时候，又故意降低书价，甚至自甘亏损出售洋板书，以此昭示自己的书价更便宜，新人多半会吃这块鱼饵。可是张秋山从不如此，一如既往，现在也没有抬高书价。他不懂得拿其他书店的书卖给顾客，从中获益，只能拿很少的书到我这里，他常谈起从前随轩博士（服部宇之吉氏）在北京时的情形，特别对博士夫人的北京话赞不绝口，喜谈庚子之变，颇有不胜今昔之感。我也尽可能买他的书，可又苦于无书可买，也不知他是否知道我的心情。有工夫的话，我们就像老友似的，在天桥的茶馆品茗。一天，我问他何以如此，答说："厂肆的伙计大多偷闲涉足花柳，我却不以为是。以前，某学士在北京时，曾令我做东道主，带他出入枇杷巷。此外，我是不知柳堤之美的。没时间不说，得空到茶馆闲谈，不知要好多少呢。"说得十分自然。

荣禄堂丁氏在路南，清末每年都印行《搢绅全书》《都门纪略》等，盛极一时。丁卯年我在北平时，有个叫张礼庭的店伙，时常带着两三本善书造访靳轩学士（我不知学士的号，现在问了学士才补记的）。荣禄堂近年也日渐衰落了，如今许多书架已空无一物。聚好斋魏氏，小而无足观，也在路南。路北有武学书局丁氏，南有武学书馆程氏。路南的槐荫山房马氏，日渐萎靡，只有一般的善书、医书、巾箱本①弹词、小说等杂陈于书架。回想以前我来买一部书，他说绝不二价，我刚要走，他又忽然降价了，我怒其食言，痛斥了他一顿就离开了。后来我又后悔了，托人再去买，他知情后，没按当初的价钱卖我。我生来性急，好与人争吵。嗜书后，常与书商争吵，不止两三次，而事后又多半后悔，再去求访。为此常被朋友取笑，说我争而不胜。去年此时我去访书，他已没什么书了，我也失了当年的脾气，或许他早已忘了那段往事，而我却难以忘怀，每次看到这书店，便使我想起国内几家书店的情形来。它的西边是宝华堂张氏，是个老字号，为日本人所熟知，在店内可常看到鬯庵学士（神田喜一郎）的信函。戊辰年（1928，昭和三年）春季某一天，店伙来我处卖书，其中有部蟫隐庐影印的《周宪王乐府》，故意装裱得很古雅，我试探问他，则说是宣德刊本。我明确地指出它不是，店伙解释说，他本来不知道是赝品，是从顾客手中买来的，连连请求我原谅。我没有特别刁难他，说："你若真不知道这是赝品，我自然不会责怪你。如果你们掌柜也是如此，

---

① 巾箱本：巾箱是古时放置头巾或文件、书卷等物的小箱子。巾箱本指小开本的古书。因其可置巾箱之中，故名。宋时始称"巾箱本"，泛指版形小的本子。系后世袖珍本之滥觞。

你回去告诉他说，干脆不要干这行了，歇业越晚损失越大。"后来，他转托其他书商，再三向我道歉。去年夏天，我经过那里，已经停业了，莫非真应了我的话了。路北开明书局的杜氏，和大连的松崎鹤雄关系很好，到江南搜集新印的木板书，在北京这家的书价最低，近来好像特别在日本人中找销路。

翰文斋韩氏是路南的大书肆，据说前清时多与达官宿儒往来，颇为兴盛。现在状况不比前清了，但能与之相提并论的书肆至今依然寥寥。掌柜的把营业交给店伙，书价一类事全由店伙做主，因而书价往往很高，可是对店伙的约束也很紧。前年常给我送书的店伙高某，虽好冶游，但常有善本拿来，为此，我并不避讳他。然而，他做了几千元的买卖，只因私吞了一百元，就被解雇了，由此可见掌柜的严厉。今年该店的日本刊本尤其是医书很多，我买了一部《七经孟子考文》。待求书庄李氏的书价好像很高，近来经营惨淡。路北有上海新书局的分局，占文具店一角。

龙文阁傅氏只剩下铺面大，没什么书。宝仁堂张氏，铺面小，也只摆些洋板旧书，不值一提。文友堂的魏氏，称得上北平的大书店，与李氏、傅氏等藏书家交往多年，好像和日本的文求堂也书信不绝，善本颇多，在东口另有书库，但和我没有来往。西边有直隶书局宋氏，时常到江南访书，去年就在长沙购入叶氏观古堂藏书，他深谙各藏书家的爱好，先在上海卖出一部分，又巧妙地把书分卖给北平各藏书家，收益甚丰，因此近来兴旺至极。南北新刊的木板书大多数都有，店内的书都标价，每年还印行书目。崇文斋南纸店，在新华街的一角，有少量的新书。以上书店都在路南。

过了新华街，路南有文华堂李氏、南阳山房张氏、宏道堂赵氏、邃雅斋、来薰阁陈氏。李氏是隆福寺街镜古堂的徒弟。南阳山房常有善本，一天晚上，我在寓所宴会，该店店伙拿来两三部善本求售，有像这种小书店，城内湖心亭附近也有不少。最近锦文堂又开始印行旧书书目了（下面有述）。

第二类书店多是卖线装木刻板新书，出版经销石印线装本，多少也搜集些古书。这一类店中，三马路有千顷堂，卖木板石印的四部新书，信用很好。出了河南路右转，路的右边有文瑞楼、扫叶山房两家店。文瑞楼是道光咸丰年间，石印方法传来之际，由浦鉴庭开设的。不久，又在苏州开起分号绿荫堂，不断出版石印木刻版书籍，到近来，木板新刻本好像几乎没有了。除了石印或影印出版的四部重要书籍外，还经销家刻、局刻及其他书肆的书籍。扫叶山房开设于明末苏州，闻名清代学术界的席氏的后人，现在在苏州仍有店铺。近来，该书肆主要出版石印本的四部书籍，声称有影印本，最近竟也开始追逐流行趋势，印行平装铅印新式的标点本。这家店因为有优良的历史背景，生意上信誉稳固，也接受少量邮购订单，但绝没有如二三流新书店里常能看到的、收了汇票不发货的情况。十分遗憾的是，该店出版的石印本错字别字不少。文瑞楼对石印本的清儒著书青睐有加，而扫叶山房从《十三经注疏》《百子全书》《汉魏六朝百三名家集》《太平广记》等大部头书到戏曲小说无所不备，十分有趣。四马路的校经山房，现如今，新刻石印本远远不及前两家，但在清朝末期，出版了很多朱记荣校刻本，其中有《槐庐丛书》和《行素草堂金石丛书》，其气势远在扫叶山房的刊本之上。就是现在，这些书籍也与朱氏之名同传于世。该店目前也印刷出版这些丛书和医书、善本。

第三类书店比第二类档次略低，主要是做洋板书的出版销售，有线装本，也有平装本。前年之前，这类书店与第二类书坊比起来，还可称为新书肆，现在感觉已经落伍了。四马路上有锦文堂，主要卖普通的四部书籍、旧小说和医书，其他这类书铺都集中在河南路的棋盘街上。锦章图书局的出版物相当多，从旧式的读本到普通的四部书、尺牍、善书和医书等通俗书类，也出版带插图的旧小说、鼓词等，在北平、汉口、长沙、成都、广州都设有分局，营业范围虽然很广，但所出的书质量差，就像学生时代必读的每页内有数字讹脱的《日知录》等书一样，所出小说也多是删节本。会文堂出版的书，简单地说，就是旧式小学用书及通俗书类。广益书局主要出版杂书及删节本旧小说。看这两家书店出版的新小说，怎么都感觉身在一个世纪前。尽管如此，数年前这些小说和一般用书，在全国范围内的销路广阔，特别像后者，在北平、广州、汉口、长沙、开封、江西各地都设有分局，就不难想象了。因此第七类里出版新小说的书店，拥有如此之多的分局，也不是什么先例。中华图书馆、中原书局也全然衰退了。

第四类是有点艺术品味的书店，首屈一指的就是西泠印社，已有三十年左右的历史，开在宁波路上，卖画册、碑帖、印谱、金石拓本等，也出版和销售影印本、仿宋聚珍版及其他珍品书籍。该店曾一度独家实行明码标价，但有些书，如果到其他书店去买，则要便宜些，现在却没有这种情况了。委托此店经销家刻本的尤其多。四马路的有正书局，从前以出版碑帖画册而闻名全国，主要发行艺术类书籍。河南路的神州国光社好像易主了，从前也是以出版艺术书籍而闻名的书坊，最近开始出版社会问题和文艺方面的书籍。求古斋书籍碑帖局的情形刚好相反，它在新闸路和四马路都设有分店，一如既往地出版碑帖等，并请文瑞楼做它的经销店。

第五类包括所有一流的现代书肆。首屈一指的是商务印书馆，现在是民国第一大书肆，说是东洋第一家也未尝不可。这家书肆是在版即仿宋活字的特许权，为了与商务出版的《四部丛刊》和百衲本"二十四史"抗衡，采用仿宋活字印刷了《四部备要》和"二十四史"。然而就是在这方面，商务也是技高一筹，造出了自己的活字，叫仿古活字。中华书局的营业情况与商务相比是遥不可及的，曾一度溃不成军，就是前面讲过的两种丛书的前景，也不敌商务。南京路的文明书局与中华书局有业务联系，一同销售文房用具。出版物中值得一提的是，文明书局的古诗文评注读本的选本工作较为突出。至于地方上的营业，则全由中华书局代理。

第六类书店汇总了前一类中规模较小的店。梅白格路的医学书局，除了医书、佛书，也印行一些国学书，特别是出版了像《说文解字诂林》这样的大部头书。该店的出版物，一般由文明书局经手。世界书局凭借教科书活跃于全国，在国内各重要城市设立二十余所分局，也发行社会日用通俗书籍，近来在陆续发行叫作"ABC丛书"的小册子。名为《红玫瑰》的文艺杂志名气也不小，最近也出版面向普通读者的杂志，叫《世界杂志》。其总务处、编辑所和印刷所设在大连湾路。泰东图书局则印行新书、新小说，也出版英年早逝的支伟成的标点本。支氏曾在南京就职于今国学图书馆的前身，颇有势力，令人遗憾的是，诚如我们在其著作《国学用书类述》中所看到的，他忽视了材料的选择，支氏就是这样一个人。该书局最近发起一个"读书合作部"，以留学和书价优惠等奖励条件，招募入股者。大东书局除了一般日用书外，出版新小说、古文读本等，近来渐至发行党义研究用书。由陈乃乾等亲自校勘的《四库全书总目提要》和《曲海总目提要》，是本店有名的发行物。前者的再版中除了索引外，还收录了"四库全书书目表""禁书总目"，对学生大有裨益。群学社，专门出版活动家许啸天整理的国学和旧小说的标点本，新文化书社也印行一般社会问题、文艺书以及标点本旧小说。亚东图书馆在离四马路各家书肆较远的五马路上，民国初年，曾出版过北大胡适一派的著书，一度成为最新潮的文艺书肆。该店在宣传胡适等人倡导的白话文的同时，好像也是最先出版带有新式标点的标点本旧小说的书肆，它的标点本小说由汪原放①标点，经胡适考证作序，极受青年学生的欢迎。如今各书肆都在印行标点本，就是受它的影响而流行起来的。

第七类是继上一类泰东图书局、亚东图书馆之后兴起的，以文艺书为主的书铺。此类书坊也集中在四马路。北新书局实力最为雄厚，资格也较老。该书局有北大周氏兄弟的背景，开设在北京，发行周刊杂志《语丝》，去年停刊。鲁迅的《呐喊》等作品在学生中广为流传，风靡不衰。该局在上海开设了分局，在拓展业务转移总部至东皇城根后不久，由于张作霖之故，总部被查封，遂以上海为总部，继续刊出新潮社、创造社一派的创作和翻译作品，现在在南京、北平、广州、开封和重庆都开设了分局，极其活跃。开明书店与北新书局一样，专营文艺书籍，它致力于儿童文艺，在社会问题特别是妇女问题上，曾出版过《新女性》杂志，故而出版书籍不少。最近该店也出版教科书，发行活页文选，与学校合作，从中获利。去年该店曾与世界书局有教科书的版权之争，被卷入上海出版界的纷争漩涡。北平书局和现代书局只有数年历史，在社会科学方面投入颇多，盛况仅次于前两家书店。新月书店是家文艺书店，有归国后的胡适为背景，听说近来其刊物《新月月刊》在其文艺杂志色彩上，又涂上了一层政治评论色彩，发行量猛增。真善美书店虽然兼并了金屋书店，但也未见什么起色。

---

① 汪原放（1897—1980）：又名家瑾、麟书，安徽绩溪人。现代出版家、翻译家，古典小说新式标点创始者。在陈独秀、胡适的指导帮助下，先将《水浒》加了新式标点并分段，继而又标点分段了《儒林外史》《红楼梦》《西游记》《三国演义》《镜花缘》《儿女英雄传》等书。

斋余氏也是小店，来青阁杨氏在改建书店，适存庐丁氏搬到它南面，前者书店虽变大了，但珍本少见。老字号依旧如常。在墨憨斋看到店员在不停地裱糊《墨憨斋定本新曲》。以上书店都在路西。文学山房江氏在北边路东，近年以所藏的木活字印行书籍，冠以《文学山房丛书》。旧书不是很多，最近购进沈某的藏书，也只是些普通本。护龙街的旧书铺就这么多。

观前大街完全换了新貌。从护龙街东转，路右有交通书局周氏，经销商务印书馆、中华书局出版的书。书店外观虽新，内部却有旧书，书很多，出乎意料，但没什么秘籍。向店伙程某询问情况，说是跟日本旧书业息息相关，抄写大正六年印行的《文求堂书目》，以作参考。路左的振新书社，印行丛书及其他木板本，旧书寥寥。其他书店大致都属于新书店。玄妙观里有两三个卖平装本的小摊，此外还有一家觉民书社程氏，书价高但没书。闾门内路右有绿荫堂浦氏，左边是扫叶山房程氏，在清初两家都很有名气，现在只印旧板书卖，反而受迫于上海来的洋板书。再走一段路，路左有来青阁小书肆，尽是杂书，不值一看。

姑苏的书业明末清初非常繁荣，赭寇以来骤然衰落了。藏书家也是乾嘉时多，现在很少。近来善本尤其少，一经出现，多半都到了城内潘氏、许氏手里，其余都运到上海。近来又有新方式，就是直接将样本送到日本书坊而不问其购否。文学山房、百双楼、交通书局等都采用此法，接受对象有文求堂、山本书店和汇文堂。子祥屡次对我说，文学山房相当狡猾，时常作假，光绪刊本里出现汪阆源的印章，嘉庆刊本又有毛子晋的印记，这类事颇多。我到这里以后，听当地人说，现在他们把删去全部或部分目录的残本当足本来卖。书价也没准，说是主人亲自定的价，若是客人要走，又说可以降价。时至今日，他若拒不改正，一定会有后悔的那一天。

昭和六年（1931）七月三日于繁迤家中

三、杭州访书记

前后已有三次住在西湖畔。今年七月二十日早晨，我拖着病躯从普陀赶到宁波，一览天一阁旧址，二时离开宁波至曹娥江，租了一辆车开到江边，和船夫商量夜游钱塘江，然后回湖畔住下。

第二天早晨，我请从上海来的黄氏给友人竹山君带路，约好下午四点见面，便独自去逛书坊。花市路的道古堂张氏、石渠阁陈氏和以前差不多。吴山路的善本书局周氏也无足观。再到三元、保佑、太平三坊大路，右边有世界书局，左边有大中书局、商务印书馆、杭州古今图书发行所、中华书局，过了右边的大东书局向前，太平坊有问经堂周氏，但没什么书。清河坊的文元堂杨氏，听说主人死后就停业了。又去商务拜访了俞经理。返回寓所整理了行囊后，又拜访了抱经堂朱氏，买了二三抄本。出了抱经堂，又转了一圈站前的文艺书局屠氏、复初斋顾氏、新福缘路的经香楼朱氏、小琳琅馆郑氏，还有许衙巷的经训堂朱氏。经训堂结束了局子时期，在街面开了店，书却不多。再返回抱经堂，边等朋友边和朱氏聊天。朱氏请求看看我的《书林一瞥》，还谈起他和经训堂的关系，又说希望能翻译我的文章。他说经训堂是掮买，掮买与北平的局子意思相近。不久，朋友到了，我们就离开了杭州。

我曾两次身临西湖而未游玩，前后三游杭州竟不知灵隐，惟独熟悉书业情况。另外，旧记里有些姓氏都是按北平张秋山所说，原原本本记了下来，这次向朱氏请教，一一加以改正。

结束了燕京之行回到家中，桌上有封经训堂朱氏的来信，陈述自己的业务，反驳抱经堂主人"掮买"的不实之辞，我和抱经堂主人的谈话，他是怎么听说的呢？我已深知两人关系恶劣，所以既不打算给二人做广告，也不想非议哪一方。

昭和六年（1931）九月中旬追记

补白

这篇文稿系去年秋天之作。时至今日才付之手民，不无明日黄花之感。北平翻版之风蔚然猖獗，种类多达数百，查获与上诉比肩接踵，报纸上好不热闹。

六月二十八日

收书遍历（节选）

九

这一节我准备略转话题。年轻时，我曾决定就收入静嘉堂文库的汉籍写点文章，先从初次西渡民国的事情写起。那是大正十二年（1923）夏天大学一年级时的事情。我参加了母校一高旅行部组织的旅行团，第一次西渡中华民国。这次是从朝鲜、满洲经海路至青岛，途经泰山、曲阜、济南，从天津进入北京，参观十三陵、八达岭后，再乘火车经京汉铁路至汉口，转乘轮渡至武昌，后又沿长江下至南京，期间游览了苏杭两地，最后从上海回国，历时约四十余日。

这次虽是团体旅行，但在北京时，我由在京留学的竹田复先生陪同拜访了述文堂，购得毛本的《十三经注疏》，所谓毛本，是指嘉庆的覆刻本，与原刻本的差别难以辨出，价格好像是二十六元。行至上海，我又从团队脱身出来，住到东亚公司的桑野氏家中，还买了一些木版新书。

这初次的出国旅行，现在回味起来，仍是愉快的。一行二十余人中，惟有我略懂点北京话，也因此留下了笑谈。

带团的教官是汉文科的佐久节教授，担任旅行团的团长。国文科的俳人沼波琼音教授也特别参加了此次旅行。团长为人和蔼，沼波教授比较唠叨，而我向来我行我素，经常被沼波教授训斥。刚进入满册，六十元，尚未出版。

此次在京期间，接到父亲去世的消息，遂匆匆回国。第二年（1928）正月末从东京出发再去北京，适逢时局混乱，五月末张作霖撤离北京前，我虽接到忠告回国，但终未能离开京城半步，滞留北平期间，每日以访书听戏来打发日子。

1927 年起的三年，我一直在编纂书目。根据诸桥辙次[①]主任所定的方针，其时，主要搜购收录在四库中但未被文库收藏的书籍。我参与编目时，并没有参照标准，就抽出丛书的子目加以编目，做卡片时，也不区分单行本书名的卷头和标题。当时我并不知道丛书子目的错误甚多，只是原原本本地从《丛书举要》上照抄，对错误之处未做任何标识，仅仅听命用卡片来分类，因此未能明辨某四库收入书是否已被文库收入，就开始为文库购买书籍。后来再查，才发现重复购书的情况相当多。也因为这个缘故，目录出版后才发现的书名、版本的错误也很多。校订原稿时，我只限于对看似同版的书进行实际的核查，若为同版，便在下栏标注"同"字，故而同版异版之分是正确的，而其他书的书名、版本的错误则不少。静嘉堂文库的汉籍分类目录，是唯一可信的分类。我在北京为静嘉堂文库购买书籍最多的一年，要数1928 年了，这也是为了系统整理印刷目录著录本之故。下面就简要介绍一下这一时期购书情况。

清抄本《李侍郎经进六朝通鉴博议》，十卷四册，一百六十元。明刊本《师山先生文集》八卷《遗文》五卷《遗文附录》一卷共四册，一百四十元，相当贵。相比之下，现今高价的明刊本《皇明世法录》

---

① 诸桥辙次（1883—1982）：日本汉学家，辞书编纂家。别号止轩，新潟人。对中国经史、文学等有精深造诣。主编大型辞书《大汉和辞典》。著有《经学研究序说》《诗经研究》《论语讲义》《老子讲义》《中国的家族制》等，结集为《诸桥辙次著作集》十卷。

九十二卷五十册，需三百元，旧抄本《皇明两朝疏抄》（嘉靖、隆庆两朝）二十卷十册，一百八十元，明刊经厂本《大明集礼》五十三卷四十册（补写），一百二十元。

旧抄本的总传《星源集庆》，六帖，五十元。明崇祯刊本《宋三大臣汇志》，二十一卷十二册，六十元。明闵氏 ① 刊朱墨 ② 套印本 ③《庄子南华真经》，四卷五册，一百六十元。明中叶刊本《礼记集说大全》，三十卷三十二册，一百元。明万历八年刊本《墨池编》，六卷六册，一百四十元。清写本《太常寺续考》，二十册，三百五十元。明万历刊本《元艺圃集》，六卷六册，二百四十元。缪荃孙旧藏清抄本《元朝典故编年考》，十卷四册，七十元。《唐诗艳逸品》，四册，八十元。清写本《灵檀记》（施是式编），四卷六册，七十二元。明嘉靖刊本《昆山县志》，十六卷八册，一百五十元。清抄本《梦观集》，五卷二册，一百五十元。清抄本《披垣题稿》，一册，五十元。岛田篁村旧藏日本写本《西山先生真文忠公集》，五十一卷十册，一百五十元。旧抄本《海岱会集》（明冯琦编），十二卷二册，五十元，等等。以上所列各书均是以高价求得。这年也购买了少量的内抄本。其中最精彩的要数《钦定西清砚谱》的零本三卷（卷二、十八、二十），墨色浓淡相宜，刻画细腻，以四百五十元获得。明内抄本《北史》零卷（卷三十三、三十四）一册，红格抄本，以六十元购得。

---

① 闵氏，即闵齐伋（1580—1662）:明末出版家。字寓五，乌程（今浙江湖州）人。以套印古籍著称于世。其印本对绘刻、版式、纸墨都很讲究，素为藏书家所重。世称有闵氏序跋题记者为"闵刻本"。

② 朱墨：朱砂或银朱制成的红色的墨。

③ 套印本：由套版印刷而成的书本。套版是雕版印刷的一种方法，即在同一版面上用不同颜色的书版分次印刷。

十一

这一节，我准备谈谈昭和初年北京书店的情况。

北京的书店，明朝万历年间在正阳门内，清初在正阳门外西河沿，此后大规模迁移到琉璃厂。关于琉璃厂书店的记载，乾隆中叶有李文藻的《琉璃厂书肆记》，民国初年有缪荃孙的《琉璃厂书肆后记》。我在1930年也写了一本薄册子《中华民国书林一瞥》，于次年发表，现已绝版，这里我要对此做些改动。

北京旧书店的变迁，较之东京更为惊人。我每年都去北京，有些店面一年间的盛衰状况令人惊诧，有些店面，一年间就销声匿迹了。

由东侧进入琉璃厂，首先看到的是路北的文光楼郭氏、富文堂李氏，都无足观。路南的宏远堂赵氏，先是经由马廉将车王府旧藏的唱本卖给北京的中法大学孔德学校图书馆，后又经由顾颉刚将其余部分卖给中山大学图书馆，之后，便骤然衰落了。

路北的饷华书局娄氏、路南的文宝堂曹氏，并无可圈可点之处，我在1931年夏天去时，已经关张了。文宝堂就是缪记中提到过的老店。

路北的晋华书局孔氏，店面虽小，却常有善本，丁卯年秋天，它和待求书庄、隆福寺的老店文奎堂，合买了徐梧生的藏书。路南是上海出版业锦章图书局的分局。

路北的火神庙于正月初开龛，俗称"厂甸"的古董书画旧书的摊位林立，游人如织，平时人影寥寥，少有人造访。在此间租借房屋的古董店颇多，琉璃厂附近也不乏租借房屋经营的书店。他们没有自己的店面，多数都是投顾客所好，从其他书店借书来卖，也就是做二道贩子。如能很好地利用这些人，也可意外获得不少好书。这种二道贩子与日本的中人相近，只是日本的中人把从地方书店挖掘来的旧书拿到市场上展卖，从中赚取差额，很少有直接针对顾客而转手买卖的，因此，顾客不能像在北京那样，直接利用租了房间做二道贩子的书店——俗称"局子"，去搜寻所要的好书。

从局子升格到拥有店铺的书店很多，相反，经营失败降格至局子的书店也很多。后者中最令人同情的是述文堂张氏。我初来北京时，述文堂自是盛况空前，庚午年春天迁到火神庙内时，在琉璃厂路北还有店铺，店面虽小，却也维持着。主人张秋山，在前清时期，服部宇之吉博士在京期间，与日本学者往来甚密，曾一度包揽了日本顾客的生意，对日本学者的集书帮助很大。我们前辈中，受他照顾的人非常之多，有时他将得失置之度外，到江南访书，有时则给日本人做向导，在市内游览。张氏为人温厚笃实，做生意亦走正路，不知牟取暴利，终被时代淘汰。他常常向我倾吐心声，有一次他说经由I氏中介卖给日本法政大学一批书，可是书款迟迟未付足，使他十分苦恼。此事并非与己无关，于是我去法政大学查问，得知书款早在松室学长时代就已经付给中人了。钱怎么会中途消失了呢？真令人寝食难安。这批书籍后来大半毁于大火，难道是秋山在天显灵，可秋山应该不是有仇必报之人。

路南的荣禄堂是前清以来的老店，每年刊行《搢绅全书》（职员录），编定刊行简要的北京导游记《都门纪略》，盛况直至民国初年，昭和初年开始渐渐衰落。最后一位活跃的店员是张礼庭。

聚好斋魏氏（路南）、武学书局丁氏（路北）、武学书馆程氏（路南）、槐荫山房马氏（路南），这些书店已无足观，西面有老店宝书堂张氏。戊辰春天曾来我处，他们将蟫隐庐影印本《周宪王乐府》作为宣德刊本向我兜售，我当即揭穿骗局，店员辩解说这书是从顾客那买来的，我正色道："连真伪都不辨，还是不要干这行的好。"第二年再去时，这家店已关张了。莫非我的话真应验了。

间的三槐堂王氏，是隆福寺的老铺，当时已经倒闭。宝书堂曾一度活跃于日本学者间，也已衰落了。路北保萃斋韩氏，有一忠厚的店员刘某，常拿一些普通书给我看，价钱公道。

路南的镜古堂在前清时代十分繁荣，悦古堂已经关张，聚珍堂刘氏，前身是前清咸同年间与三槐、同立、宝书三堂齐名的天绘阁，更名后也出版木活字印本，一度盛况堪比宝书堂。它的东邻修绠堂孙氏，当时颇受大连图书馆的松崎鹤雄和留京的桥川时雄的青睐，与我的交往则很少。顾客与店员之间的关系非常微妙，彼此投缘才能建立起关系。同一店里不同的店员各自与相应的不同的顾客接洽，也是件有趣的事。

这些路南的书店中，从镜古堂东边小路拐过去，路西有文璘堂张氏，尽头是正雅堂李氏，两者之间路西是德古山房孙氏，主人死后关张了。

○

北京以外旧书店较多的地方，从前有苏州、杭州、扬州等地，渐渐上海锋芒初露。这一时期，活跃于上海的旧书店有西藏路大庆里的中国书店金氏，历史不长，主人金颂清在民国十年与陈乃乾合作开店，后来独立。该店成功的原因之一是，在国内国外分发旧书目录，致力于邮购业务。我曾先于郑振铎一步从该书店买到嵇永仁①（抱犊山

---

① 嵇永仁（1637—1676）：字匡侯，号留山，一号抱犊山农。清代文学家，江苏常熟人。少从士大夫游，好讨论国家典章。入清后屡应乡试不第，以教馆、行医为业。善写戏曲，工诗词。著有《集政备考》《东田医补》《竹林集》《葭林堂诗》，另有传奇、杂剧《扬州梦》《双报应》《续离骚》等。其诗文后辑为《抱犊山房集》。

农）的杂剧《续离骚》，听闻此事，郑氏为将此书收入《清人杂剧》，特地写信给我，索求此书照片，我便将原书借给他。

三马路的蟫隐庐罗振常乃罗振玉之弟，也出版线装书，年年刊行新旧书目，招揽顾客，有时卖出其兄闲置之书，还算兴盛。

四马路上有博古斋刘氏、来青阁杨氏、汉文渊、受古书店和同文书局。博古斋好像是上海最早办理邮购业务的书店，每年春天都寄出厚厚的书目，来自日本的邮购业务也相当多。来青阁是苏州的分店，汉文渊、受古书店也印行书目。城内也有小店。然而，上海总之首先是个出版地。

○

南京书坊最繁华时期大概是明朝万历年间。我去南京时，旧书店都集中在以夫子庙为中心的状元境。从夫子庙方向进去，路左有幼海山房杜氏的小店、文海山房冯氏、阴华堂傅氏，路右是天禄山房刘氏、文林书局和萃古山房，都是小店，宝文堂李氏、萃文书局朱氏稍稍大些，发行书目。

原路返回到夫子庙对面的大街上，路右有文苑阁王氏，庙内可见卖杂书的摊位，花牌楼有庆福书局和存古书局小店。

○

苏州的阊门内，路右有绿荫堂、路左有扫叶山房，现在都卖新书，在清代出版了很多木板书。进入护龙街，路左有艺芸阁马氏，并无足观。百双楼邹氏、适存庐丁氏紧随其后。来青阁杨氏乃上海来青阁的总店，发行书目，但店面不大。再有欣赏斋徐氏，是家小店。路吉川幸次郎（1904—1980），今日本大阪府人。1927年毕业于京都大学文学部支那文学科。随后任教于京都大学，直至晚年退休。主要研究中国文学，尤以元杂剧研究、杜甫研究等方面的卓越成就著称，为战后日本中国文学研究之巨擘，享誉国际汉学界。吉川幸次郎在1928年4月到1931年2月间，在北京度过了三年的留学生涯。其间，他跟旗人通过读《红楼梦》修习汉文，到北京大学旁听有关经学与文学的课程，到琉璃厂、隆福寺等北京书店街访书购书；回国前，更到江南访书，对南京、高邮、苏州、上海、杭州等地的文化风情，情有独钟。这些经历，使他能够熟练地运用中国语言，更使得他在此后的研究生涯中，能够切实地体悟中国文化的精髓，保持其对于中国儒家文化和文学艺术的终生热情和向往。主要著作有《元杂剧研究》《诗经国风》《杜甫私记》《杜甫诗注》《中国诗史》等，后被编成《吉川幸次郎全集》，由筑摩书房1984年起陆续出版。

来薰阁琴书店
——琉璃厂杂记

昭和三年到六年，即 1928 年到 1931 年，也就是民国十七年到民国二十年，这三年间，我作为留学生，在北京生活。这期间的记忆，值得反复回味的美好印象，不在剧场和戏院，不在饭馆和餐厅，而在古书街市。城内的隆福寺和城外的琉璃厂，占去了我北京生活三分之一的时间。将这份记忆草草成文，甚觉可惜，但被人要求写一篇关于书籍的随笔，首先想到的题目就是这个。

北京的内城是宫殿地带、政府办公地带、住宅地带，北京的外城是商业地带，将内、外城隔开的就是北京的城墙，城墙四方有四个门。出城墙西侧的和平门，越过铁路线，往南走二三町，过了师范大学的大门，有个十字路口。以这个十字路口为中心，就是北京最大的古书店街——琉璃厂。

我的人力车，一般总是先在十字路口往西拐，向前行至南侧的第三家门面即来薰阁琴书店前停下。书店中可见的，虽与其他书店并无二致，一样是函装的中国古书，但不愧是琉璃厂首屈一指的新式人物陈济川经营的书店，在进门处改装成了全副的玻璃门面，因此，我的车一到，店内透过玻璃门就能看到。这时，急忙走出相迎的，是主人的弟弟——二先生。而我的人力车费，一般就由他交付。

"吉川先生来了！"

他身边的四五个伙计，也都一齐站起来，向我点头行礼。而这里只是朝向街面的一间，不是接待我这样的老顾客的地方。这里，书都一律沿墙往上堆积，一直充斥到屋顶，而且都是那些通常惯见的书。

"请！请！"

我穿过这里，又穿过一个小的院子，来到最里面的屋子。

主人陈济川就在这间屋里。但他非常非常地忙，转眼间就离开这屋的情况也很多。或是出去接阅、分检同行不知从哪里买来的一大堆书，或是到书业总会去碰头见面。

但是只要接到店里派出的小使的通知，他就立刻回来，一跨入房间的门，就说：

"先生好！"

照例是灰色的长袍，北魏佛像那样的容颜。

我也立即站起来回礼道：

"陈先生好！"

没有敬语的中国做法。中国商人一般不使用卑微的语言。特别是学者和书店之间，是对等的关系，彼此文雅而交。

我们俩就面对面促膝而坐，抽着烟，喝着茶，开始闲聊。话题多半是关于学者们的传闻。

然后，我就开始巡视那由书帙堆积起来的古籍的书壁，而对地上堆放的散书也捡起来翻翻，问：

"最近又进了什么新书？"

"喂，小二！"

随着他的声音，一个小伙计走上前来。他把一些装在书帙中的，或是没有装入书帙的裸书，恭恭敬敬地放在我的面前。书店里有十来个这样的小伙计，刚来北京时，我不知道怎样称呼他们好，后来，问了陈老板，他的回答也仍然是"先生"，很雅的称呼。

"因为学者与书店之间是以朋友相交的。"

原来，在中国，"先生"一词不像在日本一样，是那么庄重的敬称。

我翻看着由这些小"先生"们搬来的书，他自信地说：

"是好书吧？"

"不错，说得正是。这个，我买了！"

钱当然不是立刻付，而是在每年的五月五日、八月十五日和年终三次分付，即使是到了这三个时间，全部付清书款的顾客也属少数。与他谈得尽兴时，有时就留下吃饭。端菜盛饭的也是小伙计——这些被称为"先生"的工作人员。我每次来待在这间里屋的时间，不超过两小时的很少。

他是琉璃厂几十家古书店中唯一有创新意识的人。在那个与日本人做买卖的书店还很少的时代，积极主动地与日本人交朋友的，就是他。他还两度来日本，在东京、京都、名古屋开图书展卖会。同行们对他这种海外兴业行动，半是嫉妒，半是观望，而他以可观的收益证明了他的成功，也给同行中的观望者一个漂亮的回答。

另外，在民国初年，当北京大学崛起一批年轻的思想家时，其他的书店无动于衷，不予理睬，勇敢地与这些人接近的，也是他。与此相关联，对于以往的古书店从不关心的戏曲、小说类书籍的热心收集和买卖，也是他。无论是在日本，还是在中国，研究中国白话文学的人，没有得到过他的帮助和恩惠的，绝无仅有。

进入新中国，北京的古书店据说大半都倒闭了。他怎么样了？他曾是现任中国科学院院长郭沫若先生的朋友圈中的，有着"蒙古人"诨号的豪爽直率的一个人，大概还照常做着他的老本行吧？但确切的消息一点也没有。

的这篇文章，寄给了山本君，不久，得到山本君的回信：

"我拜读了您关于来薰阁的随笔，去年在北京的情形又浮现在眼前。'北魏佛像那样的容颜'至今未变，矍铄有神，'这个''这个'的口头禅仍留存在我耳边。'只要接到店里派出的小使的通知，他就立刻回来'也仍是这样。不同的是从他口里不断地涌现'社会主义'一词，而自信地推荐给人看的古书却没有了，不禁使人感到困惑和缺憾，我还在剧院和饭馆受到了招待。"

还同信给我寄来了在隆福寺街的饭馆里一起就餐时的照片。左起第二位，那个嘿嘿笑着的，毫无爽失的就是陈济川，简直与三十年前的模样没有不同。其他人大概也是书店业中的人吧，大家都穿着人民装，只有他悠然地穿着长袍，这或许也表示了他在其中的地位吧。身后的墙壁上，可以看到"全世界无产者联合起来""中苏友好合作万岁"这样的宣传牌。

自信地推荐给人看的古书没有了，是因为近年来，中国对五十年前的书籍，一律禁止出口。山本君从中国回来后的结论是：只就古书这一方面看，现在的北京不怎么有意思了。

除来薰阁外，值得我追忆的琉璃厂的古书店，还有几家。

从来薰阁往东走至第五家店面，也是南边一侧的，是一家叫邃雅斋的价钱很贵的精品书店。这书店据说与湖南文人兼藏书家的何绍基有特殊关系，不断能取出何氏的藏书来卖，且像不尽的泉水那样，汩汩不歇地摆上这家书店的书架。我所收藏的唯一明版，盖有高唐王府之印的《艺文类聚》就是从这里买得的。

过了它东面的十字路口，再往东行，也是在南侧，有一家叫翰文斋，他在整个琉璃厂也算是门面高大的大店，主人姓韩，他专营宋元版书，对我要买的"清朝本"书，叫作"新书"，口称没问题。他对我这个异国的白面书生，无疑也是十分热情的。

再回到十字路口，走上向南的大街，东侧是通学斋，其主人是孙殿起，因脸上有麻子，故有孙麻子的绰号，他的店也像主人一样不大清洁，但孙殿起对清朝考据家的书籍十分精通，如有神助，写有《贩书偶记》《丛书目录拾遗》等书，记录他一生的见闻。这书店的东家——即资本拥有者是伦明教授，他是清朝文物的搜集家，为了更便于自己的搜集活动，才让孙麻子替他开店。但有一段时间，伦先生与孙麻子之间的关系似乎有些微妙，孙麻子到考据学的重地安徽、江苏去买书，回来之前把东西邮寄到北京，并瞒着东家伦先生，让我也不要泄露。后来，伦先生发现了什么线索，有一天，一大早来到我的宿舍，要看我昨天买的什么书。这些事，如今都成了令人回味的怀念，伦先生、孙麻子、翰文斋的韩氏，现在都已作古，从山本君的话中得知，他们的店也都没有了。

通学斋的北邻是文德堂，是天津藏书家李木斋为东家的书店，也是一家精品书店。再往北一家是松筠阁，专门经营民国以来的杂志，这在当时是很稀罕的，现在都不知怎样了？

与城外琉璃厂相并列的，可谓城内隆福寺的古书店街。那里的老铺文奎堂，与来薰阁一样，是我三年留学中最经常去的书店。特别是这里的年轻文雅的老板赵君，与我的年龄相仿，因此，也更加合得来。

文奎堂在北京是屈指可数的老店，来薰阁的陈济川，也曾在这里做过徒弟，后来才独立出来，自己开店。年轻的赵君对于师兄的独立，似乎未必感到高兴：

"每年年底，陈先生也要来店里，向我们店的老主人叩拜。"

接着，赵君又同我商量他自己的事儿，他也想独立出来，拥有一家自己的店面。

我表示不赞成：

君时，邹君取笑地问：

"你吃了丘绍周的点心了吗？"

但那次到江北，访问扬州并不是我的目的，因此行程在扬州并没有结束，而是要去扬州以北沿大运河北上三十公里的邻县——高邮县，这才是更重要的目的。

这里是 18 世纪末，清朝的古代语言学大家王念孙[①]、王引之[②]父子的故里。《广雅疏证》《经义述闻》《读书杂志》《经传释词》等等著作，大多以父子共著的形式流传下来，而出于父亲之手的，则更为准确、清晰，如有神助，纵横排闼，阐释了古代语言中的诸多问题。高邮是否还有他们的故宅？这里是否还住着他们的后裔？我曾在北京、苏州，向一些似乎会知道这些事的人打听过，但结果都不得要领。因此，就想自己亲自来高邮访一访。

从扬州沿运河北上，坐的是小蒸汽船。四个小时，尽管看不到外边的景色，我还是横躺在船舱里，直到抵达高邮。登上小小的船码头，宽阔的湖面在眼前展开，扬着白帆的渔船，像快艇般轻快，湖上的风鼓着风帆。这就是高邮。高邮县城就在这湖的东侧，内城、四郊，沿着湖边平衍展开。

我在夫子庙前的小客栈放下了行李，稍作休息，就到斜对面的县教育局去。说明了来意，一个教育委员，忘了他姓什么，也是小小个子，给人和善感觉的老人，告诉我说：王氏的后裔确实仍在此地，

---

① 王念孙（1744—1832）:清代训诂学家。字怀祖,号石臞,高邮（今属江苏）人。师戴震。精音韵、文字、训诂之学。所撰《广雅疏证》《读书杂志》《古韵谱》等对学术界有较大影响。与其子引之并称为"高邮王氏父子""高邮二王"。

② 王引之（1766—1834）：字伯申，号曼卿。嘉庆进士。授翰林院编修。继承其父念孙,精音韵训诂之学,治经不墨守一家。世称高邮王氏父子之学。著有《经传释词》《经义述闻》《周秦古字解诂》《字典考证》等。

但他也是县里的教育委员之一，正好去下面的小学校巡回视察了，一周以内回不来，请你等到一周以后吧。态度很是亲切、周到。

我当然不可能在此等待一周，至少，去看看他们的故居吧，就朝城里的这个方向走去。道路比起扬州来要宽阔而清洁，还不时有空地。

这里好像就是了，像北京见到的大官家的宅第一样，大门上涂着颜料，里面可见高高的乔木。念孙的父亲叫王安国，官至吏部尚书，是雍正、乾隆朝的大臣；其子念孙，努力于学问，对仕途却不感兴趣，只做到永定河道这样一个官；其子引之，在学问上完成父亲的事业的同时，在仕途上也步祖父之后，累官至工部尚书。由此推想，有这样豪华的宅第是当然的。从刘盼遂最近编成的《高邮王氏父子年谱》中可知，王念孙是王安国的长子，在这"高邮的里第"出生，是1744年即清高宗乾隆九年三月十三日。之所以名叫念孙，是因为已经去世了的祖父一直想早日见到孙子的降生。而此后二十二年的1766年，王引之出生，作为念孙之子，也是在这"高邮里第"面世的，时在乾隆三十一年三月十一日。念孙长得非常瘦，便自号"石臞"，引之也非常矮小，做大官后，人们戏称他"袖珍大人"。

这些事，我当然是后来才知道的。当时，只是在其故宅前徘徊而已。因为知道主人不在家，也就没上去与当值的看门人说什么。转了一圈后，就向西走去，果然就到了西边的城墙。城墙不高，出了城墙，就看到大运河中河水荡漾，泛着茶色。在它的对面，高邮湖的水却呈现出清凌凌的光洁，远远地闪烁在遥望的视野中。这风光真是明媚至极。

对于高邮明媚的风光，我早有所知，那是因为读过清代著名诗人王渔洋的作品的缘故。所以，我最早知道高邮这地名，倒不是因为王念孙父子的学问，而是因为王渔洋的诗。渔洋山人王士禛，是比王

购书怀旧绝句

我通过订购、邮寄的方式，从上海的书店买中国书，最早开始于大正末年，在京都第三高等学校读书的时期，这方法是青木正儿先生教给我的。打交道的书店叫亚东图书馆，它就是出版、发行当时最先进的杂志《新青年》的机构，另外，它还出版《水浒》《儒林外史》《三国演义》《红楼梦》等旧小说，对这些旧小说进行整理，加上胡适的解说，并标上了逗号、顿号、句号、感叹号、问号等新式标点符号。所以，它是与北京大学相关的最先进的出版社。其他书店的出版物，如商务印书馆的书籍、其他的活字铅印本，扫叶山房、文明书局等的石印本，有正书局的画册等，我也订购，他们都如约及时地给我寄来。从订购到收到的时间，约两个星期。上海出的书便宜，如《辞源》《中国人名大辞典》等，就是这样买来的，到现在我还用着呢。麻烦的是，中国那边的老板的来信，是一种有点儿特别的字体，因此，往往难以阅读，还要给他回信。对于当时的我来说，这样的通信，实在是练习汉文书写的绝好机会。高等学校毕业后的春假，我到了上海，把行李往上海的叔叔家一放，就立刻去打听书店的所在。来到名叫棋盘街的书店街上，见商务印书馆、中华书局相邻而立，是那种三层楼的洋房，令人惊叹。我对于上海这一城市的第一印象，可谓地大物博，而造成我这一印象的主要力量，是商务印书馆高大的建筑；从内容实质上来讲，商务也可以说是当时世界上最大的出版社吧。从这里往前第四个拐弯处右拐，左侧就是亚东图书馆，里面看起来有点幽暗。戴着金丝边眼镜、面目白皙的店老板，在我口语会话不够用的时候，以我已经熟悉了的、有点特别的字体，用笔谈的方式继续与我对话。

> 隔海书来字易斜，我奇铅石自中华。
> 春申江上停舟问，十字街西第二家。

我之所以能够进行一些虽然不太够用的中文对话，是因为当年我曾和小世喜三伯一起，在京都跟从中国来的留学生张景桓学习过北京话。当时，从小世那里看到过一本杂志《创造季刊》，那上面的小说，现在想起来，印象较深的是郁达夫的《沉沦》，后来，我就托亚东图书馆，买这本杂志。

最近，早稻田的实藤惠秀①让我给他看看那杂志，因为经历了几次搬家，竟不知丢失到哪里去了。如果今天我仍保存着它，那它就是我作为日本最早阅读这部中国文学史上划时代的近代小说的读者之一的证明了。

> 达夫浪漫说沉沦，禹域文风由此新。
> 创造季刊曾购得，恨同长物付埃尘。

1958 年 12 月

---

① 实藤惠秀（1896—1985）：中国文学翻译家和研究者，中日文化交流史家。早稻田大学名誉教授。主要论著有:《明治日中文化交涉》《〈日本杂事诗〉研究》《亚洲的心——日中文化交流史漫步》《黄遵宪与日本友人笔谈遗稿》《中国人留学日本史》《近代日中交涉史话》《日中非友好的历史》。

南京怀旧绝句

三天前的下午，我从北京坐快速列车出发，到达浦口时，正迎来一个朗朗的清晨。在列车上，我乘的是卧铺车厢，对床是一位不知何地国民党支部的年轻干部，背后床铺上一个多少有点奇异的老人告诉我：他是某省的要人。那要人与我，一路上终于未有交谈的机会，在浦口换船摆渡时，那要人身穿灰色的长袍，拱手立在船头，望着晨曦中的扬子江。到达对岸下关码头后，我找到了中央饭店的接站员，接站员招来出租车，与我一同乘上。不久，车在一个路边检查站似的关卡上停下，工作人员向我要名片，原来这是南京的入口。因为长期在北京，我穿着在南方显得不合时宜的皮袄，当知道我是日本人时，接站员和工作人员都满腹狐疑地看着我。

> 山围故国晓峥嵘，津吏讥诃问姓名。
> 莫怪貂裘蒙海客，三年襥被在燕京。

通过关卡后，车上了既已修筑的马路，舒坦地向南行进。道路两旁是整齐的柳树。游南京，这并非初次，八年前的少年时代，在四月的春景中，我曾在南京逗留过三天，那时是怎样地曾为中国柳树之美而醉倒。今天，春尚浅，柳芽尚未爆出。转眼，右前方出现一个高大的建筑，是当时流行的，外观如宫殿建筑一样的大楼，同车的接站员告诉我：那是新建成的交通部。

> 直指台城堤筑沙，春寒官柳未藏鸦。
> 惊看楼殿凌云起，云是交通第一衙。

那天恰好是江南罕见的大雪天，雪后初霁，积雪有一尺多厚。而且，又正好是旧历的正月初一。但国民党政府禁止庆祝旧历新年，所以，全城沉浸在奇妙的静寂中。到达饭店后，我雇上一辆洋车，去寻访秦淮河岸边夫子庙的古书店。书店的名字，买了什么书，都忘掉了，而惟有书店老板的容颜却记得。店里当时还有四五个店员，老板也好，店员也好，在这被禁止的节日的下午，守着清冷的店铺，正当寂寞、无聊之时，等来了我这个顾客。

> 雪后江山剧可怜，恰逢废历入新年。
> 笙歌寂寞秦淮岸，好向书坊问蠹编。

翌日，拜访黄季刚侃先生。这位学者是被时人普遍公认的国学第一人。与此相应，他的傲慢，也普遍遭到别人的反感。同是章太炎的门下，在北京的马幼渔裕藻、吴检斋承仕等教授，就没有开给我去拜识黄侃的介绍信。只有孙人和蜀丞教授，给我介绍在南京的胡光炜教授，我将想拜访黄侃的事向胡氏一说，胡氏说黄侃或许肯见你。这天上午，我先到了胡家，拿了胡氏的名片，下午，去拜访黄氏。路上的雪还未化，洋车艰涩地行进着。

黄氏的宅邸，在中央大学之西，我诚惶诚恐地递进去名片，受到了热情的接纳。黄侃高高的身材，蓝色的长袍大概是新年的服装吧。小小的金丝边眼镜下面，是充满精锐的目光，一副年轻的西田几多郎先生的风貌。话锋也如西田几多郎那样地豪爽、快捷。我问：听说先生写了《尔雅》之疏？黄氏回答：还没有写，只是有十来条心得，想把它写出来。谈及北京的诸位学者，不时有辛辣的批评。对乃师章太炎的学风也不无微词。还说：你们国家的狩野君山的学问是最好的。他的这些谈话我并不能全部听懂，但能感到他的爽快。韩退之有语曰："《尔雅》注虫鱼，定非磊落人"，这句话对眼前这位学者却是不适用的。

　　　车冲春雪涉沮洳，大学西边杨子居。
　　　窗下腊梅香寂寂，饱聆磊落说虫鱼。

　　要而言之，黄先生对我的态度是非常的热情。当然也有我是外国的年轻学生的原因吧。但我觉得：许多学者对他的反感，原因与其说是在他身上，不如说那些学者自己有问题。他的书桌上放着孙诒让的《周礼正义》，就是常见的那种活字铅印的，字体很小，难以阅读的本子，而全书都施以朱笔句读，且在空处画出许多红色的"○"和"×"，"○"是同意作者孙氏的地方，"×"是不同意的地方。我第一次看到读书如此精细的学者。我请教了一个问题，那是一直困扰我的一个疑问：《经典释文》"穀梁传·隐公四年"条的"弑其"下面有"释旧作杀"四字。在北京时，我也请教过两三人，都不得要领。令人吃惊的黄先生，"嗯"了一声，当即告诉我：那是窜入的宋人校语。不用翻阅任何书籍。我在中国留学三年，似乎第一次遇到了像学者样的学者。

　　　向我怜君眼暂青，卅年旧事思冥冥。
　　　穀梁音义毫芒析，始觉中原存典型。

夕阳西下，我意辞去，他对我说：数天之后，请再来一次，我叫上吴瞿庵，一起在舍下小酌吧。是戏曲大家吴先生吗？不，戏曲研究只是他的业余小技，他可是个真正的读书人。那日，我如约去了黄府，吴先生已在了。疏朗的鬓髯，戴着一顶和尚似的帽子，与高个儿的黄先生相反，是矮短的身躯，谆谆地用苏州话与我交谈。一副老名士的派头，但面对我这样的年轻学生，却毫无城府。

词客哀时吴瞿庵，漫将吹笛老江南。
书生何幸成倾盖，人日草堂春酒酣。

那日黄先生兴致更高，与静如僧人的吴先生形成鲜明的对照。转而话题谈及当时民国政府将《清史稿》列为禁书的事。因为执笔者大多数都是清朝遗老，有回护清朝，微词民国之处，故要禁止。黄先生是章太炎门下的革命党，自不必说，吴先生也是在清末灭满兴汉风气中成长起来的人，但对政府的这一行动，都表示非常的不满。那是历来史书中应取的"书法"，他们慷慨地议论道。黄先生还举了一例，选出了某篇传记，或是某篇本纪中相当于论赞的一节，放声朗读。吴先生则举起拳头，然而却是以苏州人的彬彬有礼轻击着桌面，对我微微而笑。可惜我的语言能力有限，不能听懂黄先生朗读的内容。

若不蓄髯疑是僧，倚声余事尽多能。
山阳载记当扬榷，未许官儒恣爱憎。

第二天，我就去了苏州。时在二十七年前的民国二十年，昭和六年。

1959 年 1 月

近代日本学人中国访书述论

钱婉约

白首名场甘伏雌，保残守缺慕经师，
收来天壤间孤本，宋椠珍篇单疏诗。

千古师儒费句梳，说文解字许君书，
购将宋椠兼唐写，高揭楣匾汉学居。

零残盲史王朝写，前辈收储手泽存，
细校尤宜博多版，古香绕笔烂硃痕。

奇篇只合属吾曹，岂许老伧论价高，
史记并收南北宋，书生此处足称豪。

以上是内藤湖南书赠田中庆太郎的《恭仁山庄四宝诗》。恭仁山庄是内藤晚年隐居耕读藏书处，四首七绝诗分别记述了他三万余册古籍善本藏书中最为珍稀的四种宝籍：宋绍兴九年刊《毛诗正义》单疏本、唐写本《说文解字》木部残卷、日本平安朝写本《春秋经传集解》残篇及北宋刊本《史记集解》残本。今天，我们吟咏这些诗篇，那种淡泊功名、忘情书卷的书生情怀，那种坐拥千古孤本、堪抵南面君王的自得自负之情，似乎仍然溢于诗外，扑面而来。以上所咏及的四种珍本，都被日本文部省确认为"日本国宝"级重要文物。其中除了平安朝写本《春秋经传集解》残篇外，其他三种均为在中国亦堪称稀世珍宝的中国古籍善本。

晚清、民国年间，是中国古籍流入日本的一个重要时期，它构成了近代中日文化交流的一个重要侧面。一般来说，近代中日书籍交流之路的打通当在甲午战争之后。一方面，甲午战争的胜利，使得日本举国上下普遍加强了对中国的关注，一批时代的弄潮儿开始踏上中国的土地，寻求发展的机会，考察中国社会，并点滴渗入到中国政治、经济、文化的各个方面；另一方面，进入20世纪，中国赴日留学的热潮兴起，也加强和推动了中日文化的双向交流。以这样的时代局势、文化变迁为背景，日本对于中国汉籍的关注和搜求，在进入20世纪后，逐渐形成了一定的规模。

近代日本人来华访书，在学术上，又是以日本中国学的建立为背景和原动力的。中国学作为近代文化学术中的新生一支，与传统汉学最大的不同，就是在研究方法上崇尚客观实证，重视文献解析。他们把中国当作一个客体，一个相对于本国文化的"他者"来对待，十分注重对于研究对象的实地踏查：包括通过修学旅行感受中国；派留学生到中国进行语言和专业的进修；以及专家的文献调查、地理及考古考察等，还包括与中国学术界、书业界的实际交流等。这种本质性的转变，滥觞于明治维新以后欧化风潮的80年代，实现于甲午战争以后的90年代中后期。这与来华访书的展开在时间上也是一致的。

因此，可以说，访书活动是近代中日文化交流中一个涵盖面宽泛的文化现象，它既是日本关注中国、渗透中国、殖民中国的社会思潮在文化学术领域的折射，又构成近代日本中国学的一个有机组成部分。通过访书活动，可以从一个具体的侧面，了解日本人对中国及中注、收集；还悉心搜购以往一向不为正统文人学者关注的小说戏曲类文献。此外，作为历史地理学家的小川和考古学家的滨田，还去了洛阳龙门，去了满洲，考察那里的地质地貌、历史遗址、文物遗迹等。

猎取沈阳故宫的满蒙文档案文书，是内藤一生访书收书活动中最重要的组成部分，也是近代日本中国学满蒙史研究领域内的重大事件。沈阳即当时的奉天，1912 年内藤湖南写下《奉天访书谈》专记此事。实际上，1912 年与其说是"访书"，不如说是已经对准了目标，专程前来"拍摄""猎取"的。因为在此前的十年中，内藤已于1902、1905、1906 年多次赴满洲调查、访书，了解了沈阳故宫里各个楼阁内的收藏情况，并进行了部分拍摄和购买。这里，先简要补述前几次的活动。

1902 年在奉天喇嘛教寺庙黄寺中，内藤发现了他自称是"东洋学上非常的宝物"——《满文大藏经》，以及其他满洲史料。但此时内藤尚不懂满文、蒙文，把《蒙文大藏经》误识为《满文大藏经》。事实上，此时的日本，几乎无人懂得满、蒙文。但此次黄寺所见，使他深感满、蒙语知识的重要，即在北京购买了有关满、蒙文的书籍，归而自学。这成了他研究满洲史的发端。

1905 年，当他再次来到奉天时，对满语、蒙语已有基本掌握，这使得他此行能在文献上获得重大发现：在崇谟阁发现了《满文老档》《满蒙汉三体满洲实录》(又名《太祖实录战迹图》)、《满蒙汉三体蒙古源流》《五体清文鉴》《汉文旧档》等有关满洲史的重要史籍。内藤当即将《汉文旧档》全部晒蓝图制版而归，又拍摄了《蒙古源流》的蒙文部分。此外，在日本军方出面下，强行压价买下了黄寺收藏的明代写本金字《蒙文大藏经》，包括此行于北塔（奉天城北郊法轮寺）新发现的《满文大藏经》，一起带回日本，这两部满、蒙文藏经，藏于东京大学，后于 1923 年的关东大地震中被烧毁。

1906 年，内藤受外务省委托调查间岛问题，利用公务之便，内藤再次访黄寺，入崇谟阁、文溯阁，抄录并拍摄了《满文蒙古源流》《西域同文志》《旧清语》《满文长白山图》《盛京全图》等。其中，《蒙古源流》的借阅与拍摄，曾遭到崇谟阁看守人的拒绝和盛京将军赵尔巽的反对。内藤声称《蒙古源流》是调查间岛问题的关键资料，让当时的外相直接照会日本驻奉天总领事，又由总领事以外交手段贿赂赵尔巽，才得以达到目的。

对内藤来说，奉天访书的最重大收获是在 1912 年。这次他是受京都大学委托专程赴奉天，拍摄故宫宫殿内珍藏的清朝史料的。从 3 月 23 日到 5 月 17 日，整整八个星期，他埋首在崇谟阁内进行紧张的拍摄工作，在京大文学部讲师富冈谦藏、羽田亨的协助下，如愿以偿地拍下了《满文老档》与《五体清文鉴》，而计划中的另一本文献《太祖实录战迹图》未能拍成。《满文老档》是研究满洲开发史的最重要的史料。可以说，内藤是包括中国学者在内最早注意到《满文老档》史料价值的学者。它被拍摄带回日本后，收藏于京都大学文学部，另有副本藏于日本满铁调查部"白山黑水"文库，对日本满洲史研究的建立、发展起到了关键作用。《五体清文鉴》，是清朝满、藏、蒙古、维吾尔、汉五大民族的文字辞书。由康熙敕修，乾隆年间陆续成书。最早是满、汉对照，后加入蒙、藏文，最后加入维吾尔文，完善为《五体清文鉴》。此书只以抄本传世，藏于北京及奉天的宫殿中。它既有语言学上的实用价值，又有历史研究上的文献价值。

关于这次拍摄，也颇有一番曲折。奉天宫殿对外国人调查先皇遗物，是采取谨慎态度的。内藤到达后，先是由领事馆与奉天都督赵尔巽交涉，内藤又私人出面，以多年前旧识的身份，送了赵尔巽和手下的孙外交官厚礼，这样公私夹击，才得以进入宫殿拍摄。他们还谎称只是拍摄文字书籍《清文鉴》，而实际上则是先秘密借出《满文老档》，当全部拍摄完《满文老档》的4300张胶片时，他们立即还掉此书，又借出《五体清文鉴》。在续拍《五体清文鉴》之前，内藤去了一次大连，等两天后回来时，中国方面从总督到交涉使到具体管文书的官吏，都已改变了态度。内藤记道："这《满文老档》都写了什么，中国的官员们并不清楚，连总督大概也不清楚，只知是用满文写的书籍而已。但日本人却特意进宫拍摄，大概是很贵重的东西，所以，默默地改变了主意，不再许我们拍摄。"于是，内藤他们在秘密状态下，以十天时间赶拍完《五体清文鉴》的5300张胶片。而本来打算中的《满洲实录》即《太祖实录战迹图》，便没拍成。

此行访书，除以上拍摄外，还雇佣中国人，由富冈谦藏主持，在文溯阁选择、抄录了《四库全书》中的一部分珍本。

二

田中庆太郎（1880—1951）是日本中国学界有名的汉籍书店文求堂的老板。他出生于日本京都，祖上就是开书店的，但是供皇家御用的日文书店。甲午战争后，他抱着到东京学习中国语的打算，到了东京。1900年，田中庆太郎从东京外国语学校中国语学科毕业，随即就来到义和团运动刚刚平息不久的中国。这次中国行，促使田中确定了经营中国书书店的志向。次年，京都的文求堂书店移至东京。

田中庆太郎和他的文求堂，大致经历了这样三个阶段：

第一阶段：旧文求堂时期，1901年始建到1923年东京大地震。这期间，田中主要往返于北京与东京之间，大量输入中国的古书和字画。文求堂成为东京第一个，也是最有规模的中国典籍书画的专门书店。

第二阶段：北京时期，上一时期中的1908至1911年。这三四年田中是在北京度过的，他在北京购置了房产，住在那里，一面向当地的文人学者、版本学家等请教汉文化知识，研修汉籍版本，一面全力发掘、购进善本珍籍。因此，有必要把它特别列为一个阶段。在这一阶段，田中通过公开的和不公开的方式，购买了包括甲骨片、敦煌经卷、《永乐大典》散本在内的众多珍贵古籍。这些东西及时邮寄回日本，部分直接转卖给熟识的相关专业的学者教授，主要的则通过书店出售。

第三阶段：新文求堂时期，1927 至 1954 年。东京大地震的大火，烧毁了旧文求堂以及它的全部藏书、字画，迫使田中重起炉灶。1927 年，新文求堂建成，重新开业，它在外观上，采用了钢筋混凝土防火防震的先进结构，在内容上，也由原来的主要从北京输入古籍珍本，转而改变为主要从上海购入实用的、普及性的新刊本，包括五四以后新式标点的国学基本典籍、整理国故运动中的国学研究著作，以及中国语教学用书等。这些书适应于中国学研究的新一代学人，为日本中国学研究的后生力量准备了及时而充足的资料用书。"卢沟桥事变"后，中国出版业受到重大打击，出书甚少，文求堂就改为以出版书籍为主，出版了中国语教科书、中国语词典等语言学方面的书籍，以及定期刊物等，共计 200 余种。

1951 年，田中庆太郎去世，文求堂由他的儿子继续惨淡维持了三年，终于在 1954 年全面关闭。

田中庆太郎对于中国古籍版本的鉴别能力，在日本中国学界是有口皆碑的，人们把田中庆太郎、岛田翰、内藤湖南称为最懂中国古籍版本的三位专家。这是他在中国访书购书、回销日本、获得巨额利益的基本保证；也是他为日本中国学界服务、与中国学家交往的资本所在。依靠这一基本功，他为日本搜求买入了不少珍籍善本。在 1928—1929 年间，文求堂曾发行《文求堂善本书目》，汇集了当时文

三

武内义雄（1886—1966），字谊卿，号述庵。他是日本近代中国学界中继承乾嘉考据学，埋首于训诂考据，带有较重"夫子学究"式传统色彩的学者；而从他的学术成果来看，他又是一位具有近代学术理路，最早将中国经学研究转换成思想史研究的开创性学者。武内1910年毕业于京都大学中国哲学史学科，是狩野直喜、内藤湖南的高足。1923年起长期任职于东北大学，为法学文学部教授，兼任该部部长及学校图书馆馆长。他的主要著作有《老子原始》（1926年）、《老子与庄子》（1930年）、《论语的研究》（1939年）、《中国思想史》（1936年）等。

1919年4月至1920年9月，受财团法人怀德堂的资助，武内赴中国北京留学进修，他几乎把所有时间都用于走访官私图书馆、藏书处，埋首于浩瀚典籍之中，调查、了解中国古典研究最基本典籍的印行、收藏、研究情况。这方面的情况反映在他后来整理出版的《燕京读书记》中。从书中看到：他屡次访查京师图书馆，介绍这里所收藏的《四库全书》文津阁本的编纂过程，将《四库全书总目提要》与《四库全书简明目录》称为从事中国学研究的"学海津梁"。在私家藏书方面，他着重介绍了徐乾学的"传是楼"藏书，及徐氏指导编纂的《通志堂经解》的刊刻及补遗工作；介绍了阮元的"梦蝶园"以及他刊印《十三经注疏》及《皇清经解》的学术功绩。书中还分专题评述了清朝汉学与宋学的成就得失。正如该书的副标题"清朝学术史"所示，这是一本以访书、读书、评书为表述方式的学术史著作。

中国古代有成就的学者不仅"读万卷书"，还需"行万里路"，结束留学回国前，武内离开北京，赴江南、华北游历，而其主要目的也仍在于"读书"，只不过是"读地上的书"。在江南，他对南京情有独钟，参观了鸡鸣寺、秦淮河上的夫子庙和贡院、明孝陵和灵谷寺，以及其他"南朝四百八十寺"的遗迹及道观朝天宫等名胜古迹，并作《江南汲古》记之。在华北，武内有目的地寻访了《老子》的古碑石刻。1920 年 4 月与冈崎文夫同赴易州（今河北易县），寻访道教遗迹龙兴观所存三座《道德经》唐碑。如此古老而珍贵的唐代石刻，不仅具有文献价值，而其本身亦已成为应该受到妥善保护的文物，但是，武内看到的情景是：

> 龙兴观在县署南边城墙附近，虽然也算城内，周围却没有人家。穿过田间小路向龙兴观走去，便看到两处屋宇，簇拥在几株古柏中，一前一后，朝南而建。殿堂屋顶已经塌落半边，尊像暴露在风雨中，四周土垣也已坍塌，看似无人居住。前庭已成耕田，隔着通道，右侧立有三块碑，左侧立有一块碑，另有一块碑基。左侧面东而立的是景龙二年（708）的道德经碑，右侧中央面西而立的是景福二年（893）的道德经碑。龙兴观门前另设有碑亭，蔽护着一柱八角经幢，即是唐开元注道德经幢。
>
> ……
>
> 我沉醉于古碑中，流连忘返，丝毫不觉时间的流逝，待我与做拓本的人谈妥想要回去时，蓦然发现，日已西沉。

同年六月，武内又与大阪府立图书馆馆长今井恕卿一起，游历丹徒焦山，寻访刻于唐广明元年（880）的老子《道德经》。另外，武内还颇费周折地前往探访著名的京郊房山云居寺佛教石经。以上经历，均记载于作者的《访古碑记》中。

值得附笔介绍的是，在武内义雄寻访易州龙兴观唐碑十八年之后，另一位日本中国学研究者出于同样的学术探索之心，来到兴龙观，未想却遭遇了一段"死里逃生"的奇遇。

《访古碑记》中之《易州一瞥》文附记道：

京都帝国大学的讲师平冈武夫君，1937年7月6日从北京去易州游历，看到龙兴观在完全荒废后已是形迹无存，观中诸碑也已运到城内一佛寺。平冈武夫君一一拂去石上的积尘，辨认碑上文字，度过了怀古的一日，但7日突发卢沟桥事件，他意外遭到囚禁。北京公使馆想尽一切办法来调查他的下落，始终没有任何消息。总之，对他的归来几乎已不抱任何希望了，但几天后，他却被送到保定，再辗转至天津的日本领事馆。平冈君醉心于研究的态度，深深打动了巡警，才得以死里逃生。我听了这话，在感激尊重学问、爱护学者的巡警的同时，为千古遗迹龙兴观的荒废深感悲哀，但愿这篇拙文能够保存下来。

四

神田喜一郎（1897—1984），出生于日本京都府一个著名的书香世家。神田家祖上曾是大阪的富商，世代经营银行兑换业，江户初年迁到古都京都，数代笃信佛教，与京都的佛教寺院有深厚联系。其祖父神田香岩汉学造诣颇深，喜收藏汉籍，工于诗书，交友广泛，在他的周围集聚了一批鉴赏诗书、研究学问的同好者，形成一个小型雅集。当京都设立帝室博物馆时，神田香岩被聘为学术委员，可以说，这是神田家成员与博物馆关联的开始。神田喜一郎在祖父膝下长大，从小受到汉学氛围的熏染，往来结交的均是京都学界、文化界的精英人物。这些因素似乎奠定了他一生学术事业顺遂和完满的基础。他自己后来也出任京都博物馆馆长，可谓继承家学；他的长子神田信夫毕业于东京大学文学部，复继承父业，长期担任明治大学教授，是日本中国学界清史研究的专家。

神田喜一郎 1917 年顺利考入京都帝国大学文学部史学科，师从内藤湖南，研习中国史学，内藤湖南无论在学问渊博和人格特色上，都给神田深刻的影响，使之倾倒。在此期间，他还接受了近代西方学术的正规训练，特别是他曾一度热衷于法语和法兰西文学的学习，使他不仅成为能读汉文、写汉诗的"汉学后裔"，而且具有了吸取西方文化营养的优良基础，他用法语写就的论文显示了他不废古今、东西兼擅的学术追求和素养。1921 年毕业，毕业论文为《从〈山海经〉看中国古代的山岳崇拜》。毕业后，先后就职于大谷大学预科、宫内省图书寮、台北帝国大学文政学部。

1922 年秋至 1923 年春，神田到中国访书旅行，作有《中国访书谈》。当时，中国近代的四大藏书家聊城杨氏海源阁、常熟瞿氏铁琴铜剑楼、归安陆氏皕宋楼和钱塘丁氏八千卷楼，已经退出了他们的辉煌时代，丁氏的八千卷楼被南京江南图书馆收藏，陆氏的藏书精品则漂洋过海，归了日本静嘉堂文库所有，仅杨氏和瞿氏藏书得以保存。继之而起的新一代藏书家，首推上海三大藏书家：刘承幹的嘉业堂、蒋孟苹的密韵楼和张钧衡的适园。还有南京徐乃昌的积学斋。此外，堪与个人藏书家相提并论的公家藏书处，则可算商务印书馆的涵芬楼最为有名，收藏了相当丰富的旧椠精抄。神田来华访书，对当时中国国内的藏书概况已有相当了解，内心里就以这些公私藏家为目标。但由于种种原因，实际踏访到的主要是北京傅增湘的藏书、上海蒋孟苹的藏书和商务印书馆涵芬楼的藏书。前者有赖其师内藤湖南的介绍，后者蒋氏书则是在王国维的亲自陪同下造访的。王国维曾是密韵楼藏书的整理编目者，与蒋氏父子有多年的交谊。神田不仅参观了张元济主持下的商务印书馆涵芬楼，对张氏个人藏书也一睹真容。神田访书的另一个特点是精于鉴赏，这从他的访书谈中对古籍善本、珍稀孤本的娓娓道来、详加评点中可以看出。

1934 至 1936 年，神田以日占台湾总督府在外研究员的身份，赴法、英两国访问进修。他把主要精力放在大英博物馆和法国国民图书馆里，埋头调查敦煌文献，并拍摄胶片，带回日本，以资介绍和研究。不久，日本和台湾先后出版了《敦煌秘籍留真》《敦煌秘籍留真新编》。

1937 年后，神田几次赴中国境内调查文献。战后，台北帝国大学解散，神田先后短期任职于大谷大学、大阪市立大学法文学部。1952 年，神田出任京都国立博物馆馆长。1960 年起，他辞去公职，专心在家读书著述，直至去世。主要著作有《东洋学说林》《敦煌学五十年》《墨林闲话》《艺林谈丛》《中国书道史》等。后编成《神田喜一郎全集》，1983 年起由同朋舍陆续出版。

五

长泽规矩也（1902—1980），日本学术界称其为"书志学家""图书学家"，对应于中国学术界的术语，大致为"版本学家""目录学家"，或总称为"文献学家"。1926 年，毕业于东京帝国大学文学部中国文学科，1929 年起，任第一高等学校教授，后历任政法大学教授、图书馆短期大学讲师、爱知大学教授等教职。其间，曾先后为静嘉堂文库、成篑堂文库、伊达家观澜阁、日光天海藏、叡山文库、东北大学狩野文库、内阁文库、大东急纪念义库、三康图书馆、金刀比罗宫图书馆、神宫文库、大阪天满宫文库、福井市立图书馆等三十多家藏书单位，整理和汉古籍，从事编目工作。这样的经历，使他在和汉古籍文献方面积累了广博的学识、深厚的功力，堪称日本近代文献学第一人。

1923 年，在东京大学就读一年级的长泽，参加了暑期研修旅行团，第一次到中国。学中文的长泽，操练了汉语会话，也尝试购买汉籍。从 1927 年到 1932 年的六年中，长泽或是得到外务省文化事业部的资助，或是受静嘉堂文库的派遣，每年都有两三个月或近半年，前往中国，盘桓北京，跋涉于扬州、南京、苏州、上海、杭州等地，调查书业行情，以专家的眼光和超越个人的财力，大批购买中国珍籍善本。

综合历年访查中国书业界的见闻观感，长泽写了《中华民国书林一瞥》。书中介绍了北京、上海、天津、南京、苏州、杭州、扬州等中国主要文化城市书业界的情况，特别是对于旧书业的集中地北京和汉籍新刊本的发祥地上海，做了详细的观察、记述和分析。对北京，围绕琉璃厂和隆福寺街两个中心，依铺面一家家地介绍书店的店名、掌柜、主要经营的书籍类型，乃至书店的经营作风、声誉好坏等，全面反映了 20 年代末 30 年代初北京书业界的情况。对上海，长泽充分肯定了作为新兴现代化工商业都市的上海，在新的观念、新的印刷手段、便利的交通设施等方面，对于书业进步的促进作用，指出上海已迅速成为一个新的图书集散地。他以书店所经营图书的内容，将上海书业分成线装古籍和新版木刻书、石印线装书、洋装书、艺术类书、商务印书馆中华书局等现代书籍、文艺及社会类书籍等八个门类，一一介绍上海书店的内容特色。这本书出版后，深受欢迎，迅速再版，成为当时日本人来华访书的专业手册和购书线路指南。

1966 年，长泽写下《收书遍历》的系列回忆文章，记述自己在中国及日本搜求、购买珍奇书籍的经历。借此，我们可以看到长泽在中国为自己、为友人、为静嘉堂，搜寻秘籍，搜书识书购书的种种情形。

为自己买书，主要是买与自己研究兴趣、研究课题有关的书籍，主要有三类：第一类是戏曲唱本类，这一方面是受到当时学术界注重通俗文艺研究的影响，另一方面也是长泽个人的兴趣所在。他曾十分沉湎于中国的戏剧，在北京，除了买书，还必定要去戏院听戏。这方面他不仅购买各种罕见的明、清戏曲珍本，还留心收集了不少当下流行的唱本小册子。第二类是北京的掌故资料、文人随笔以及关于汉籍的基本书目。第三类是围绕与孔子祭祀相关的书，因为这是他当时向文化事业部提出的一个研究课题。总之，为自己买书，不在猎奇，不以珍贵罕见为目标，主要是为了研究和兴趣。

由于长泽的精于识书和购书，他每次赴中国，也常常受到友人的请托，代为购买某种珍籍。如他曾受杏雨书屋主人武田长兵卫的委托，在琉璃厂书店廉价地替他买到了宋版的医书。当他把书带回日本之后，北平图书馆方面获知这一事情。由此，长泽被作为善本外流的主要监视对象受到中国方面的警惕和关注。在他再来中国时，北京图书馆就专门委派了赵万里，在长泽购书旅程的杭州、南京、苏州等沿线，一路抢先地走在前，严防好书落入长泽之手。但颇让长泽得意的是，就在这样的情形下，他仍然不无收获：他在苏州意外廉价地买到了在日本极为罕见的金陵小字本《本草纲目》，以及日本复刻宋刊本《千金方》。

1926 年至 1939 年长泽任静嘉堂文库干事，主要从事编目工作。因此，1927 年以后的历次来华访书购书，也同时为静嘉堂文库采购书籍。其中，买书最多的是 1928 年，共为静嘉堂文库买入各种汉籍三百四十九部，其中有规模效应的，一是几十种刊印本丛书，如《湖北先正遗书》，一百八十册，四十五元;《汪双池先生丛书》，一百六十册，八十元;《率祖堂丛书》，三十六册，十四元等。二是五十多种文奎堂新近出版的满文刊本及满汉文合刊本，其中最贵的一本是《金瓶梅》，一百回四十二册，共计两百元，其次是清乾隆刊满汉文合刊本《春秋》，六十四卷纲领一卷首一卷四十八册，价格无法与《金瓶梅》相比，只要五十元。还有清满文刊本《钦定回疆则例》，八卷九册，二十元。长泽对这些书的版本、价格，都有一一著录。

六

吉川幸次郎（1904—1980）的名字，大概可以算是日本中国学家中最为中国学人所知晓的了。他的《中国诗史》《元杂剧研究》及杜甫研究等成果不仅有汉译本通行于国内，而且，这些研究在国际中国学界也是十分有影响的。吉川为中国学界所接受的另一个重要原因，就是他在中日交恶的时代里，不仅远离战争，而且能够始终抱着对于中国的深深"热爱之情"。这种热爱并非一般的情感好恶倾向，而是基于他几十年对于中国文学潜心研究的理解之爱，是他在通过文学研究而接近中国儒教精神理想之后的人生选择，正如他晚年以"城市儒者"自居所体现出的人生境界一样。

1922年春，吉川考上了京都大学，在把中国文学作为专业开始学习之前，他独自来到上海、苏州、杭州、南京等江南城市，对将来的研究对象作实地的观光体察。春天的江南与十八岁易感少年的心境大概十分切合，加上学业成功的欣喜，总之，触目之处在在令他陶醉。他晚年回忆说："印象最美的是美丽的风景，感觉自然色彩比日本更轻柔、更美丽。太阳的光彩也比日本的更美。……其次是人多，特别是刚一到上海，看到马路上的人多得简直以为是赶上了庙会。让我感到这是一个丰足富裕的国度。……（在苏杭，由于即使是普通人也穿着丝绸）所以感到似乎城市街道上流动着异彩。"这是一种触动灵魂的共鸣和吸引，他由衷感叹道："中国天生是我的恋人！"

1928年春，他再次来到中国，这时的吉川已是一个接受了京都大学中国学大师狩野直喜、内藤湖南、青木正儿、铃木虎雄①等人专业教导的青年学子。这次来中国，是来北京留学进修的，吉川在北京度过了近三年的留学生涯。

在北京期间，他说中国话，穿中国衣，吃中国菜，一切尽量中国化地穿行在北京古城的街巷中，其中琉璃厂、隆福寺的书肆和笔墨纸砚店是他最常光顾的地方。他曾到北京大学文学院听课，先后听过马幼渔、朱希祖、钱玄同、沈兼士以及陈垣、余嘉锡、吴承仕、伦明等人的课程，另外，还曾向北京的杨钟羲（雪桥）、南京的黄侃（季刚）、吴梅（瞿安）等先生问学。

三年的留学生活，养成了吉川幸次郎深厚的中国情结。他说，留学所得最大的收获，就是懂得了中国人研究学问的价值观念、方法态度。事实上，他不仅在此后的学术研究上自觉地与中国趋同，而且，在回日本后的一段时间内，他在衣着谈吐、举手投足，甚至思想情感上，都热衷于与中国趋同。他发表的论文全部用中文写成，写日记也用中文，书信也用中文，以至于吉川这个地道的日本人，竟有多次被人误认作是中国人的经历，成为一时佳话。一次是在中国留学结束前，吉川从北京到江南买书，由于汉语口语娴熟，大概还带有北京

---

① 铃木虎雄（1878—1963）：字子文，号豹轩，别号药房，日本新潟县人。出身汉学世家，自幼浸淫于中国文学与日本儒学的文化氛围中。东京帝国大学汉学科毕业，1916 年赴中国留学两年，后曾在欧洲各国访问。长期任教于京都帝国大学。从事中国古代文学，尤其是诗歌、词赋、文艺理论的研究与著述，是日本中国文学研究的开创者与重要学者之一。他对于中国文学的研究，一则视野广阔，从《诗经》《楚辞》《文选》、杜诗一直到词曲、戏剧、小说，几乎对中国文学史的各个阶段和各种形式都有论述；一则注解与研究互为表里，作有《陶渊明诗解》《文心雕龙校勘记》《杜少陵诗集》《陆放翁诗解》《玉台新咏集》等注解性著作，以及《赋史大要》《骈文史序说》《支那文学研究》等研究性著作，尤其《支那诗论史》是其集大成之代表作。一生创作汉诗数千首，辑为《豹轩诗钞》。

腔，书店老板看到他不计价钱地选购了这么多书，自然高兴，主动攀谈，把他认作是从北京来的采购书商。这让他暗暗得意了好一阵。回日本后，他仍然穿着中国人的长衫，举手投足犹如中国人，在一次公开演讲会上，吉川作为年轻助手，为主讲者京大教授桑原隲藏板书和擦黑板，被桑原误认为是从中国来的留学生。当吉川通过桑原教授的儿子桑原武夫知道这样的误会后，心中又是暗自惊喜，为自己形神兼备地接近自己的研究对象而满意。30年代的日本处于一个普遍歧视中国的时代，一个日本人能够如此真诚地亲近中国文化，在当时的日本中国学者中也是不多的特例。

还有一件意味深长的事，或许也颇能说明吉川的思想倾向。据京都大学的师生回忆：吉川上课、演讲时，常常情不自禁地对听讲者说"贵国"如何如何，其实这"贵国"指的是日本，而他口中多次出现的"我国"，却是指的中国。当然，深思之，这个"中国"，不是当时现实中的中华民国，而是他从中国文学中读解出来的、富有儒教理想的历史中国、文化中国、文学中国。应该说，他正是这样一位把儒教中国视为自己的精神家园、把中国文化作为自己本国文化来从事学术研究的日本中国学家。

七

近代日本的来华访书，从人员结构上来说，大致可以分为学者的研究调查、藏书机构的采购和书店老板的输入三种类型，以上所述内藤湖南、长泽规矩也、田中庆太郎三人庶几可以作为这三种类型的代表。下面对这三种类型再略作论述。

第一类型人员最多，最具代表性。在这一时期来中国访问、留学的众多中国学专业人员，几乎都有在中国淘书、购书的经历，如市村瓒次郎、神田喜一郎、武内义雄、仓石武四郎、吉川幸次郎等学者，也都留下过访书记录或回忆文章，他们的活动虽然基本限于个人的研究领域内，斩获不如上述三人，但他们的搜求最能反映时代学术的需求。正是由这些众多的个人，形成当时如潮的学者访书热。学者访书应该成为此后日本中国学研究的课题之一。

第二类型，藏书机构的买入，最重要的莫如 1907 年的"皕宋楼事件"。简述于下：皕宋楼及十万卷楼、守先阁俱为浙江归安陆心源（1834—1894）毕生营建的藏书处，是我国近代四大藏书楼之一，三处藏书共达二十万卷以上，其中有许多宋、元版珍籍，还有许多《四库全书》未收书籍。皕宋楼就是专门收藏宋元刊本和名人手抄、手校秘籍的，十万卷楼收藏明以后的秘本及精抄精校本，守先阁则收藏一般性图书，编号上架，供人阅览。陆心源去世后，其子陆树藩不能如父亲一样护惜图书，藏书渐渐被损坏和尘封，加上陆氏家道中落，亏欠巨款。这些情况正好被 1905 至 1906 年间在江南游历的岛田翰得知，他被破例允许数次登上皕宋楼，了解到这些书的珍贵。岛田翰深知日本收藏中国古籍，经部比较齐全，子部也有一些善本，唯史部和集部书很少。心想如能使日本买下陆氏藏书，那么，日本所拥有的四部书就相当完备了。因此，他一方面与陆树藩讨价还价，从陆氏索要的 50 万元，减价到 35 万元、25 万元；一方面又努力在日本联系买主，终与三菱财团岩崎弥之助谈妥。1907 年 4 月，日本三菱财团以 10 万元从陆树藩手里将三处藏书全部买走，运归日本，藏于东京骏河台的静嘉堂文库。岛田翰有《皕宋楼藏书源流考》，记此事原委甚详。

第三类型，因为购书的主人是书店老板，因此，不像学者那样往往给我们留下学术资料性的回忆录、访书记等，要了解其具体情况就比较困难。除文求堂外，输入中国汉籍的日本书店，稍前的有东京岸田吟香的林拥书城，稍后的有青木嵩山堂，本部在大阪，分店在东京，主要从上海输入新版书。大阪有一家鹿田氏开设的和汉古籍书店松云堂，这是关西地区堪与东京文求堂相对峙的古籍书店。松云堂由鹿田古井创设，明治三十八年（1905）鹿田古井去世，书店传给其后人鹿田静七，静七号余霞。在其经营书店期间，形成书店从大正初年到昭和十五年前后三十年间的全盛期。松云堂从明治二十三年（1890）起发行书店书目《书籍月报》，每月一期，每期二三十页。当时正是日本全盘西化的时代，书店主要是收集日本国内大量抛售出来的和汉古籍，以防这些书籍向海外流失。后来，《书籍月报》先后改为双月刊、季刊，最后，又改为每年二期的半年刊。而刊名也从明治四十二年（1909）4月第74号开始改为《古典聚目》。这里特别要说的是与本文有关的从中国买进古籍的情况，就在这期间，松云堂发行了书店目录的"号外"——《中国买进唐本目录》，从明治四十五年（1912）5月开始，共出版了十几册，反映了书店每年到北京采购古书的情况；而后来从上海买进的新版书，又有新的书目。到大正十一年（1922）9月为止，已发行到第7号。大正十四年（1925）10月，松云堂《古典聚目》（包括前身《书籍月报》）出到了第100号。我们可以根据这些"售书目录"或"买进唐本目录"，来大致推测当年的书籍流转情况。

<h1 style="text-align:center">八</h1>

综合考察上述三种类型的来华访书购书情形，我们可以看到，近代日本的来华访书活动，具有以下几个特点。

第一，所关注的书籍，从内容种类上说，具有学术上的领先性。注重文献搜集和考辨的实证主义治学方法；注重实地踏查的考古学、历史地理学的兴起；重视古代小说、戏曲类研究等学术新动向，是东亚学术告别传统，进入近代的标志。而这一转折是与东亚结束闭关锁国，与西方文化接触，向西方文化学习的步伐相同步的。在这方面，日本大约早于中国二十年。以1877年日本第一所近代性高等学府——东京大学成立，大量聘用欧美外籍教员为标志，日本开始了近代学术的步履；而在中国，文化风气的扭转要迟至90年代末的戊戌时期，而学术上的与西方沟通，输入新学理和新方法，则更晚至五四时期。因此，日本中国学教授和年轻的教员、留学生们，在中国学术调查、访书过程中，就体现了这种领先于中国人意识的学术眼光。如对于敦煌文献、内阁大库档案、甲骨文、金石碑铭文的追踪调查和捕猎；如对于小说、戏曲类书籍的搜购，以及对于北京、洛阳、满洲、内蒙古等地的考古勘察等就是例子。

第二，访书所体现的学术关注，反映了日本时代的政治信息。任何时代，学术与政治都是一对相互依存又相互排斥，充满张力的范畴。甲午战争后，日本沿着亚细亚主义的思想路线，逐渐走上国权扩张的大陆政策实施阶段。在中国学研究领域，关注中国更主要落实到研究满蒙史地、研究中国历代边疆史地变迁，以及中国古代民族关系、外交关系等领域。内藤湖南几番奉天访书，对清朝前期满蒙文档案文献的极力搜求，便是这方面的例子。他在内阁大库，观赏和赞叹了康熙朝的精美地图后，拍照带回日本的也是兴安岭地区、喀尔喀地区、哈密地区等东北、西北的分图。至于1907年成立于大连的满铁调查部，对中国东北的史地考察和资料收集甚至掠夺，则与其说是学术对政治的折射，不如说是侵略政治的直接辅助。

第三，访书购书以强国的经济实力为坚实后盾。无论是个人购书还是机构输入，实际执行者都勇于追踪珍贵的宋元秘籍善本乃至价值连城的古代名人字画。这一方面是相关人员精到的学识提供了准确的鉴赏力；更主要是以中日国力消长更替为前提、以强大起来的日本人的购买实力为后盾的。三菱财团购入丽宋楼自是一例，用中国人的庚子赔款在中国买书更是历史的实情。1923 年日本开始将庚子赔款用于所谓在华文化事业，成立了"外务省东方文化事业总委员会"，该委员会资助留学生或大学教师来中国学习进修，自然包括访书购书，长泽的历年访书就有获得这项资助的。委员会还在东京、京都、北京、上海分别下设了人文科学或自然科学的研究机构，东京和京都的机构就是如今享有盛誉的东京大学东洋文化研究所和京都大学人文科学研究所的前身。两处各以丰厚的汉籍收藏和高水平的中国学研究闻名遐迩，而其发展初期奠定下的图书资料基础，就是使用庚款在中国购书的结果。至于个人的经济情况，吉川幸次郎曾回忆说，30 年代初，他在中国留学时每月的奖学金是 200 日元，约等于当时中国钱的 500 元，当时中国教授的工资只在 300 元上下，他每月的生活费用在 100 元以内，其余都可用于买书。吉川得的是上野奖学金，如是得了文部省、外务省奖学金而来中国的，则还要多，更不用说年轻讲师、资深教授等在中国的购书能力了。据 1928 年长泽规矩也的购书账，一般一部或一套明清时期的刊本或抄本在几十元、上百元间不等，二三百元就能买到珍稀善本了。难怪长泽回忆说，当时琉璃厂的书店乐于与日本来的人做生意，是看上他们强大和有信用的支付能力。

第四，学术调查和访书的展开，依托日本在华殖民性机构的协助。日俄战争后，关东都督府、南满洲铁道株式会社、正金银行等机构，相继在中国成立或开业。关东都督府是日本侵占辽东半岛后的最高统治机构，1919 年分成关东厅和关东军司令部，是日本在华实施侵略中国的指挥机构；满铁开业于 1907 年，它不仅控制着东北的铁路、煤矿、农场及其他工矿业等的财经命脉，还拥有该地的行政管理权；正金银行是 1880 年成立于日本横滨的专业外汇银行，1893 年起，陆续在中国上海、天津、汉口、北京、大连、旅顺、长春等地设分行，是日本侵略中国时期的重要金融机构。这些军政、经济性机构，加上各地的领事馆、日本人开设的旅馆饭店等，为一切来中国的日本人提供了依托和帮助，甚至使他们有如鱼得水、宾至如归的感觉。对于访书的日本学者来说，也是一样。1906 年，正是在日本军方出面的情况下，内藤才得以强行压价买下了黄寺收藏的明代写本《金字蒙文大藏经》；1910 年的京大教授考察团，也"得到关东都督府、南满洲铁道会社的强力援助"。1912 年的奉天访书，奉天领事馆出面照会奉天都督赵尔巽，为内藤一行进入宫殿拍摄起了疏通作用，满铁为他们提供食宿，正金银行则为他们解决资金上的不足。难怪内藤感叹："奉天是个再好不过的好地方！"体现了当时一般日本人对于获得殖民地的普遍欢迎。另外，东亚同文书院虽是一个教育文化性质的机构，但它培养的人才，也在日本侵华战争时期发挥了语言、情报、向导等方面的助手作用，这种作用在访书过程中也有发挥。

综上所述，日本近代的来华访书，是一个值得深入研究的课题。它既是中日学术关系史、文化交流史上重要的一页，也是近代中日两国从合作到战争的社会政治的一个缩影。从中国方面说，秘籍被盗、珍本外流，无论用气愤、悔恨、屈辱等词汇，都难以表达历史留给我们的回味和启示。

岛田翰生平学术述略

钱婉约

在中国近现代学术史上，岛田翰这个名字，是与1907年归安陆氏皕宋楼贩于日本静嘉堂联系在一起的，而对于其人其学的了解却很是模糊，更缺乏研究。近年来笔者研读日本中国学，特别是在爬梳日本学人来华访书的材料时，感觉到岛田翰这个人物，似乎是中日学界、书业界绕不开的重要存在。他在世时不仅被日本学界誉为“明治校勘学第一人”，其代表作《古文旧书考》更受到中日两国通儒硕望如俞樾、德富苏峰等人的交口赞誉。可是在日本近几十年出版的一般性汉学家（中国学家）传记及汉学史著作中，却都没有他的位置，他的学术成就被有意摒弃不论。有鉴于此，本文搜求日本有关岛田翰的生平资料[①]，结合岛田翰著作及日本近代社会文化发展之大势，述评岛田翰生平事迹和学术成就，为日本明治汉学史及中日近代文化学术交流史摭漏补遗。

---

① 近几十年来，日本汉学研究著作对岛田翰关注几乎阙如，感谢中安真理女史寄赠高野静子著《鬼才书志学家岛田翰（1879—1915）小传》，以下简称《小传》。此份小传载高野静子:《苏峰及其时代·续》，日本东京：德富苏峰纪念馆1998年版，第295-406页。

一、汉学神童

岛田翰（1879—1915）[1]，字彦桢，1879 年元旦翌日出生在东京一个极负盛名的知识分子家庭，这个家族中一些成员的名字，曾在日中近代文化学术史上十分有名，在此不避冗长地简要介绍如下，以见其学术成长的家庭氛围和社会时代背景。

其父岛田重礼（1838—1898），字篁村，是日本幕末和明治时期著名的汉学家。曾与以"论语加算盘"著称的近代日本商业之父涩泽荣一为同学，共同师从于幕末考据学大家海保渔村（1798—1866）。其母为幕末儒学家盐谷宕阴孙女。1869 年，岛田篁村创设汉学私塾"双桂精舍"，收徒教学，是当时最有名的汉学私塾。然而，随着明治政府"脱亚入欧"倾向日盛，私塾式微，新教育兴起，岛田篁村也不得不转入新式学校任教，1881 年起，任东京大学"古典讲习科"汉文学和中国哲学的教授[2]，后长期担任东大中国哲学科第一主任教授。日后一批卓有成就的汉学家如《史记》研究专家泷川龟太郎、著名新闻记者兼《楚辞》研究家西村时彦，先秦经史学方面颇有成就的安井小太郎等，都是篁村双桂精舍时代和东大古典科时代的双料学生，另外，如林泰辅、市村瓒次郎、白鸟库吉、服部宇之吉、冈田正之、狩野直喜等，这些日后在东京、京都两大帝国大学，执掌中国学研究的大家，则是他在东大稍后期的学生。他被学生们誉为"解读汉书籍的第一人"，并与德国归来的井上哲次郎并称为"东西两腐儒"，虽有

---

① 关于岛田翰生卒年，日本书籍中亦多有错误。如将生年误为 1877 年或 1881 年，又将卒年错为 1914 年等，中国书籍更有因袭之误。本文采信《小传》所说，作者采访传主亲友后人，考订出正确的生卒年。

② 参见钱婉约：《从汉学到中国学》之"东京大学古典讲习科"一节，中华书局2007 年版，第 9—20 页。

讥讽落伍之意，更是叹服学问之高深。篁村喜藏书，竭力访求天下善本古籍，自语自己的书斋是"老屋三间，破书万卷，平生志愿足矣"①。要之，岛田篁村是日本西风渐盛时代传统汉学的重要传承者和发扬者。

岛田翰的一个胞兄、两位姐夫，也都是声名卓著的大教授。长兄钧一（1866—1937），长翰十三岁，自幼师从父亲学习汉学，1889年毕业于东京大学古典科，后为东京文理科大学教授，东方文化研究所研究员，斯文学会理事，在汉学界有令名；嫂子为东大教授、汉学家川田刚三女。大姐琴子，长翰九岁，嫁儒学家安井息轩之孙同时也是双桂精舍的高材生安井小太郎，先后任教学习院大学、中国京师大学堂、大东文化大学、东京文理科大学等校教授，晚年有"东京汉学界泰斗"之称。二姐繁子，长翰七岁，嫁服部宇之吉，服部宇之吉以东洋哲学研究闻名中日学界，曾任东京大学文学部部长，哈佛大学教授。1902—1909年间在中国，任京师大学堂师范馆总教习，在中国近代教育史上立下过功劳。繁子随夫生活在清末的北京，能操中国语，在晚清社会教育界颇活跃，曾策划和助成了秋瑾的东渡日本。岛田翰与繁子年龄最接近，自幼亲近，他1903年夏秋的第一次中国行，就是繁子夫妇安排和促成的。

岛田翰自小浸润于汉学氛围浓重的家庭环境中，万卷汉籍、众多善本触手可及，培养了他对于中国文献典籍天生的亲近感和研究兴趣。又因为他自幼口吃，至九岁不能如常人般利于言辞，不免性情急躁，不善交往，便更加沉醉于书斋古卷之中而不谙世情。他对汉籍古本敏锐的鉴别力，连他父亲篁村都惊为"天才""神童"。在双桂精舍中，他与那些年长于他的学生们本应是同门师兄弟关系，却因为富有

---

① 转引自李庆：《日本汉学史》第一卷，上海外语教育出版社2002年版，第281页。

学识，小小年纪被学生们称为"小先生"。

另一方面，岛田翰是四十一岁的父亲和三十九岁的母亲的幺子，自幼得到双亲和兄姐的宠爱，像一般上流社会子弟一样，聪明博识而不免文弱敏感，甚至任性自为，缺乏约束。1897年中学毕业，虽汉文汉学成绩优异，却因厌弃学英语、数学这些新学科目，不能考入东京大学预科，进了当时免试升学的高等商业学校附属清语本科（两年后改为"东京外国语学校"）。次年，父亲不幸病逝，依据父亲遗命，随从竹添进一郎（井井、光鸿，1842—1917）进学。1900年，岛田翰从东京外国语学校清语科毕业后，随即作为竹添的私人助手开始了研究生涯。

竹添进一郎是岛田篁村的好友兼同事，担任东大中国哲学科第二主任教授。19世纪七八十年代之交，竹添曾任驻华公使随员及天津领事，任职期间游历中国华北、江南并深入蜀地，有著名的《栈云峡雨日记并诗草》《沪上游草》《杭苏游草》等中国游记出版，与中国政界学界如李鸿章、薛福成、曾纪泽、俞樾、王先谦、沈曾植等人，多有过从和学术交往。竹添这样的中国背景，为岛田翰日后交往和见重于中国高层学界，提供了基础。

当时的日本社会，还颇留存着重门第、看出身、靠社会关系等的风习，这使岛田翰生长在这样一个一流知识分子家庭的优越性，显得不可忽视；同时，随着1878年、1897年东京大学和京都大学两个最早帝国大学的建立，社会上重视学历，唯学历是举的风气，也十分明显，像岛田翰这样没有一个过硬的帝大文凭，而且所学又是在当时越来越被看不起的"清语学科"，便极不容易在社会上谋得一个如他出身一样体面的职位，也是客观的事实。所以，一方面是家世的显赫优越，一方面是个人学历的劣势；一方面是汉文汉学造诣的优异独到，一方面是近代社会的日益西化而汉学式微，岛田翰就是在这样双重矛盾的社会环境和个人条件下，展开了他二十岁以后的人生历程。

二、古典文献学成就

岛田翰在日本学术界被称为"书志学家"，对应于中国学术界的术语，相当于"版本目录学家""校勘学家"，或统称为"古典文献学家"。他的汉学造诣和在古典文献学上的成就，主要体现在以下几项工作上。

第一项，协助竹添进一郎出版《左氏会笺》。

竹添进一郎对于《春秋左氏传》的校勘集解工作，起始于1890年，1893年竹添受聘为东京大学中国哲学科教授，两年后他辞去了东大的教授职务，专心于这项工作。1898年后，岛田翰作为助手加入，使这项工作有了切实有力的拓进。1903年，34万多字的《左传会笺》出版，为竹添在学界赢得重大声誉，三年后，竹添因此得到日本学士院奖和东京大学文学博士称号。在本书的后记中，竹添回顾了自己十多年来专注于此，以致身染疾病的研究历程，却独独未有一句提及厥有其功的岛田翰。倒是两年后，中国学者黄绍箕[①]有言：

去年嘉纳君寄赠竹添先生所著《左传会笺》，其书博观而约取，具有断裁，可称善本。今读君书（指岛田翰《古文旧书考》），乃知

---

① 黄绍箕（1850—1908）：浙江瑞安人，光绪进士，为晚清清流健将、维新名士，政变后任京师大学堂总办。富藏书，藏书处曰"蓼绥阁"，对史志目录深有研究，著有《汉书艺文志辑略》等。

作者于井井书屋，在亲炙之列，《会笺》之成，左右采获，与有力焉。①

恰如其分地肯定了岛田翰在这项工作中的贡献。包括《左传会笺》的书名，最后也是由岛田翰决定的。

第二项，《古文旧书考》的撰著及出版。

《左传会笺》工作结束后，岛田翰转而成为德富苏峰（1868—1957）的助手。德富苏峰是日本著名的报刊记者、时事评论家、学者和藏书家，他的"成篑堂文库"以收集五山版和刻本及其他汉籍善本和朝鲜古书知名，现存东京御茶水图书馆。1903年底德富苏峰花了一笔不小的金额，买入岛田翰的部分藏书，德富苏峰非常赏识他的学识，聘他为自己的藏书顾问和编目，希望利用他过人的汉籍版本学知识，为自己收集中日珍籍善本献计献策，权衡鉴别。1905年3月，在苏峰的资助下，民友社出版了奠定岛田翰一生学术地位的重要著作《古文旧书考》。

《古文旧书考》四卷，汉文著成，对日本所藏中、日、韩古籍珍本52种，进行版本源流、传布流播、校勘训诂等方面的考释，在考镜源流、点勘校雠，纠谬匡误中，显示了作者于经史子集四部博览群书，识见深广，学问淹博的学术功力。岛田翰完成此书稿时只有二十五岁，这与他成长为学经历中独特的"得书之便"有关。在家庭中，得益于父亲丰富的藏书，从学竹添进一郎后，不仅遍阅竹添的书，又得益于宫内省图书寮等公私各家的丰富藏书。因为他出色的学识赢得宫内大臣田中光显的赏识，特许他进入宫内省图书寮（即今宫内厅

---

① 黄绍箕：《古文旧书考序》，见《汉籍善本考》，北京图书馆出版社2003年版，第13页。

书陵部）遍观群书，利用其中的宋元古刊本和日本古写本进行校勘。用他自己的话说：

> 先大夫聚书二万余卷，上自唐抄宋椠，下至于近代名人著书，精鉴博索，兼收并蓄，无所不有。而井井夫子实多藏宋元旧刻，予既得而校之矣，其后，得纵观图书寮及千代田文库之藏，亦又何幸哉！①

《古文旧书考》出版后，德富苏峰特别为其留出 150 部，分赠公私各处。赠送者名单中，机关单位有东京大学、京都大学、早稻田大学及一些重要图书馆，个人包括汉学家、法政学家、教育家等二十多位宿儒时贤，还有中国人杨守敬、李盛铎、张之洞、王先谦、俞樾等人。使得此书一时颇为学界瞩目，几乎被誉为年轻才俊的传奇性佳作。以下列举几条该书受到的嘉评：

德富苏峰说：

> 任何人在论及中国、日本的书籍时，都不可能跳过《古文旧书考》。……他在校勘学上的成就，在现代日本，即使不是唯一，也是第一，这绝不溢美。……《古文旧书考》是他二十五岁的著作，其学问的淹博，见解的透彻，论辩的精悍，文字的俊锐，令中国大儒俞樾赞美不止。……如有公正的审查者，一部《古文旧书考》即可获得文学博士而绰绰有余。②

---

① 岛田翰：《古文旧书考·发凡》，见《汉籍善本考》，第 25 页。
② 德富苏峰：《岛田翰与〈古文旧书考〉》，转引自高野静子：《小传》，载《苏峰及其时代·续》，第 315 页。

第三项，作中买入归安陆氏藏书及《皕宋楼藏书源流考》的写作。

岛田翰作中斡旋，使日本买入陆氏藏书的经过，在其1907年出版的《皕宋楼藏书源流考》中有记之：

> 乙巳丙午之交，予因江南之游，始破例数登陆氏皕宋楼，悉发其藏读之。太息尘封之余，继以狼藉，举凡异日之部居类汇者，用以饱蠹鱼；又叹我邦藏书家未有能及之者。顾使此书在我邦，其补益文献非鲜少。遂怂恿其子纯伯观察树藩，必欲致之于我邦。而树藩居奇，需值甚昂，始号五十万两，次称三十五万圆，后稍减退至二十五万圆，时丙午正月十八日事也。
>
> 二月返槎，归而谋诸田中青山先生，不成。先生曰："能任之者，独有岩崎氏耳。余将言之。"而予亦请诸重野成斋先生。今兹丁未三月，成斋先生有西欧之行，与树藩会沪上。四月，遂订议为十万圆。五月初二日，吾友寺田望南赴申浦，越六月，陆氏皕宋楼、十万卷楼、守先阁之书，舶载尽归于岩崎氏静嘉堂文库。①

这里记载了他"乙巳丙午之交"（即1905年9月到1906年3月）到中国江南旅行，访皕宋楼，见善本珍籍狼藉而发愿"必欲致之于我邦"，最终促成岩崎氏购买皕宋楼的经历。后世所论陆树藩卖书经过，以及中国学界对岛田翰之印象，多出于这段记载。近年有陆氏后人指出，岛田翰在这段文字中有贬损陆家，故意抬高自己在这桩买卖中的

---

① 《吴兴藏书录　皕宋楼藏书源流考》，古典文学出版社1957年版，第30—31页。

地位和作用的嫌疑①，近年研究日藏中国方志的专家巴兆祥，亦有文论及岛田在这宗买卖中的作用只是鉴定陆氏藏书价值等②。但我认为，从岛田的身份和经历看，以下几点是基本可信的：

（1）岛田游江南，在苏州杭州等地，曾数访俞樾、丁氏兄弟等大学者和大藏书家，故而到皕宋楼，亦能有行家的信誉，获得"破例数登陆氏皕宋楼，悉发其藏读之"的机会，这是在1906年3月正式受静嘉堂派遣调查皕宋楼藏书之前的事。

（2）陆氏有卖书的意愿，首先想在国内转手，而所接洽的上海张元济等国内公私各处，却都未能有能力出价购买，故而，陆树藩才寄望贩于日本人。这也是陆家能让岛田"破例数登陆氏皕宋楼，悉发其藏读之"的另一个原因。

（3）为促成日本购买皕宋楼，岛田首先联系田中光显，田中当时身居宫内大臣的高位，又对古籍版本有兴趣且内行，其对岛田的赏识已见前述，故而岛田向他疏通也是可信的。然而，仍有"不成"二字，但田中推荐并承诺将动员三菱岩崎财团出手购买。

（4）当时岩崎财团下属的静嘉堂文库由重野安绎（成斋）任文库长，而重野曾是岛田重礼的同事，岛田继而请示于重野，与之商议，最终促成之，也在情理之中。

所以说，作为陆家售书及日方买书的中间人，岛田翰的人脉关系和行家身份所起的双重作用，是不容否定的。

皕宋楼藏书平安抵达日本，岛田翰详考陆氏藏书渊源流变的《皕

---

① 参见顾志兴：《湖州皕宋楼藏书流入日本静嘉堂文库真相考评》，见《中国古代藏书楼研究》，北京：中华书局1999年版，第165—182页。及陆氏后人徐桢基：《藏书家陆心源》第三章，陕西人民教育出版社2007年版。

② 参见巴兆祥：《陆心源所藏方志流失日本考》，《安徽大学学报》，2007年第6期。

宋楼藏书源流考》也正式面世，他先将之寄给了上海的友人董康，董康虽甚为叹息，但立即为其刊印流布。一则藉以引起国人对陆氏藏书流失的知晓和对类似事件的警惕，所谓"保存国粹，匹夫有责"也；二则也是对作者在江南藏书史方面著述成就的赞誉和首肯。其书详考皕宋楼外，兼及晚明有清以来三四百年间江浙民间藏书的聚散转售情况，考镜学术，条分缕析，其学术价值更是素有定论。

三、窃书事件

令人意外的是，这样一个天才式的学术俊彦，却因两度窃书——私藏、私卖日本国宝级典籍而遭起诉，终至畏罪自杀！

（一）足利学校《论语》事件

岛田年少时，父亲曾经对他夸耀过："我家藏书之丰，无与伦比，能够胜于我家的，大概只有足利学校了。"足利学校兴建于镰仓时代，是日本最古老的大学，堪称中世纪学问的中心，以富藏中国古代典籍而闻名。1901年10月，二十三岁的岛田翰因私藏足利学校珍本《论语》而被起诉，开庭审理。这是他名声败坏，失信于社会的第一步。关于这件事，可从竹添进一郎写给当时司法大臣清浦奎吾的说情信，了解一斑。摘要翻译如下：

……却说岛田重礼二男翰之事，重礼死后遵遗命师事于拙夫，弱冠之年而校勘之学深湛，当今硕儒恐无出其上者。拙夫爱怜其才，奖励其志，欲使其力尽用于校勘之学，自家藏书自不必说，至如秘阁及他家所藏古书，凡拙夫力所能及，尽量提供借览之便。目下拙夫正撰述《左传》之校勘，亦将足利学校的藏书借来供他阅读。未想即引起这桩意外事件。要而言之，其为父母老年得子，幼年病弱，更受双亲怜爱而疏于严整管教，脾气暴躁，至于弱冠而疏于人情世故，竟将足利学校的书籍私自无端带归，于书上校勘之余，像对待自家父兄门下及拙夫的藏书一样，盖上自己的印章，视为自己的珍藏。或写上"行年二十"的字样。（中国文人往往有盖章写字此等习惯，后世以古书上有私记或印章，认为是增加书的光彩。）岛田亦有"若干年后为这本书增加光彩"的自负心。（在其父兄和拙夫的书上，也有过此等事。前年冬天我遇此事，苦笑了之，如当时能够严厉叱责之，亦不致有今日，深为后悔。）援此通例，导致书癖发作。后来受到"盗窃"之嫌疑，狼狈之余，又因其一贯暴躁的脾气，态度倨傲，口吐狂言，终至于被有罪告发。……

希望借您之权职，在不紊乱官纪的前提下，为罕见之读书种子，倾注一点怜爱之情。岛田所犯之罪迹，实出于疏阔世故、自命不凡二途，恳请谅察。①

竹添此信，深文周纳，委婉曲折，既有对自己纵容学生的反省，更将此事件淡化为岛田翰的疏阔世故、自命不凡，可见作为为师者和被老友托孤者的款款情致。竹添与清浦是熊本同乡，且年长于清浦九岁，凭着其在政界和文教界的威望，这封信应该是起到了作用的。此后，岛田并未入狱服刑，继续做竹添的助手，完成《左传》的校勘工作。那本私携回家、盖有岛田翰私印、写有岛田翰识语的《论语》，却已然丢失，不知下落。

（二）以书牟利种种

这次风波侥幸过去了，而岛田翰并未警醒悔悟。作为行家的他，

---

① 1901年10月13日竹添进一郎致清浦奎吾书简，转引自《小传》，第304、305页。

应该是深知古籍善本的巨大价值的，私藏足利学校《论语》事件，在他，应该不仅仅如竹添所说是不谙世事和自命不凡所致。从此后另几件与书有关的事件中，可以看到他以书牟利的种种行径。

1905 年年末，二十七岁的岛田翰在苏州拜会八十五岁的俞樾，如上所述，俞樾曾为岛田的《古文旧书考》题词，十分赏识，此次相见，各抒敬慕奖掖之情，论学亦颇欢畅[1]。末了，俞樾应岛田之请，将自己《春在堂全集》的部分手稿本赠与岛田，并在稿本上亲笔题写识语：

> 岛田君来访，求余旧著各书稿本，余原稿一经刊行，即毁弃之，未留底本。乃命余孙费半日之功，于箧底搜得四卷残稿，以报翰之求。物有幸与不幸者也，想此仅存之手稿，能传播至邻国日本，展览于文化界人士之中，亦可谓物之幸矣。[2]

这部得自于自己所敬慕的中国前辈学者的手稿，在盖了"岛田氏图书记"之后，却不知何时被岛田翰转售于某个旧书店了。因为从现存于日本国会图书馆的这部书稿可以知道，国会图书馆于 1912 年 3 月，从书店购得此书。真也算应了俞樾所说"物有幸与不幸者也"。

也是在这次游历中国江南时，由驻苏州领事白须直（温卿）介绍，岛田还访问了苏州顾氏过云楼、湖州陆氏皕宋楼、杭州丁氏兄弟八千卷楼等著名藏书楼，他曾向白须借过 250 美元，估计正是用来购买古书的。对于那些买不起或者藏家不愿出售的好书，岛田曾以秋天再来中国时归还为约，借走藏书家的珍本古籍。而事实是，那些书往

---

[1] 参见岛田翰：《访余录·春在堂笔谈》。
[2] 俞樾：《春在堂全集》手稿本识语，转译自高野静子：《小传》，第 357 页。原件今藏日本国会图书馆，译文或与原始中文略有出入。

往就有去无还了。1906年下半年，白须曾几次写信甚至打电报，向岛田催还借款以及所借中国人的藏书。岛田曾有一信回复说，已将所借丁氏之书，从日本邮寄归还丁氏，可是白须后来的信中说，丁氏一直并未收到还书。让人不得不怀疑，这些珍本古籍到底是否完好地邮寄出来了？[①]

同样，岛田还曾借走苏州顾鹤逸过云楼的藏书。张元济在给缪荃孙的信中曾述及："岛田翰来，至顾鹤逸家购去士礼居藏元刊《古今杂剧》，明本杂剧《十段锦》，残宋本《圣宋文选》，闻出资者皆不少，令人为之悚惧耳。"[②] 其实，岛田翰并未出资购买而是借走了这些书，一条出自顾家后人的陈述，揭示了他借书而又未归还的真相。

笔者于1997年秋至苏州，辗转得见顾鹤逸之孙、已七十开外的昆曲艺术家顾笃璜先生。据老人后来函告，《古今杂剧》等书并非售出，而是被岛田翰骗走的。岛田翰常来苏州访书，顾鹤逸对他精通版本之学颇为赞赏，以为他是学者而信任于他。当岛田翰商借《古今杂剧》等书时便慨然相借，不想他竟一去不返，此后顾鹤逸托其他日本朋友多次催讨，被告之岛田翰在日本犯案入狱，后因羞愧而在狱中上吊自尽，此事便不了了之。[③]

顾鹤逸所托多次催讨的日本朋友，应该也就是上面提到的白须领事。这些有借无还的珍贵典籍，不知是否又被岛田翰拿到哪里去牟利生钱了。这不免让人想起"借书一痴，还书一痴"的藏书家古训。

---

① 参见高野静子：《小传》，第355-360页。
② 顾廷龙编：《艺风堂友朋书札》下册，上海古籍出版社1980年版，第527页。
③ 刘蔷：《过云楼藏书考》，见《昌彼得教授八秩晋五寿庆论文集》，台北：学生书局2005年版，第277—288页。

（三）金泽文库事件

1915 年 5 月 13 日，日本《报知新闻》上刊发了"国宝二万余元卖却 武州金泽文库怪事"一文，岛田翰因涉嫌参与盗卖称名寺金泽文库书籍文物，再次被刑事起诉，陷入审讯调查中。

金泽文库是称名寺国宝库的一部分，建于 13 世纪中后期，是与足利学校齐名的日本中世纪典籍收藏的宝库。文库收藏多宋元刊本和明初刊本、手写本，以及同时代日本的"和刊本"与"和写本"，其中不少汉籍是中国已经亡佚了的，被日本称为"国宝"或"重要文化财"。此外，称名寺还藏有北条氏家族及历代称名寺住持收藏的佛教文物等。

《报知新闻》文章报道的大致内容如下：

称名寺住持中村真禅师涉嫌出售国宝案暴露，舆论一片惊愕。神奈川县警察当局已成立调查组，查明称名寺丢失《宋版文选集注》及《宋版大藏经》等一百数十件文物典籍，总价值在二万日元以上。

中村真 1908 年任职称名寺主持，授命整顿当时寺内十分紊乱的内务和收藏状况，在与旧住持交接期间，岛田贯（即岛田翰，报道中用此名，贯与翰日语发音同）曾带着中国人，来寺中参观，一一浏览寺内的文物典籍。

此后，岛田频频涉足称名寺，在前后七年的时间内，与中村达成默契，屡次将国宝《文选集注》等文物典籍带出寺外出售，对住持及相关管理者报以巨额回报。中村住持的罪行上月中旬业已认定，同时，与中村往来共犯的岛田贯亦被收押，警视厅的数名刑警正向其审问调查国宝出卖的下落，其中《文选集注》的已知去向……

据考，岛田翰在 1909 年年底之前将《文选集注》拿出寺外，随即转手卖给一个中国人，中国人又拿了在日本市场出售，一卷要价上 2000 日元，称名寺无力购买。被岩崎氏购得五卷①，现存东洋文库，上面有"岛田翰读书记"印章及岛田翰的识语；京都的小川氏购得三卷，其中第九十三卷的末尾有"宣统元年十一月（1909）得于日本彦洁（岛田翰字彦桢，不知为何有误）记"。《文选集注》全一百二十卷，在岛田翰盗出之前，金泽文库的《文选集注》已有散佚。明治以来，欧风渐盛，社会上"废佛毁释"势力强劲，致使寺院衰败，法纪无度，与此前后，其他寺庙也出现过宝物外流，监守自盗等现象。

1915 年 7 月 28 日 0 点 55 分，岛田翰在得知将被拘押至刑务所之前，于横滨自己家中开枪自毙。

四、余论

时势造英雄，故而江山代有人才出；时势也造悲剧，致使一些人空怀才志，一生在逼仄的狭道上跌宕坎坷。回顾历史特别是学术史，我们经常能够看到这样的悲剧性知识分子形象。

把岛田翰说成一个悲剧性人物，应该不算是替他的"以书牟利""盗书行径"作回护。因为时至今日，与其停留在对他知书盗书的道德审判上——他的决然自毙，某种意义上已是严厉的自我审判——毋宁通过他短促的一生，来增进对于促使他走上不归路的日本社会以及他个人因素的认识。

岛田翰是日本传统汉学延续入近代的最后一粒种子，借着家学的优势，他肆意发展着自己的汉学爱好，钻在中国古代典籍的故纸堆里，渐行渐远而不知返顾。那个时代的日本，正日益走上近代化，一

① 这个岩崎氏是买入皕宋楼的静嘉堂主人岩崎弥之助的侄子岩崎久弥，1917 年购入"莫理循文库"，以此为基础创立了东洋文库。

切以西方文化为标的。进入帝国大学进而留洋深造，是当时世家子弟、少年才俊最佳的出路，毕业后便能在社会上谋得重要的位置，经济保障不用说，体面和尊严也就有了。偏偏这个与时代渐行渐远的少年书生，在父母的溺爱下，偏科弃学，新式学堂必修的英语和数学，就不仅成了他进入帝国大学的障碍，也使他坐失走上如他兄长和姐夫那样人生道路的机会。

书香子弟，除了为学，别无其他干才，正如他自述的"质性迂癖，无用于世"。这一点若与他的同学田中庆太郎相比，正好显出他的"无用"。田中庆太郎与他一样，有古书、汉学情结；与他一样，只有个东京外国语学校清语科的文凭。但田中继承了祖上乃京都皇家御用古书店的家业，在东京开设"文求堂"汉籍书店，成为既有学问又相当成功的书界商人①。岛田翰死后，田中庆太郎还为他编辑遗著《访余录》，1921年出版。与田中相比，岛田缺少了商人精明务实的实际才干。

还有同样出身名门，与他同在东京外国语学校学习的永井荷风、二叶亭四迷，日后在文学创作和文学评论界成果丰硕，显然，岛田也缺乏像他们那样成为小说家的文学天赋。

于是，空怀才学而不为世用，只能以替父辈大学者作书俑或秘书，来获得自己立足于世的经济保障②。而这，远不是他的人生志向、学术抱负。他对自己的学术是抱有自信和厚望的，认为是将有大作为的"明治校勘学"：

---

① 参见钱婉约：《田中庆太郎与文求堂》，《汉学研究》第七集，中华书局 2003 年。
② 岛田翰 1904 年结婚，在十一年的家庭生活中，先后遭遇爱妻病故、续娶、长子夭折等挫折，共生有二男四女（最后一女为遗腹子），曾自述"十年流落，炊烟屡绝，奔走南北，衣食是图"。

仆尝私以为考据自阎、钱诸老，理学从程朱诸先生以下，分毫析丝，无复余蕴矣。其可借以辟秘发幽者，唯独校勘一道。盖皇国建学，参取唐制，遣唐有使，留学有生，求法沙门来往不绝，而古文旧书亦取次舶载。上下千有余年，其出于兵火风霜之余，存于野店僧寮之间者，亦复不鲜。于是而校勘异同，雠定是非，以立明治校勘学，以开末学之非，仆之志业如此耳。[①]

在其他几篇文章中，他也多次说到过类似的意思：纵观中国学术发展史，考据、义理都已走到末路，唯校勘一途，颇有展拓前景，特别是日本保存珍稀秘籍不少，有的在中国本邦业已失传，因此，建立"明治校勘学"或"大正校勘学"，日本人是得天独厚而责无旁贷的。这是他为自己的学术研究确定的意义和位置。可惜天不假年，所谓"有才无命，有学无行"，一个天才式的汉学俊彦，一个处在急剧变动时代的没落读书人，就这样在学术史的星河中溘然隐退，倏尔长逝。有关岛田翰与中国学术界之关联等，限于篇幅，容另文再论。

原载《中国文化研究》2009 年秋季卷

---

① 岛田翰:《访余录·与岩崎男爵书》。

后记

2006 年，我在中华书局出版了《日本学人中国访书记》一书。搜集内藤湖南、田中庆太郎、武内义雄、神田喜一郎、长泽规矩也、吉川幸次郎六家来华访书的纪行文或日记，将其翻译、作注成书。

此次承九州出版社编辑李黎明的厚意，希望将之再版。借此机会，我对原书做了增益。岛田翰《皕宋楼藏书源流考》等篇什，原为古汉语撰写，因其中关涉近代中日书籍交流史上的重要事件，故连同当时中国学者的相关题跋等，一并收入，以为掌故纪实。另外，对原书中内藤湖南、田中庆太郎、吉川幸次郎三人，新添了他们相关访书及书人书事的回忆文，有十几篇之多。全书共补入十多万字，成此增订版，更名为《中国访书记》。

原书中武内义雄、神田喜一郎、长泽规矩也三人的译稿，由当时我课堂上的研究生宋炎同学翻译。特此说明并致谢。

感谢中华书局的初版之功，感谢九州出版社为此书提供增订新版的机会。

钱婉约 2018 年 1 月 15 日于畅春园